KB261859

비엔나 차차차
보성녹차, 유럽에 입성하다

이 도서의 국립중앙도서관 출판시도서목록(CIP)은 서지정보유통지원시스템 홈페이지
(http://www.seoji.go.kr)와 국가자료공동목록시스템(http://www.nl.go.kr/kolisnet)에서
이용하실 수 있습니다. (CIP제어번호: CIP2013018693)

비엔나 차차차

보성녹차, 유럽에 입성하다

• 백환기 지음 •

한울

치통의 그리스도를 위하여

이 책은 제목부터 범상치 않다. 비엔나는 세계적으로 유명한 왈츠의 도시가 아닌가? 그런데 난데없이 비엔나에 "차차차"라는 단어를 붙인 저자의 상상력이 통념을 깬다. 백환기 교수는 일생을 국가 공무원으로 봉직한 사람이다. 그는 한번 일이 맡겨지고 일터가 정해지면 그곳에서 남다른 부지런함과 창의력으로 언제나 특별한 업적을 남기고 다음 임지로 떠나곤 한 흔치않은 공무원으로, 나는 저자를 오랫동안 눈여겨보며 때론 후원하고 때론 추천도 하며 지켜봐 왔다.

이 책에 담긴 이야기는 흡입력이 있다. 늦은 밤에 시작한 책 읽기는 새벽 먼동이 틀 때까지, 화장실을 두 번 다녀온 것 외에는 한순간도 쉬지 않고 나를 글에 매달리게 만들어 하룻밤에 마지막 페이지까지 넘겨 끝장을 보게 했다.

저자는 대한민국 대사관의 공사로 봉직했던 오스트리아의 수도 비엔나를 배경으로 한국의 유명한 보성녹차를 상륙시키는 과정에서 있었던 외교 활동을 마치 소설처럼 펼쳐냈다. 또한 다큐멘터리같이 그가 접촉했던 여러 사람의 실명을 거명하면서 흥미롭게 묘사해 소설보다 더 재미있고 스릴과 서스펜스를 곁들인, 재미 만점인

한 편의 드라마를 선보였다.

저자는 국회의 의전과장으로, 주미국 대한민국 대사관의 입법관으로, 국회 행정안전위원회의 전문위원으로, 주오스트리아 대한민국 대사관의 공사로, 국회 의정연수원의 교수로 경륜을 쌓아온 의회외교 전문가인 동시에 대한민국 외교관으로 국위를 선양한 공직자였기 때문에, 이 책에서 제시하는 저자의 공직 경험과 외교적 체험은 소통과 협상에 관심이 있는 독자들이 선례로 활용하는 데 유용한 참고자료가 될 것이다.

저자는 책을 소개하면서 "스토리텔링으로 전하는 소통과 협상의 실제 사례"라고 했다. 그렇다면 딱딱하고 진부할 것이라고 속단할 수도 있겠지만, 이 책은 아름다운 비엔나와 오스트리아의 역사·문화·지리 등을 감칠 나게 소개해서 관광 안내서로도 손색이 없을 만큼 흥미로운 이야기들을 넉넉하게 담았다.

덧붙여 독자를 즐겁게 하는 것은 음악의 도시 비엔나에서 펼쳐 보인 외교관으로서의 실전 경험을 유명한 악성 베토벤의 〈전원교향곡〉처럼 내용을 4악장으로 구성하고 진주알 같은 일화를 엮어 흥미진진한 이야기로 들려주는 저자의 특출한 스토리텔링의 능력이다. 저자가 비엔나에서 보성녹차와 현대자동차를 주제로 소통으로 문제를 풀어가는 방법을 보여준 이 책은 '외교관 입문서'로도 가치가 있기에 기쁘고 자랑스럽게 독자들에게 일독을 권한다.

유재건 박사

전 국회 국방위원장, 한미외교협의회 회장, 국제의회연맹 부회장, 현 CGN-TV 사장,
한국유네스코협회연맹 회장

『비엔나 차차차』는 2009년 9월 10일에 오스트리아의 유력 일간 지인 ≪디 프레세 Die Presse≫에 실린 기사에서 시작된 이야기이며, 문화와 기대가 다른 사람들이 보성녹차와 현대자동차를 주제로 '어떻게 소통하며 문제를 푸는가'를 보여주는, '스토리텔링으로 푸는 소통과 협상에 관한 실제 사례'다.

그날 ≪디 프레세≫에는 비엔나에 살고 있는 여성의 인터뷰가 실렸다. 이 기사는 필자를 손짓해 부르고, 그것을 계기로 필자와 비엔나 여인과의 만남은 필연으로 발전했다. 우리 두 사람은 알프스의 고산 준봉이 병풍처럼 펼쳐진 '할슈타트 Hallstatt'에 숨어 있는 보물을 찾아 나서는 여정의 동반자가 됐다.

할슈타트는 알프스 산맥의 험준한 다흐슈타인 산 Hoher Dach-stein, 해발 2,995m의 자락에 있는 작은 마을이다. 그곳은 할슈타트 호수가 눈 덮인 알프스의 산봉우리와 협곡의 빙하에서 흐르는 물을 품에 안고 푸른 하늘과 소통하는 약속의 땅이다.

『비엔나 차차차』는 많은 분들의 도움을 받았다. 이 책은 베토벤 Ludwig Van Beethoven과 무소륵스키 Modest Petrovich Mussorgsky의 도움을 받았다. 책 구성을 네 악장으로 편성한 것은 베토벤의 〈전원교향곡〉에서 힌트를 얻었고, 이야기를 에피소드 형식으로 끌고 가는 것은 무소륵스키의 〈전람회의 그림〉에서 착안했다.

이 책에는 『비엔나 차차차』에 실명으로 등장하는 분들의 헌신, 보성에서 차와 판소리에 관련된 분들의 정성, 현대자동차를 만들고 판매하는 분들의 열정, 주오스트리아 대한민국 대사관과 주오스트리아 한인회에 계신 분들의 성원, 국회 및 외교부와 관련이 있는 분들의 기대, 안전행정부와 관련이 있는 분들의 지지, 코트라KOTRA와 한국농수산식품유통공사aT에 계신 분들의 협력, 사진을 제공한 보성군청·하스앤하스·덴첼의 지원, 신문기사의 게재를 허락한 ≪디프레세≫의 배려, 추천의 글을 써주신 분들의 격려, '도서출판 한울'에서 출간과 편집을 도와주신 분들의 전문성이 담겨 있다. 모든 분들에게 감사를 드린다.

필자의 집필을 지켜보며 성원한 사랑하는 아내 현숙, 아들 주현과 필자의 모든 가족과 지인들에게 고마운 마음을 전한다. 물론 그 안에는 코코도 포함되어 있다.

비엔나 숲과 포도밭이 보이는
작은 서재에서
백환기

차례

비엔나, 덴첼Denzel 본사 회장실 앞.

'비엔나 차차차라…….'

2미터에 육박하는 거구의 체격에 미켈란젤로의 '다비드David'를 연상시키는 근육질의 중년 남자는 마치 어린 아기가 옹알이하듯 옹얼거리며 오스트리아에서 가장 큰 자동차 유통업체인 덴첼의 회장실 문을 열고 들어갔다. 알프레드 슈타들러Alfred Stadler 회장이 컴퓨터 모니터에서 눈을 떼고, 성큼성큼 들어오는 사람에게 물었다.

"슈미트 본부장! 무슨 좋은 일이 있나? 현대자동차가 오스트리아의 조달시장을 뚫기라도 했어?"

덴첼의 토마스 슈미트Thomas Schmid 현대자동차 영업본부장이 어깨를 으쓱하며 무언가 아쉬운 표정을 지었다.

"서울의 양재동현대자동차 본사가 양재동에 있다에서 차만 넉넉하게 준다면 당장이라도 정부의 조달시장을 뚫겠습니다. 손님에게 넘겨줄 차가 없는데 조달시장을 뚫으면 무얼 하겠습니까? 요즘은 산타페Santa Fe를 기다리다 지쳤다는 손님들의 항의전화를 받는 게 일과 중 하나가 됐습니다. 언제쯤에나 현대자동차의 물량부족이 해소될지 걱정이군요."

현대자동차의 산타페 재고가 없다는 말에 슈타들러 회장이 가볍게 탄식했다.

"언제는 재고가 넘쳐서 고민했는데 지금은 재고가 없어서 고민하니, 하여튼 양재동은 우리에게 늘 숙제를 안겨주는군. 그런데 갑자기 무슨 일인가?"

슈미트는 눈썹을 치켜세웠다. 산타페의 재고가 부족하다는 말에 화제의 초점을 놓친 것을 반성한다는 뜻이다.

"조금 전에 한국 대사관에서 특별한 제안이 왔습니다. 올가을에 한국 녹차가 비엔나에 진출한다고 합니다. 한국의 보성녹차가 슈테판 광장에 있는 하스앤하스Haas & Haas에 입점한다면서, 보성의 판소리 공연단도 비엔나에 온다고 하네요. 그때 우리 회사의 자동차 전시장에서 판소리 공연을 하자고 합니다. 한국 자동차와 한국 녹차가 손을 잡고 한국의 문화상품을 앞세워 함께 비엔나 시장을 개척하자면서, 프로젝트의 이름을 '비엔나 차차차'로 하자고 하네요."

슈타들러 회장이 슈미트 본부장의 보고에 고개를 갸웃거렸다.

"'비엔나 차차차'라……. 비엔나는 왈츠의 고향인데 여기서 차차차를 하자니 그게 무슨 뜻인가? 더구나 공연을 우리 자동차 전시장에서 하자니, 한국 대사관에서 누가 그런 제안을 해왔나?"

슈미트는 무언가 부담을 느끼는 듯 거구를 움츠렸다.

"'비엔나 차차차'라고 하니까 비엔나왈츠처럼 춤을 연상하겠지만, 차차차 춤하고는 관련이 없습니다. 자동차와 녹차를 말하는 것이지요. 금년 초에 '그랜저Grandeur' 문제로 우리 회사에서 사과 편지를 보낸 사람에게서 연락이 왔지요. 그때는 운이 없게 그 사람에게 연속으로 해프닝이 발생해서 많이 민망했는데, 오늘 이런 제안을 해오네요. 그 사람과 우리 사이에는 '머피의 법칙'이 작동하는 것 같았지요. 그때 일이 부담스러워서 늘 찜찜했는데 이렇게 제안해오니, 그 사람이 그간 느낀 섭섭한 마음을 많이 정리한 것 같습니다. 화해하자고 손을 내미는데 어떻게 하면 좋을까요?"

슈타들러 회장의 미간이 찌푸려졌다. 지난봄에 그 사람에게 자기 이름으로 보내는 사과 편지에 서명한 기억이 떠올랐기 때문이었다. 슈타들러 회장으로서는 선택의 여지가 없었지만, 그 일은 뒤끝이 개운하지 않아 잊고 싶은 사건 중 하나가 됐다. 슈타들러 회장이 슈미트에게 물었다.

"우리 자동차 전시장에서 공연을 한다면 무대는 어떻게 만드나?"

"그 사람의 말로는 무대를 만드는 일은 걱정하지 않아도 된답니다. 그 나름대로 노하우가 있는 것 같더군요."

슈타들러 회장이 잠시 고민하더니 마음을 굳히며 말했다.

"나도 그 사람에게 빚진 것 같았지. 이번에 도와줘서 그 빚을 갚아보자고. 그나저나 한국인은 정말 대단하네. 어떻게 남의 영업장을 공연장으로 만들겠다는 발상을 할까? 그런 도전정신이 대단하군. 비엔나커피의 고향에 한국 녹차를 진출시키면서 프로모션으로 비엔나 차차차를 하면 과연 결과가 어떻게 나올지 기대가 되네."

슈타들러 회장이 슈미트를 향해 고개를 끄덕였다. 슈미트는 호탕하게 웃었다.

"대단하기는 회장님도 마찬가지시지요. 20년 전에 독일 자동차의 앞마당인 비엔나에서 현대자동차를 판매하는 세일즈맨으로 한국 자동차 판매시장을 개척했고 덴첼의 회장이 되셨습니다. 절반은 한국인이 된 것 같으신데요.”

슈타들러 회장이 잔잔하게 미소를 지었다.

“남의 말 하지 말고……. 슈미트 본부장도 충분히 한국인 같거든. 비엔나 차차차를 잘해보고, 그 사람에게 내 안부도 전해주기 바라네.”

슈미트는 회장실을 나와 기다란 복도로 성큼성큼 발을 떼며 혼잣말했다.

“이렇게 시작하는구나. 차제에 비엔나 차차차로 머피의 법칙을 깨뜨려서, 그 사람과 나 사이에 놓여 있는 악연도 끊어버리자.”

비엔나에
한국 녹차는 없다

🍃 비엔나에 온 보성녹차의 비밀

2010년 9월 초순, 알프스 산맥의 북쪽 끝자락에 가을이 왔다. 오후 3시의 코발트색 햇살이 비엔나에 쏟아지며 슈테판 광장^{Stephansplatz 1)}에 화살처럼 꽂혔다. 광장 한가운데 서 있는 슈테판 성당^{Stephansdom 2)}이 위풍당당하다. 슈테판 성당의 지붕을 덮고 있는 25만 장의 타일이 가을 햇살에 눈부셨다. 빗살무늬의 예리한 각도로 황금색과 청색의 삼각파도를 만들며 물결쳤다.

비엔나 슈테판 성당은 역사의 현장을 지켜본 증인이다. 슈테판 성당은 신성로마제국의 황제인 막시밀리안 1세가 보헤미아의 왕인 블라디슬라프 2세^{Vladislav II}와 겹사돈이 되는 것을 목격했다.³⁾ 모차르트와 콘스탄체가 성당에서 혼인을 서약하는 맹세를 들었다.⁴⁾ 오스트리아가 독일에 강제로 합병된 후에 나치에 저항하는 오스트리아의 독립 운동가들이 성당 정문의 오른쪽 벽에 05라는 숫자를 새기며 주권회복의 결의를 다졌던 거친 숨결도 기억한다.

슈테판 성당의 상징인 남쪽 첨탑^{슈테플(Steffl)이라고 불린다}은 지중해에서 건져 올린 하얀 산호의 수려한 자태를 뽐내며 비엔나의 도심에

슈테판 성당 지붕의 삼각 문양 장식과 슈테플 |

신성로마제국의 상징인 쌍두독수리 |

우뚝 서서 푸른 가을 하늘에 솟구쳐 있다. 137미터의 높이를 자랑하며, 독수리가 새끼들이 있는 둥지를 돌보듯 비엔나를 살피고 있다.

슈테플에서 내려다보이는 슈테판 성당의 남쪽 지붕은 모자이크로 만든 새의 문양으로 장식됐다. 머리가 두 개 달린 거대한 독수리는 황금색 왕관을 쓰고 날개를 활짝 펼치고 있다. 신성로마제국의 상징인 쌍두독수리다.

쌍두독수리 왼쪽 날개가 가리키는 방향에 빨간 지붕의 5층 건물이 있다. 단아하지만 슈테판 성당을 마주보며 400년의 풍상을 견뎌온 곳이다. 빨간 지붕의 건물 1층에는 무지개 모양의 하얀 대리석으로 장식된 출입문이 있는데, 그 위에 새겨진 "Haas & Haas"의 글자가 화려하다. 출입문 양쪽으로 네 개의 쇼룸이 있다. 쇼룸마다 가로 1미터, 세로 3미터의 천연색 사진으로 만든 대형 포스터 넉 장이 길게 걸려 있었다.

푸른 녹찻잎이 하늘에서 계단을 타고 하강하듯 물결치며 흐르는 여름 차밭, 붉은 단풍 사이로 비추는 햇살에 황금색으로 물드는 가을 차밭, 지붕의 처마 끝이 살짝 들린 한국 기와집, 차를 따르는 기품 있는 한국 여인, 대한민국 전라남도 보성을 상징하는 아이콘이다. 넉 장의 사진마다 큼직한 다섯 글자가 살아서 튀어나왔다.

KOREA

"KOREA"와 보성 차밭이 슈테판 성당의 장엄한 모습을 쇼룸 유리창에 빨아들였다. 보성 차밭과 슈테판 성당이 어우러져 아름답고

슈테판 성당과 마주하는 하스앤하스 쇼룸 ⓒ페터 하스와 보성군청 |

푸른 도나우 강 물결처럼 쇼룸 유리창에 일렁거렸다. 쇼룸에는 알프스를 넘어온 상품이 자태를 뽐냈다. 바로 보성녹차다! 대한민국 역사상 최초로 비엔나의 슈테판 광장에 진출한 녹차다. 보성녹차는 비엔나의 심장이며 자부심인 슈테판 성당을 마주보며 호기심 충만한 비엔나 사람들과 대화했다.

비엔나는 비엔나커피의 고향으로서 비엔나커피는 고급 커피의 대명사다. 독일 뮌헨에 있는 마리엔 광장^{MarienPlaz}은 주변에 뮌헨 시청, 성모교회, 호프브라우하우스[5] 등이 몰려 있어 관광객이 즐겨 찾는 곳이다. 이 광장에 위치한 맥카페^{McCafe}는 비엔나커피를 메뉴에 넣어 판다. 카페에서 파는 커피 중 가장 비싸다. 비엔나커피의 이미지가 고급으로 각인됐기 때문에 자신 있게 고가로 판다. 세계적인 유통망을 가진 맥도날드도 비엔나커피의 명성에 기대서 매출을 올린다는 증거다.

보성녹차는 그런 비엔나커피와 맛을 겨루며 유럽의 손님과 소통하려고 비엔나에 왔다. 오스트리아의 최대 상권인 슈테판 광장, 그것도 비엔나에서 명성이 높은 차 전문점^{Tea Shop}인 하스앤하스의 쇼룸 네 개를 통째로 차지한 것이다. 도대체 보성녹차는 무슨 일로, 어떻게 비엔나에 왔을까?

🌿 비엔나는 거미줄의 중심

오스트리아는 과거 음역어로 오지리奧地利라고 불렸다. 과연 이 말대로 오지일까? 아니다. 오스트리아의 수도 비엔나는 지리적·정치적·문화적으로 세계적인 브랜드 가치를 확보한 도시다. 비엔나는 지리적으로 유럽의 중심에 있다. 유럽이 거미줄이라면 비엔나는 거미줄의 한가운데다. 비엔나는 유럽의 모든 도시에서 접근이 편리한 살기 좋은 도시로 평판이 높다. 이 도시는 1910년에 인구 200만 명을 돌파해 세계에서 큰 도시 4위로 자리매김한 적이 있었다. 지금도 30개가 넘는 국제기구가 활동하는 국제도시다.

비엔나 19구에 그린칭 Grinzing 이라는 마을이 있다. 베토벤이 살았던 곳이기도 한 이곳에는 바흐헹글 Bach Hengl 레스토랑이 있다. 이 레스토랑의 주인은 1137년부터 선조들이 이뤄놓은 가업을 물려받고 조상에게서 상속받은 인근 포도원에서 재배한 포도로 와인을 만들어 손님에게 판매한다. 와인병의 라벨에 "유럽의 중심 그린칭 Europa Zentrum Grinzing"이라는 문구와 그린칭이 중심으로 된 유럽지도를 넣어 비엔나는 유럽의 중심이라고 홍보하고 있다.

비엔나는 합스부르크 왕조의 중심지이며 신성로마제국의 황제가 살았던 곳이다. 비엔나 중심가의 순환도로인 링 Ring 에 있는 국회의사당 건물은 그리스의 파르테논 신전을 모티프로 설계되어 그리스건축의 아름다운 균형미를 자랑한다. 이 국회의사당 안에 오스트리아·헝가리 제국의 합동회의장이 있다. 이곳에서는 7개국 언어로 통역하며 국정을 논의한 적이 있었다.[6] 100여 년 전에 이미 현대판 유럽연합이 비엔나에서 이루어졌던 것이다. 비엔나가 유럽 정치에서 중요한 역할을 했다고 자부하는 증거들이다.

비엔나는 문화와 예술의 도시다. 이 도시에서 하이든·모차르트

| 바흐헹글 레스토랑

| "유럽의 중심 그린칭"

오스트리아 국회의사당 |

·베토벤·슈베르트·브람스·말러는 천재성을 펼칠 기회를 얻어 클래식 음악을 완성했으며, 화가 클림트는 〈키스〉라는 명작을 남겼다.[7] 오스트리아에는 유엔세계관광기구UNWTO의 통계 기준으로 연간 2,200만 명의 관광객이 몰려온다.[8] 신성로마제국의 중심지였던 비엔나를 방문하는 관광객은 슈테판 성당을 찾는다. 슈테판 성당을 마주보는 보성녹차는 말한다.

"내 시작은 미약하지만 끝은 창대합니다."[9]

🌿 비엔나에 한국 녹차는 없다

보성녹차가 비엔나에 오기 1년 전, 비엔나의 푸른 가을 하늘에 새 털구름이 점점이 박혀 있었다. 주오스트리아 대한민국 대사관의 공사 집무실 창밖으로 보이는, 어른 키의 열 배는 넘는 아름드리 '독일 떡갈나무'들의 무성한 나뭇잎 사이사이로 코발트색 하늘이 반짝였다. 노크 소리와 함께 정태흥 조사관이 들어왔다. 그는 오스트리아 일간지 ≪디 프레세 Die Presse≫의 기사를 인터넷에서 출력한 자료를 건네며 운을 뗐다.10) ≪디 프레세≫는 교육 수준과 구매력이 높은 독자층을 확보한, 오스트리아의 주요 일간지 중 하나다.

"공사님, 오늘 신문에 재미있는 기사가 실렸습니다. 오스트리아 여성이 한국 녹차를 찾는다는 내용인데요, 그 사람에게 한국 녹차와 다례시연을 보여주면서 우리 문화를 소개하면 좋을 것 같습니다."

"그런 신문기사가 나왔나요? 한데 비엔나에 한국 녹차는 없습니까? 이곳은 카페에서 홍차와 녹차도 많이 파는데 한국 녹차는 없다니 뜻밖이군요."

"유럽 사람들이 차를 많이 마시긴 하지만 오스트리아 사람들은 한국 녹차를 잘 모릅니다."

띵하고 무언가에 머리를 맞은 느낌이었다. 비엔나에 한국 녹차는 없다? 그러고 보니 2009년 4월 하순에 비엔나에 온 후로 이곳에서 한국 녹차를 마신 기억이 없었다.

"그래요? 그렇다면 신문기사 내용은 무엇인가요?"

"하스앤하스의 사장인 에바 하스 Eva Haas 여사가 한국 녹차를 구하려고 애를 많이 썼는데 구하지 못했다고 합니다. 차와 음식궁합에 대해 말하고 있네요. 와인과 음식궁합이 중요한 것처럼 차도 음식궁합이 있는데 토르테^{Torte 11)}와 녹차는 음식궁합이 맞지 않는답니다. 하스 여사는 한국 녹차와 두부조림의 음식궁합이 어떨까 하며 궁금해합니다.”

하스앤하스는 비엔나의 중심인 슈테판 광장에 있는 카페 겸 차 전문점이다. 고급 홍차와 녹차를 수입해 이국적인 향취를 음미하려는 비엔나 호사가들의 호기심을 충족시켜주는 곳으로 소문이 난 곳이다.

비엔나는 문화와 예술의 도시답게 비엔나커피로 상징되는 카페로도 유명하다. 모차르트·슈베르트·베토벤은 물론이고 화가 클림트^{Gustav Klimt}와 실레^{Egon Schiele}, 건축가 바그너^{Otto Wagner}와 루스^{Adolf Loos}, 소설가 알텐베르크^{Peter Altenberg}, 의사 프로이트^{Sigmund Freud}, 심리학자 아들러^{Alfred Adler}, 러시아의 혁명가 트로츠키^{Leon Trotsky} 등이 비엔나의 카페에서 영감을 얻거나 작업을 수행했다.

비엔나의 역사적인 카페들은 면면히 세월을 이어왔다. 카페 프라우엔후버^{Cafe Frauenhuber}는 200년 동안 한자리에서 줄기차게 커피를 끓여 카페에 커피향이 넘친다. 카페 첸트랄^{Cafe Central}은 소설가 알텐베르크의 편지를 카페로 배달되도록 관용을 베풀어 비엔나 카페의 전설이 됐다. 카페 자허^{Café Sacher}와 카페 데멜^{Cafe Demel}은 비엔나의 명물인 토르테의 상표권을 놓고 소송을 벌여 유명세를 타면서 인기 있는 관광지가 됐다. 비엔나의 카페는 오스트리아의 역사를 체험하는 현장이며, 세계를 향해 열린 창문이었다.

이런 비엔나에 한국 녹차는 없었다. 그런데 비엔나에 한국 녹차를 구하지 못해 안타까워하는 사람이 있다니! 더군다나 그 사람은 비엔나의 중심가에서 명성 있는 차 전문점과 카페를 경영하는 사람이기도 했다. 그 사람의 카페에 한국 녹차를 진출시킨다면 한국 녹차는 비엔나에 명품 녹차로 소개될 것이고, 한국 녹차의 명성이 비엔나에서 시작해 유럽의 주요 도시로 퍼져나가면 대한민국의 브랜드 가치를 높이는 데 기여할 수 있다. 생각이 꼬리에 꼬리를 물고 갔다. 호박이 넝쿨째 굴러오는 것 같았다. 이 기회를 살리자! 정태홍 조사관에게 말했다.

"이분에게 연락해서 우리가 도와줄 일이 있는지 확인해보시죠. 조만간 시간을 내서 하스앤하스에 가봅시다."

"저에게 한국 녹차가 있습니다. 하스 여사에게 샘플로 전달하면 어떨까요?"

"품질 좋은 녹차인가요?"

"네, 우전입니다.[12] 이른 봄에 첫 번째 수확한 녹차로 한국에서는 최고로 치지요."

비엔나에서 한국 녹차를 궁금해하는 사람에게 그 맛을 알려줄 수 있는 기회가 생겼다. 책꽂이에서 두 권의 책을 꺼냈다. 첫 번째 책은 한국에서 발간한 『Just go, 오스트리아·부다페스트·프라하』였다. 페이지를 훑다가 바로크 풍의 흰색 건물 사진에 시선이 꽂혔다. 하스앤하스 카페였다. 여름에 테라스 카페에서 차를 마시는 기분이 최상이며, 애프터눈티 세트도 인기가 좋다고 소개됐다.[13] 다음 책은 *EYEWITNESS TRAVEL VIENNA*라는 영국에서 출간된 책이었다. 슈테판 성당과 광장 주변을 소개하는 그림에 하스앤하스는 매력적이며 편안한 카페 겸 티 하우스Tea House라고 안내됐다.14) 이를 보자 정말 비엔나에 한국 녹차는 없는지 내 눈으로 확인하고 싶었다.

며칠 뒤, 비엔나 시내에 있는 메르쿠르MERKUR로 갔다. 메르쿠르는 독일계 회사로 오스트리아의 식품산업을 쥐락펴락하는 대형 식품유통점이다. 매장 안으로 들어가서 차가 진열된 코너로 성큼성큼 다가갔다. 진열대를 보니 미국·영국·중국·인도·스리랑카·일본 등에서 온 여러 종류의 차들이 다양한 브랜드의 이름으로 놓여 있었다. 홍차·녹차·꽃차·과일차·허브차 등 형형색색의 아름다운 포장으로 맵시를 차린 차들이 나를 선택하라고 유혹했다. 그러나 찬찬히 살펴봐도 한국 녹차는 없었다.

'정말 없네.'

현장을 확인하니 심정이 복잡했다. 실망과 안타까움이 교차했다. 비엔나 차 시장의 벽이 높아 한국 녹차는 진출하지 못하는 현장을 보는 것이 실망스럽고, 한국 녹차의 경쟁력이 알프스를 넘지 못한다고 생각하니 안타까웠다. 그래도 혹시나 싶어 매장의 상품을 정리하는 관리인에게 물었다.

"실례지만 한국 녹차를 사고 싶습니다. 한국 녹차는 어디에 있나요?"

건장한 체격의 중년 남자는 고개를 갸웃거리면서 조금은 자신이 없는 목소리로 말했다.

"한국 녹차는 없는 걸로 알고 있는데, 확인해보지요. 여기가 차

| 비엔나 호프부르크 왕궁

코너인데 역시 한국 녹차는 없네요. 일본 녹차나 중국 녹차는 있습니다.”

“왜 한국 녹차는 없지요?”

“저는 모르죠.”

중년 남자는 손바닥을 위로 펼친 두 손을 약간 들어 올리고 어깨를 으쓱했다. 그 사람의 얼굴에는 몰라서 쑥스러워하는 표정과 별 이상한 사람 다 보겠다는 표정이 교차했다.

그렇다면 한국 녹차를 찾으러 비엔나의 중심가로 가보자! 율리우스 마이늘(Julius Meinl 15)의 식품매장으로 갔다. 율리우스 마이늘은 19세기 중반부터 비엔나에서 커피원두를 가공·판매해 성공한 오스

트리아의 토종 기업으로서 19세기 판 스타벅스Starbucks와 같은 유럽 커피유통업체의 큰손이다. 율리우스 마이늘의 고급 식품매장은 그라벤Graben 거리에 있다. 그라벤은 명품 거리로서 비엔나의 황금시대에 신성로마제국의 황제가 위엄을 갖추고 호령했던 호프부르크Hofburg 왕궁과 이어진다. 이 도로는 한국의 명동과 같은 보행자 전용이며, 세계적인 브랜드의 매장들이 관광객에게 여기서 제대로 된 명품 하나를 장만하라고 손짓하는 곳이다.

율리우스 마이늘의 건물 외관은 화려한 바로크 풍으로 장식되어 있었다. 1층 매장에는 율리우스 마이늘에서 생산해 판매하는 커피와 세계 각국에서 수입한 기호식품들이 진열되어 있었다. 2층으로 가는 계단을 발견해 따라 올라가니 바로 앞에 차 매장이 있다. 하지만 차보다 천정에 그려진 동양인 여성의 얼굴부터 눈에 들어왔다.

천장화에 동양인 여성이 있다니! 부채를 펼친 듯한 반달 모양으로 만든 초대형 천장화에 동양인 여성의 얼굴을 중심으로 부챗살처럼 뻗어나간 두터운 광선의 이미지는 일본군국주의의 상징인 욱일승천기旭日昇天旗를 연상시켰다. 이 동양인 여성이 바로 미치코 마이늘Michiko Meinl, 1913~1988이다. 일본 녹차의 수호천사처럼 일본 녹차를 사랑해서 비엔나에 일본 녹차를 진출시키고, 율리우스 마이늘의 2층 매장에서 일본 녹차를 보호하는 일본 녹차의 후견인이다.

미치코 마이늘은 일본 히로시마 출신으로 결혼 전 이름은 미치코 타나카Michiko Tanaka였다. 비엔나로 유학을 와서 성악과 피아노를 전공했고, 시드니 존스Sydeny Jones의 뮤지컬인 〈게이샤Der Geisha〉와 푸치니Giacomo Puccini의 오페라 〈나비부인Madam Butterfly〉에 출연해 1930년대 비엔나 사교계를 화려하게 수놓은 신데렐라였다. 그런 그녀가 오스트리아의 커피 재벌인 율리우스 마이늘 2세와 혼인하고 비엔나 커피명가의 안방마님 자리를 꿰찬 것이었다.

그러나 미치코 마이늘은 율리우스 마이늘 2세와 이혼하고 독일의 영화배우이며 감독인 빅토어 코바Viktor de Kowa와 재혼했다. 율리우스 마이늘 2세는 사랑하던 여인에게 배신당했지만, 옛 부인을 잊지 못하는 아름다운 순애보는 율리우스 마이늘의 본사 천정에 그려져 비엔나의 전설이 됐다.

차 매장 앞으로 갔다. 40대 초반의 일본인으로 보이는 여성이 판매원으로 근무하고 있었다. 나를 보며 짓는 판매원의 미소에서 동양 사람을 보고 반가워하는 마음이 묻어나왔다. 그 뒤에 병풍처럼 펼쳐진 찻잎통들이 보였다. 그 한가운데에 일본 녹차들이 자랑스럽게 진열되어 있었다. 고개를 들어 천정을 보았다. 천정에는 미치코 마이늘과 부챗살처럼 뻗어 나가는 욱일승천기 문양, 땅에는 일본인 여성, 진열대에는 일본 녹차, 그야말로 이곳은 비엔나 한복판에 있는 일본 녹차의 성지^{聖地}였다.

미치코 마이늘은 율리우스 마이늘의 2층 계단을 걸어 올라오는 손님이 올려다보는 지점에 당당히 자리를 잡고 이곳을 방문하는 사람들에게 천정화 속 동양 미인의 아름다운 전설을 회상하며 제물을 바치라고 압박하고 있었다. 그 제물은 차 매장에 있는 일본 녹차일 터였다. 하지만 주눅 들 수 없었다. 비록 이곳이 일본 녹차의 유럽 사령부라고 하더라도 나는 한국 녹차를 만나고 싶었다. 한국 녹차를 보고 싶다는 마음을 담아 판매원에게 물었다.

"한국 녹차가 있나요?"

판매원의 표정이 바뀌었다. 긴장으로 얼굴이 굳어졌다. 입술은 미소를 짓고 있었지만, 목소리에는 냉소가 섞인 찬 공기가 묻어나왔다. 판매원의 매몰찬 음성이 내 귀를 때렸다.

"한국 녹차는 없습니다. 그 대신 일본 시즈오카의 최고급 차인 교쿠로玉露 16)가 있습니다."

판매원은 말이 끝나기가 무섭게 등을 돌렸다. 삼단으로 된 진열대에서 주황색 찻잎통 하나를 번쩍 들어 내 앞에 내놓았다. 그러고 나서 찻잎통의 뚜껑을 천천히 열었다. 판매원이 자부심 가득한 표정으로 통 안에 있는 녹차를 나에게 보여주었다.

"일본 시즈오카의 교쿠로입니다. 향을 느껴보세요. 좋지요?"

고개를 숙여 교쿠로의 향을 음미했다. 마치 봄날에 아지랑이가 피어오르듯 교쿠로의 향이 하늘거리며 내 코를 자극했다. 판매원은 교쿠로의 향을 음미하는 내 모습에 흐뭇해하면서 두 손으로 조심스럽게 찻잎통을 감싸 들어 올렸다. 다소곳하며 우아한 몸짓으로 찻잎통을 흔드니 사각사각하는 소리가 났다. 교쿠로의 향이 매장으로 퍼져나갔다. 판매원의 얼굴에 자랑스러워하는 눈빛과 행복해 보이는 미소가 번져갔다. 미치코 마이늘을 보라는 듯, 판매원의 시선이 천정으로 향했다. 내 눈도 판매원의 시선을 따라가 미치코 마이늘과 눈을 마주쳤다. 미치코 마이늘이 나에게 눈을 흘기며 말했다.

"이곳에서 한국 녹차를 찾는 것을 보니 비엔나의 실정을 모르는 것 같군요. 여기는 일본 녹차의 유럽사령부입니다. 천정에 일본의 자랑스러운 욱일승천기가 있잖아요. 비엔나에 한국 녹차는 없습니다. 일본 녹차로 하세요. 교쿠로가 좋습니다. 교쿠로가 부르는 아름다운 노래를 감상하세요. 푸치니의 오페라 〈나비부인〉의 하이라이트인 「허밍 코러스 Humming Chorus」입니다. 라인 강의 로렐라이 언덕이 보이는 급류에서 안개를 피우며 고혹적인 목소리로 뱃사공을 유혹했던 '세이렌'이 부르는 노래보다 아름다운 노래지요. 우리는 이 노래로 율리우스 마이늘 2세와 비엔나를 감동시켰지요."

판매원도 미치코 마이늘이 나에게 한 말을 들은 것 같았다. 여인이 자부심 가득한 표정으로 찻잎통을 흔들었다. 교쿠로의 어린 잎들이 이리저리 쏠리고 사각사각 소리를 내며 합창했다. 교쿠로의 향이 은은하게 매장에 번졌다. 역시 교쿠로다. 비엔나의 그라벤에서 일본의 명차로 인정을 받을 만했다. 하지만 나는 비엔나에서 한국 녹차를 보고 싶었다. 일본 녹차는 아니라는 의지를 담아 고개를 가로저었다. 미치코 마이늘이 들으라는 듯, 당당하게 판매원에게 물었다.

"한국 녹차는 어디서 살 수 있나요?"

"글쎄요. 비엔나에서는 한국 녹차를 본 적이 없습니다."

말을 마친 판매원은 나와는 더 이상 대화를 나눌 필요가 없다는 듯, 내 뒤에서 순서를 기다리는 40대 후반의 부부에게 눈길을 주었다. 금발의 중년 여성이 내 앞으로 나왔다. 남편으로 보이는 콧수염을 기른 중년 남성은 쇼핑백을 들고 있었다. 중년 남성은 콧수염을 실룩거리며 나에게 한마디 했다. 저음으로 울리는 음성에는 비엔나의 실정을 모르는 사람을 도와주고 싶어 하는 따뜻한 마음이 묻어나왔다.

"슈테판 광장에 있는 하스앤하스나 테그슈벤드너TeeGschwendner에 가보세요. 거기는 차 전문점이라 여기보다 차 종류가 많습니다."

"테그슈벤드너는 어디에 있습니까?"

"슈테판 성당의 북쪽 첨탑 앞에 있는 돔 박물관Dom-Museum으로 들어가는 골목길 안쪽에 있지요."

고맙다는 말을 하려는데 그 남자는 내 마음의 잔잔한 호수에 호박돌을 던졌다.

"그런데 한국에도 차밭이 있나요? 한국 녹차 얘기는 들어보지 못했는데요."

'풍덩' 소리와 함께 호박돌이 만든 파문에 평상심이 흔들렸다. 고맙다는 말보다 한마디 해야겠다는 마음이 앞섰다.

"한국의 남해안에 차밭이 있습니다. 차밭이 바닷가에 있어 한국 녹차의 맛이 독특합니다. 한국 녹차를 권해드립니다. 다만 한국 녹차를 마실 때는 조심해야 합니다."

"녹차를 마시면서 조심할 일이 뭐가 있습니까?"

"한국 녹차의 맛에 빠지면 끊지를 못합니다. 사랑에 빠지지요. 마치 로미오가 줄리엣을 찾는 심정이 됩니다."

"재미있군요. 줄리엣을 찾기를 바랍니다."

고개를 들어 천정을 보았다. 미치코 마이늘이 도대체 여기서 무슨 소리를 하냐면서 경멸하는 듯한 시선으로 나를 내려다보고 있었다. 나도 미치코 마이늘을 노려보았다.

'당신이 일본 녹차의 수호천사라면 나는 에바 하스가 한국 녹차의 수호천사가 되기를 바랍니다. 다음에 올 때는 한국 녹차가 슈테판 광장에 진출했다는 소식을 가지고 오겠습니다.'

미치코 마이늘이 에바 하스라는 말에 의미심장한 미소를 짓고는 잘해보라며 코웃음을 쳤다. 미치코 마이늘을 등지고 계단을 내려갔다. 그녀의 날카로운 눈초리에서 바늘이 쉴 새 없이 날아오는 듯했다. 뒤통수가 따가웠다.

슈테판 북쪽 광장에 관광객을 기다리는 마부들과 관광마차^{Fiaker} 들이 줄지어 서 있었다. 돔 박물관 간판이 보였다. 간판 아래서부터 시작하는 골목길 안쪽에 테그슈벤드너가 있다. 테그슈벤드너는 독일의 메켄하임에 본사가 있는 다국적 회사로, 120개가 넘는 대리점을 운영하는 차 유통업체의 큰손이다. 테그슈벤드너의 문을 밀고 들어갔다. 20대 초반의 젊은 여성이 미소로 나를 맞았다. 매장 왼쪽 벽에 한약방의 약초 보관함같이 가로세로로 네모반듯하고 촘촘하게 짜인 차 보관함이 보였다. 판매원에게 물었다.

"한국 녹차가 있나요?"

그녀는 고개를 가로저었다.

"한국 녹차는 없습니다. 안쪽에 있는 차 전문매장에서 확인하시지요. 혹시 새로 들어왔는지도 모르니까요."

차 전문매장으로 갔다. 30대 중반의 남성 판매원이 눈웃음을 지으며 나를 반겼다. 한국 녹차가 있냐고 물었다. 그러자 판매원이 되물었다.

"한국에도 차나무가 있나요? 북쪽에 있는 지역에서는 차나무가 자라기 어려운 것으로 알고 있는데요. 일본도 도쿄보다 남쪽인 시즈오카에서 좋은 녹차가 납니다. 도쿄보다 북쪽에 있는 한국에 차나무가 있다니 의외군요. 중국 녹차는 좋은 것이 있습니다. 유기농 용정龍井, Longjing 녹차지요. 마음에 드실 겁니다."

질문이 송곳 같았다. 송곳이 손가락을 찌르는 것처럼 판매원의 말이 내 마음을 찔렀다. 제법 통증이 컸다. 침묵으로 넘어갈 상황이 아니었다. 침묵은 동의로 간주되기 때문이다. 율리우스 마이늘에서 만난 콧수염 남자에게 한 얘기를 되풀이했다. 판매원이 놀라며 말했다.

"한국 녹차가 그렇게 품질이 좋나요? 하기야 차나무가 성장 한계점에 있는 지역에서는 특별한 녹차가 납니다. 더구나 성장 한계점이 바닷가에 있다고 하니 한국 녹차의 맛이 독특할 것 같군요."

그렇게 말하고 나서 판매원은 나에게 손바닥만 한 크기의 책자를 주었다.

"본사에서 나온 책자를 한 권 드리지요. 우리가 판매하는 차들의 상품목록입니다. 보시고 마음에 드는 품목이 있으면 연락 주십시오."

제법 두꺼운 『차 안내서 Book of Tea』였다. 150쪽쯤 되는 책장을 숨 가쁘게 넘기면서 녹차 부분을 살펴보았다. 일본 녹차는 열 종류에 이르고, 중국 녹차는 아홉 종류에 이르렀다. 인도의 다르질링 Darjeel-ing, 스리랑카, 네팔, 타이완의 녹차도 보였다. 이들 상품이 동양 사람인 나를 보며 인사하는데 한국 녹차만이 없었다.

테그슈벤드너에 일본 녹차는 열 종류나 진출한 것을 확인한 데다 판매원으로부터 한국에서 차나무는 자라냐는 질문을 들으니 할 말이 없었다. 등에서 고압선이 흐르는 것 같은 전율이 느껴졌다. 마치 한일전 A매치 축구경기에서 일본에 서너 골 차이로 지는 경기를 지켜보는 '붉은 악마'의 심정이 이런 것이구나 싶었다.

우리가 비엔나의 녹차시장에 눈 감고 귀 막고 입 막고 있을 때 일본이 미치코 타나카의 손에 들려 비엔나로 보낸 교쿠로는 비엔나의 중심가에 단단하게 뿌리를 내렸다. 그런데도 우리는 아직 비엔나의 차 판매점에 녹차의 잎 하나도 보내지 못하고 있었다. 이것이 현실이었다. 비엔나에 한국 녹차는 없다는 말을 듣고 설마 그럴 리가 있나 하고 막연하게 생각했다가 한국 녹차가 없는 현장을 확인하니 제법 충격이 컸다.

시간이 날 때마다 비엔나의 대형 마트와 차 판매점을 순례하며

한국 녹차를 찾았다. 그러나 허사였다. 비엔나에 한국 녹차는 정말 없었다. 비엔나의 차 판매점에 한국 녹차가 없는 것을 확인하니 한국 녹차를 가로막은 알프스가 높아 보였다. 비엔나에서 한국 핸드폰과 한국 자동차가 맹렬하게 시장점유율을 높여가며 베스트셀러가 되어가는데 한국 녹차는 알프스의 높은 산을 넘지 못하고 있었다. 한국 녹차가 품질이 좋아 세계적인 녹차 품평회에서 좋은 평가를 받았다는 신문기사를 본 적이 있었는데 어쩌다 이런 사태가 벌어졌을까?

슈테판 동쪽 광장으로 갔다. 성당 벽에 치통의 그리스도가 보였다. 예수 그리스도가 오른쪽으로 고개를 기울이고 고뇌에 찬 모습을 하고 있다. 그 모습을 보고 술에 취한 젊은이들이 우리의 주님도 치통을 앓는다고 조롱한 후에 벌을 받아 밤새도록 치통을 끙끙 앓다 회개하고 병이 나았다는 전설이 담긴 조각상이다.

치통의 그리스도가 곤혹스러워 하며 나에게 말했다.

"당신은 남들이 일을 제대로 했는지 확인만 하고 있군요. 아직도 그 일이 이루어지지 않았다면, 이제 당신이 그 일을 하면 됩니다."

치통의 그리스도를 마주보고 있는 고딕 풍의 건물을 보았다. 하스앤하스다. 비엔나의 심장이라는 슈테판 성당과 마주한 명당이다. 치통의 그리스도와 대화하는 차 전문점이다. 하스앤하스를 화려하게 꾸며주는 바로크 풍의 대리석 장식이 한국 녹차에게 손짓했다. 이곳이 비엔나의 심장이라면서 한국 녹차에 귀엣말했다. 비엔나로, 슈테판 광장으로, 하스앤하스로 오라고 감미로운 목소리로 속삭였다.

비엔나 녹차시장의 벽이 얼마나 높은지 모르겠지만 우리 녹차를 비엔나에 진출시켜 한국 녹차도 명품이라는 것을 보여주자는 열망이 커져갔다. 고려청자를 만든 장인의 열정과 명품 녹차를 만든 명인의 정성이 오늘날 대한민국이 만든 핸드폰과 자동차에 녹아 있으며, 로마가 하루아침에 이루어지지 않았다는 말처럼 대한민국 장인의 열정과 명인의 정성도 역사와 전통이 있다는 것을 보여주자는 마음을 다졌다.

눈을 들어 산을 보니 그간 구름에 가려져 보지 못했던 높은 산이 보이는 것 같았다. 유럽의 녹차시장이다. 그곳은 단순히 음료가 거래되는 시장이 아니다. 차 한잔을 통해 오랜 전통과 문화를 아우르

며 사교와 비즈니스를 품격 있게 이끄는 사람과 사람 사이의 정서
가 교감하는 시장이다.

지구촌에 살면서 인종과 문화가 다른 사람들이 차 한잔을 나누
며 교류하는데, 문화와 예술의 도시로 명성이 높은 국제도시인 비
엔나에 정작 한국 녹차는 없었다. 이제부터 시작해도 늦지 않다. 한
국 녹차도 구름 사이로 보이는 높은 산으로 올라갈 때가 됐고, 비엔
나에서 그 일을 시작할 때가 됐다.

눈을 들어 산을 보자.[17] 그리고 저 산에 올라가자. 세상의 많은
차들은 저 산에 올라가서 환호했지만 한국 녹차는 아직 올라가지 못
했다. 이제 한국 녹차가 올라갈 차례다. 성경에도 여호와께서 우리
의 발을 미끄러지지 않게 도와주신다는 말씀이 있고,[18] 하늘은 스
스로 노력하는 사람을 돕는다고 했다. 한국 녹차도 저 높은 곳에 올
라가서 더 넓은 세상을 보자.

🌿 커피향 넘치는 비엔나의 황금시대

2009년 4월 하순, 미국 뉴욕의 머서컨설팅그룹[19]에서 기자회견
이 있었다. 기자회견장에 나타난 슬래긴 패러카틸^{Slagin Parakatil} 선임
연구원은 왕방울처럼 시원시원한 눈으로 텔레비전 카메라의 위치
를 확인했다. 이날은 머서컨설팅그룹이 주관하는 '세계에서 살기
좋은 도시'의 순위 발표일이었다.[20] 패러카틸 선임연구원은 카메
라의 렌즈를 응시하면서 말했다.

| 칼렌베르크 성 요셉 교회

　"우리 회사는 매년 215개의 주요 도시를 대상으로 살기 좋은 도시를 선정하는데, 금년도 1위는 비엔나입니다."[21]

　비엔나는 지구촌 사람들이 살고 싶은 명품도시 1위로 공인됐다. 이런 세계적인 명품 도시의 대명사나 다름없는 비엔나커피가 등장한 유래를 확인하고자 나는 비엔나 시내 북서쪽에 있는 칼렌베르크Kahlenberg 산으로 올라갔다.[22] 칼렌베르크 산의 정상에는 비엔나 시내를 내려다볼 수 있는 전망대가 있다. 전망대가 있는 광장 한쪽에 고색창연한 교회가 있다. 1629년에 건립되어 1683년 오스만제국과의 전쟁에서 파괴된 뒤 복구된 성 요셉 교회St. Josefskirche am Kahlenberg다.

얀 3세 소비에스키 폴란드 왕 ⓒ이가영 |

교황 요한 바오로 2세 ⓒ이가영 |

성 요셉 교회 정문 벽에는 두 개의 청동 명판이 붙어 있다. 오른쪽 명판에는 선종 후 성인으로 추대된 교황 요한 바오로 2세의 흉상이 담겼고, 1983년 9월 13일이라는 숫자가 새겨져 있다. 폴란드 출신인 교황 요한 바오로 2세는 이날 성 요셉 교회를 방문해 칼렌베르크 전승 300주년 기념행사를 축성祝聖했다. 칼렌베르크는 오스트리아와 폴란드를 주력으로 한 크리스트교 연합군이 이슬람교 오스만제국군을 물리친 전승지다.

왼쪽 명판에는 폴란드의 왕 얀 3세 소비에스키Jan III Sovieski의 흉상과 1683년 9월 12일이라는 숫자가 새겨져 있다. 폴란드의 얀 3세는 1683년에 오스만제국군이 비엔나 성을 공격했을 때 칼렌베르크 산

위에 유럽 전역에서 출병한 크리스트교 연합군을 집결시키고, 산 아래에 진을 친 오스만제국군을 무찔러 비엔나를 구했다. 그는 중부 유럽의 크리스트교 문명을 수호한 영웅이었다. 1683년 9월 12일은 오스트리아와 폴란드의 연합군이 오스만제국군을 상대로 일궈낸 칼렌베르크 전승 기념일이었다.

합스부르크 왕조는 폴란드의 도움을 받아 오스만제국군을 물리친 뒤에 힘을 길러 중부 유럽을 제패해 비엔나의 황금시대를 열었다. 그러나 승전국이 패전국의 문화를 확산시킨 역사의 모순이 비엔나에서 일어났다. 그 중심에 비엔나커피가 있었다.

비엔나의 황금시대에 완성된 아름다운 건축물, 격조 높은 궁정문화, 클래식 음악은 비엔나를 세계에서 제일 살기 좋은 문화와 예술의 도시로 만든 원동력이 됐다. 이 모든 것이 한데 어우러진 슈테판 광장은 비엔나커피의 고향이다. 좌절하지 않고 도전하는 모험가를 예우하는 약속의 땅이다. 프란츠 자허Franz Sacher,23) 크리스토프 데멜Christof Demel,24) 율리우스 마이늘, 페터 하스Peter Haas 25)는 슈테판 광장에서 축복을 받았다. 이제는 한국 녹차가 슈테판 광장에서 축복받을 차례다. 슈테판 광장에 진출할 한국 녹차가 그곳에서 끈기 있게 버티고 살아남아 비엔나의 축복을 받을 여정을 시작해보자.

1683년 늦여름, 오스만제국군에 포위된 비엔나 성의 망루에서 게오르크 콜시츠키 Georg Franz Kolschitzky는 성을 겹겹이 둘러싼 오스만제국군의 진용을 살피며 어떻게 포위를 뚫고 성을 빠져나가 임무를 수행할까 궁리했다. 콜시츠키는 폴란드 태생으로 비엔나에 본사가 있는 동방무역회사Orientalische Handelskompanie의 베오그라드 지사에 근무했던 튀르크어 통역원이었다. 튀르크어를 잘하고 베오그라드에서 이스탄불로 자주 출장을 다녔기 때문에 오스만제국의 풍속에 밝았다. 풍전등화에 놓인 비엔나 성을 구하기 위해 오스만제국군의 포위를 뚫고 정탐활동을 할 수 있는 적임자였다.

비엔나 성 안은 오스만제국군의 포위로 고립무원이 됐기에 아비규환이었다. 오스만제국군은 첩첩산중처럼 비엔나 성을 포위하고 있었다. 병사들의 사기는 땅에 떨어졌다. 외부의 소식을 들을 수 없으니 갑갑했다. 그때 콜시츠키가 적진을 뚫고 나가 바깥세상의 소식을 알아보고 구원군의 동태를 살피겠다고 자원했다. 그러니 힘을 내자며 병사들을 고무했다.

콜시츠키는 비엔나 성을 빠져나가 얀 3세가 이끄는 크리스트교 연합군에 비엔나 성 안의 소식을 전했다. 콜시츠키는 비엔나 성으로 돌아와 구원군이 임박했으니 힘을 내자며 병사들의 사기를 올렸다. 폴란드의 기마부대가 선봉이 된 크리스트교 연합군은 칼렌베르크 전투에서 카라 무스타파Kara Mustapha 총사령관이 이끄는 오스만제국군을 격퇴하고 비엔나 성을 구했다.[26]

전쟁이 끝난 후, 비엔나 시민들은 오스만제국군이 퇴각하며 챙겨가지 못한 커피원두를 낙타먹이인 푸른 콩이라고 하며 쓸모없는 물건으로 여겼다. 논공행상에서 콜시츠키는 누구도 주목하지 않는 커피원두를 전리품으로 하사받기를 간청했다. 콜시츠키는 비록 자신이 이번 전쟁을 승리로 이끈 공적은 있지만 신분이 미천해 값이 나가는

| 비엔나커피의 대명사 멜랑즈 ⓒ페터 하스

| 비엔나 1구에 있는 콜시츠키 기념명판

물건을 전리품으로 하사해달라고 간청해도 차례가 오지 않을 것을 간파했다. 콜시츠키의 공적을 높이 평가한 얀 3세는 낙타먹이라고 알려진 푸른 콩을 콜시츠키에게 하사하며 궁금해했다.

"도대체 저 푸른 콩으로 무엇을 하려나?"

그 뒤 슈테판 성당과 가까운 곳에 '푸른 병의 집Zu den blauen Flaschen'이라는 카페가 문을 열었다. 콜시츠키가 카페의 주인이었다.[27] 콜시츠키는 얀 3세로부터 하사받은 커피원두를 갈아 커피에 구름 같은 우유거품을 섞은 멜랑즈를 만들었다. 커피에 우유를 첨가해 감칠맛을 더하는 기법은 오스만제국에서는 상상하지 못한 새로운 시도였다.[28]

멜랑즈[29]는 비엔나의 명물이 됐다. 콜시츠키가 일으킨 멜랑즈 돌풍은 카페문화를 앞세우며 합스부르크 왕조의 주요 도시인 헝가리의 부다페스트, 체코의 프라하, 이탈리아의 트리에스테로 진출했다.[30] 칼렌베르크 전투에서 패배한 오스만제국군은 비엔나에서 퇴각했지만, 그들이 가지고 온 이슬람음료인 커피는 비엔나에서 새로이 탄생하며 유럽인의 입맛을 사로잡았다. 그리고 비엔나커피의 탄생은 비엔나 황금시대의 서막을 여는 신호탄이나 다름없었다.

두드려라,
그러면 열릴 것이다

비엔나에서 운명적으로 만나다

하스앤하스에 왔다. 지난번에 치통의 그리스도 상 앞에서 지켜보다 발길을 돌린 뒤 다시 오니 새삼스러웠다. 이곳은 400년 전에 세워진 독일기사단 Deutscher Orden 의 수도원 건물이었다. 옛날에는 수도사들이 기도하던 공간이 지금은 슈테판 광장을 찾아오는 순례자와 관광객이 쉬어가는, 도심 속의 오아시스와 같은 휴식 공간이 됐다.

정태홍 조사관과 함께 카페로 들어갔다. 카페의 천정은 아치형으로 물결치듯 이어져 입체감이 돋보이는 돔의 형태다. 장식이 전혀 없어 단순함과 절제미에 천정이 높아 보였다. 신을 향한 수도사들의 염원이 높은 곳을 향해 솟아오르는 것 같았다.

카페의 오른쪽에는 창문 두 개가 있었다. 창문에 길게 걸린 대형 포스터 사이로 슈테판 성당이, 카페의 왼쪽에는 등나무와 포도 덩굴이 돋보이는 하스앤하스의 테라스 카페가 보였다. 테라스 카페에는 제법 많은 손님들이 환담을 나누고 있었다. 9월 중순 비엔나의 태양이 서쪽 하늘을 향했지만 슈테판 광장을 찾아온 손님들은 테라스 카페에서 차 한잔에 비엔나 도심의 가을 정취를 한껏 즐기고 있었다.

　50대 후반으로 보이는 미모의 여성이 테라스 카페에서 안으로 들어왔다. 에바 하스였다. 정태홍 조사관이 에바를 소개했다. 정태홍 조사관은 한국 녹차 샘플을 에바에게 전달하면서 이미 인사를 나눈 터였다.

　"공사님, 이분이 하스 여사입니다."

　에바는 안경을 쓰고 있었는데 풍기는 이미지는 모나리자를 연상시켰다. 모나리자가 안경을 쓰면 저런 모습이지 않을까? 에바의 모습에서 미치코 마이늘이 떠올랐다. 미치코 마이늘은 미인이다. 에바도 미모가 뛰어났다. 에바의 남편도 미치코 마이늘의 남편이었던 율리우스 마이늘 2세 못지않게 한국 녹차를 사랑하는 여인의 든든

| 하스앤하스 테라스 카페

한 후원자이기를 기대했다. 먼저 운을 뗐다.

"신문기사를 잘 보았습니다. 한국 녹차를 사랑해주서서 감사합니다."

"한국 녹차가 맛이 좋더군요. 섬세한 바닐라 향과 장미향에 흙 향이 나면서 끝 맛은 밤 맛이 납니다."

에바 하스의 부드러운 미소와 한국 녹차에 대한 예찬, 미치코 마이늘의 경멸하는 눈매와 그에 맞서는 나의 눈초리, 그것을 지켜보는 고뇌하는 모습의 치통의 그리스도, 비엔나에서의 운명적인 만남들은 이렇게 시작됐다.

에바는 잠시 주저하는 모습을 보이며 나에게 물었다.

"테라스로 나가시겠습니까, 아니면 저쪽 코너에 있는 테이블로 가시겠습니까? 저쪽 자리는 귀한 손님이 오실 때 제가 모시는 공간입니다."

에바는 테라스 카페를 언급했지만 그녀가 손으로 가리킨 곳은 카페의 안쪽에 있는 자리였다. 테라스 카페를 보았다. 손님이 많아 대화에 집중하기가 어려워 보였다. 카페의 경영자로서는 손님의 반응에 일일이 신경을 써야 하는데 종업원이 행여 실수라도 하면 대화에 나쁜 영향을 미칠 것 같았다. 한적한 안쪽이 오히려 안성맞춤으로 보였다. 에바가 추천한 테이블로 갔다.

에바는 메뉴판을 들어 나에게 건네며 차를 권했다. 메뉴판은 일곱 쪽으로, 세계 각국에서 수입한 차의 이름들로 빽빽하게 채워져 있었다. 갑자기 걱정이 쓰나미Tsunami처럼 밀려왔다. 비엔나의 차 시장은 경쟁이 치열한 레드오션Red Ocean 1)이었다.

이렇게 경쟁이 치열한 비엔나의 차 시장에 한국 녹차가 들어와서 생존할 수 있을까? 브랜드 가치를 확고하게 확보한 영국·인도·스리랑카·중국·일본의 차들이 선점한 비엔나의 차 시장에 한국 녹차가 들어갈 공간이 어디에 있고, 어떤 전략을 세워야 비엔나 손님의 선택을 받을까 생각하니 정답이 보이지 않았다. 이곳이 한국 녹차의 요람이 될지 무덤이 될지 가늠하기가 어려웠다. 그러나 반드시 비엔나에 한국 녹차의 생존공간을 마련하자고 마음을 다잡았다.

이곳에 한국 녹차가 들어온다면 일본 녹차가 경쟁자가 될 것 같았다. 먼저 경쟁자를 만나보자. 손자병법에도 전투에 임할 때 적을 알고 나를 알면, 백번 싸워도 위태롭지 않다는 말이 있다. 미치코 마이늘이 보살피는 일본 녹차는 비엔나에서 어떤 평가를 받고 있나 알아보자는 마음에 일본 녹차의 지존인 교쿠로를 골랐다. 에바는 부드럽지만 확신에 찬 어조로 말했다.

"교쿠로는 제가 좋아하는 차지요. 제가 일본의 시즈오카에 가서 고르고 골라 비엔나로 가져온 차입니다."

에바가 일본의 시즈오카를 화제로 삼는 것은 부담스러웠다. 화제를 한국 녹차로 돌렸다. 에바에게 물었다.

"한국 녹차가 좋다는 것을 어떻게 아셨습니까?"

"비엔나에는 차를 좋아하는 사람들의 모임이 있습니다. 그 모임에 나오는 제 친구가 서울에서 한국 녹차를 조금 사왔는데 맛이 좋다고 하더군요. 마침 지난번에 한국 녹차 샘플을 전해주서서 맛보니 그 친구의 말이 맞더군요. 한국 녹차를 수입해서 우리 매장에서 팔고 싶습니다."

"한국에는 좋은 녹차가 많이 있지요. 한국 사람들은 녹차를 소중하게 다룹니다. 녹차를 마시는 예절도 강조하고요. '다례'라고 하는 티 세리머니Tea Ceremony가 있는데 우아하고 아름답습니다."

"한국 사람들이 그렇게 녹차를 사랑하는지 몰랐습니다. 중국이나 일본은 여러 번 가봤지만 한국은 아직 가보지 못했네요. 지난번에 보내주신 한국 안내책자를 보았는데 역동적이며 아름다워 보였습니다."

"좋게 평가해주서서 고맙습니다. 기회를 마련해서 한국에 가시기를 바랍니다. 필요한 부분이 있다면 도와드리겠습니다. 한국 녹차는 어떤 제품을 원하시는지 궁금합니다."

"우리는 최고의 제품을 원합니다. 우전의 맛이라면 비엔나에서도 통할 겁니다. 가격이 관건이 되겠지만요."

에바는 최고의 상품을 찾으면서 가격이 관건이라고 말했다. 최고의 상품은 틀림없이 고가일 텐데 그것을 저렴하게 구매하고 싶다고 하니, 모나리자를 연상시키는 에바의 미소 속에서도 비엔나 상인의 원가절감에 대한 의지가 절절하게 묻어나왔다. 장사꾼이 싸게 사서 비싸게 팔고 싶은 것은 인지상정이라고 생각하며 에바에게 물었다.

"그 외에 더 필요하신 것은 없습니까? 하스앤하스에서 한국 녹차를 수입하는 데 필요한 사항을 말씀하시면 유념하고 어떻게 도와드릴지 방법을 찾겠습니다."

내 말이 끝나기가 무섭게 에바의 희망사항이 봇물처럼 터져 나왔다.

"우리는 한국의 최고급 녹차를 원합니다. 녹차는 친환경 유기농이어야 하지요. 차밭에 농약이나 비료를 쓰면 안 됩니다. 깨끗한 차밭에서 수확한 차를 청결하게 가공해야 하고요. 유럽연합의 유기농 인증을 받아야 합니다. 만약 수입한 차에서 농약이 검출되면 위험부담은 수업업체에서 저야 하니 한국에서 직수입하는 건 부담스럽군요. 상품은 벌크로 받기를 원하고요. 벌크로 가져와서 우리가 포장합니다. 물론 가격은 가장 저렴해야 하지요. 비엔나의 녹차 시장은 경쟁이 치열하기 때문에 그런 경쟁에서 살아남으려면 제품이 특화되고 가격이 저렴해야 합니다."

에바의 요구조건이 까다로웠다. 과연 어떻게 한국에서 최고의 제품을 최저 가격에 구할 수 있을까? 더구나 유럽연합의 인증을 받은 친환경 유기농 녹차를 다른 사람의 손을 빌려서 수입하고 싶다면서 덧붙이는 조건들이 상황을 더욱 어렵게 만들어갔다.

그리고 막연하게나마 왜 비엔나에 한국 녹차는 없는지 그 이유를 알 것 같았다. 한마디로 말해서 비엔나에서 한국 녹차는 돈벌이가 되지 않는다는 것이다. 돈벌이가 된다면 누군가 벌써 한국에서 녹차를 수입해서 비엔나에 쫙 깔았을 것이었다. 한국 녹차는 이런 사연들에 발목이 잡혀 있었다.

가위에 눌린 것 같았다. 하지만 실망하지 말자며 마음을 다잡았다. 복잡한 퍼즐을 풀어야 들어올 상금도 크다. 기회는 그림자처럼 다가온다. 기회를 놓치지 말자. 하지만 서두르지도 말자. 첫술에 배부르랴? 성경에도 내일 일은 내일 걱정하라는 말씀이 있다. 오늘의 수고는 오늘로 충분하다며 위안했다.[2]

🍃 첫 만남에 생긴 비밀

에바는 다소 걱정스러운 표정을 지었다.

"오늘 만나서 대화한 내용은 비밀로 해주세요. 저희는 매년 '차 기획전'을 개최해서 비엔나에 신상품을 선보입니다. 내년에는 '아시아 차 기획전'을 합니다. 그때 한국 녹차를 깜짝 손님으로 초대해서 비엔나에 소개하고 싶군요. 한국 녹차가 비엔나에 들어올 때까지 비밀로 해주세요. 경쟁자가 신경이 쓰입니다."

하스앤하스 차 매장 ⓒ 페터 하스

| 하스앤하스 차 매장의 차 보관함 ⓒ페터 하스

난생처음 만난 비엔나 여성과 대화를 나누고 그 내용을 비밀로 하자는 약속을 하니 짧은 만남에 인간적인 신뢰를 쌓은 것 같았다. 에바는 비밀을 지키겠다는 내 말에 안도하며 물었다.

"저희 차 매장은 둘러보셨는지요?"

에바를 따라 차 매장으로 갔다. 매장에는 홍차·녹차·커피·초콜릿 등 기호식품과 다기 등 다양한 품목의 상품들이 빼곡하게 진열되어 있었다. 율리우스 마이늘이나 테그슈벤드너의 매장보다 규모가 월등하게 컸다. 비엔나 최대의 차 전문점이라는 명성을 들을 만했다. 에바는 차 매장의 중앙 홀에 있는 진열대 한쪽을 가리켰다.

"내년에 한국 녹차를 전시할 공간은 저곳입니다."

한국 녹차를 전시하는 공간이 좀 더 넓었으면 좋겠다는 생각에 에바가 지적한 지점의 주변을 손으로 크게 그리며 물었다.

"저기서부터 여기까지 한국 녹차를 진열하나요?"

"그렇게 넓은 공간을 드리지 못해 죄송하군요."

떡 줄 사람은 생각지도 않는데 김칫국부터 마시겠다고 덤비고 있었다. 하지만 세상일은 아무도 모른다. 한국 녹차가 중앙의 전시공간을 통째로 사용할지 누가 알겠는가? 차 매장의 문을 열고 슈테판 광장으로 나갔다. 치통의 그리스도가 보였다. 치통의 그리스도는 고뇌에 찬 모습으로 나에게 말했다.

"떡을 주는 것은 손이 아니고 마음입니다. 손에 든 떡을 보지 말고 마음을 보세요. 마음을 움직이면 떡은 저절로 따라옵니다."

🌿 뜻이 있는 곳에 길이 있다

아는 것이 힘 Knowledge is power 이고, 보는 것이 믿는 것 Seeing is believing 이다. 신문기사로 비엔나에 한국 녹차는 없다는 것을 알았고, 에바를 만나 비엔나에 한국 녹차를 진출시키는 것은 가능하며 의미 있는 사업이라는 것은 확인했지만, 신문기사와 에바의 말만 듣고서 한국 녹차의 비엔나 진출을 위한 사업을 바로 추진하는 것은 부담이 컸다.

에바가 한국 녹차를 구하려는 의지가 얼마나 강한지 확인하지 못했다. 애써 일을 추진하다가 에바가 중도에 포기하면 닭 쫓던 개 지붕 쳐다보는 꼴이 될 수도 있다. 더구나 한국의 어디에서 유기농 녹차를 구하고, 어떻게 그것이 유기농이라는 것을 증명해서 에바를 안심시킬지 확신이 서지 않았다.

'아무리 한국에서 좋은 녹차를 비엔나로 가져와도 에바가 태산 같은 믿음으로 신뢰하지 않으면 한국 녹차의 비엔나 진출은 어렵다. 한국에서 차밭을 구경도 못해본 사람이 한국 녹차가 좋다고 권유하는 것을 에바가 과연 얼마나 믿을 수 있을까?'

이리저리 생각해봐도 결론은 '아니다'로 나왔다. 한국에서 녹차 샘플을 비엔나로 가져오면 된다고 간단하게 생각할 사안이 아니었다. 한국에서 차를 재배하고 가공하는 과정을 보지 못한 상품을 에바는 믿기 어려워할 터였다.

'에바를 한국으로 보내자. 자기 눈으로 한국 차밭과 녹차 생산시설을 보고 한국 녹차가 탁월하다는 확신을 갖게 하자.'

그런데 무슨 방법으로 에바를 한국으로 보내나? 하스앤하스의 차 보관함에는 전 세계에서 수입한 차들이 촘촘하게 진열되어 있었다. 그런 상황에서 에바가 한국 녹차를 수입해서 얼마나 큰돈을 벌겠다고 한국을 방문하겠다고 나설까?

'어렵지만 불가능하지는 않다. 에바가 한국에 가는 것이 자기의 사업에 도움이 될 부분이 있을 것이다. 그것을 찾자.'

성경에는 모세가 가나안을 정복하기 위해 열두 명의 정탐꾼을 보낸 이야기가 나온다. 그중에서 열 명의 정탐꾼은 가나안 정복은 불가능하다고 했지만 여호수아와 갈렙은 가능하다고 했고, 그것은 사실로 판명됐다.[3] 뜻이 있는 곳에 길이 있다.

그다음 고민한 것은 비엔나에 소개할 한국 녹차의 선정이었다. 먼저 설록차가 떠올랐다. 설록차는 제주도에서 생산된다. 제주도는 풍광이 아름다운 섬이다. 바다가 없는 내륙국가인 오스트리아에 쪽빛 바다를 낀 제주도의 전설이 담긴 설록차를 진출시키면 제주도의 설화를 묶은 흥미 있는 스토리텔링이 가능했다. 제주도와는 네트워크도 좋은 편이었다. 국회 행정안전위원회 전문위원으로 재직하면서 제주도의 공직자들과 제주도 발전을 위한 정책 대안을 놓고 고민한 시절도 있었다. 하지만 내가 편하자고 제주도와 손을 잡고 일을 추진하자니 마음에 걸렸다. 한국 녹차 브랜드 파워 1위를 비엔나로 진출시켜야 한다는 명분과 논리가 우선시되어야 했다.

그렇다면 보성과 손을 잡아야 하는데 그것도 여의치 않았다. 보성에는 연고가 없어 손발이 묶인 것이나 다름없었다. 그러나 보성 녹차는 한국 녹차 브랜드 파워 1위다. 그뿐 아니라 보성은 서편제로 유명한 판소리의 근거지이니, 비엔나에서 보성녹차와 판소리를 묶은, 문화를 배경으로 하는 감성적인 마케팅이 가능하다는 판단이 들었다.

'보성녹차로 하자. 한국 녹차 브랜드 1위를 비엔나로 진출시키자. 가는 만큼 길이 생긴다. 보성녹차와 판소리를 묶어 비엔나 시장을 열어보자.'

결단의 시기에는 결단해야 한다. 주사위는 던져졌다.

🌿 두드려라, 그러면 열릴 것이다

보성군청의 홈페이지를 열었다. 정종해 군수의 사진이 나왔다. 일면식도 없고 이름도 생소했다. 인터넷으로 "정종해"를 검색했다. 2006년에 『나는 무작정 고향을 돕고 싶었다!』라는 자전적 에세이를 출간했고, 보성군수로 당선된 입지전적인 인물로 소개되어 있었다. 보성군수로 출마하기 전에는 30여 년 동안 경제기획원 등의 예산 담당부서에서 공직생활을 한 것으로 나왔다.

30년 이상 같은 건물에서 옷깃을 스쳐 지나가면서도 통성명을 하지 않은 사람도 있었다. 정부의 예산 담당관들은 가을이면 여의도 국회의사당에서 상주하다시피 한다. 나는 30년이 넘게 국회에서 근무했으면서 어떻게 정종해 군수와 한 번도 대화를 나눈 적이 없었을까? 그러나 만날 사람은 언젠가는 만나게 되어 있다.

보성군 홈페이지를 통해 보성군의 차 재배 현황과 차 생산업체의 실태를 파악했다. 보싱에는 약 1,000세대의 차 재배 농가가 1,000헥타르 정도의 차밭을 경작하고 있었다. 보성의 차 생산업체를 살펴보았다. 100여 곳의 차 생산업체가 있는데 그중에서 열여덟 개의 다원茶園과 네 개의 차 생산업체에서 유럽의 유기농 인증을 받았다.

인도 동북부의 아삼Assam이 떠올랐다. 그곳은 32만 헥타르에서 차나무가 재배되며 다원의 숫자도 850개가 넘는 곳이다. 보성녹차가 그런 아삼의 광활한 다원에서 저렴한 노동력으로 재배되는 차들과 비엔나에서 경쟁해야 한다고 생각하니 두렵기도 했다

보성녹차의 수출현황을 살펴보았다. 유럽에 수출된 실적이 보

이지 않았다. 비엔나에 한국 녹차는 없다는 말을 뒤집어서 풀어보면 한국에서는 비엔나로 녹차를 보낸 적이 없다는 말로 귀결됐다.

보성군수실로 전화를 걸었다. 수화기에 정종해 군수의 목소리가 들렸다. 그는 비엔나에서 온 낯선 사람의 전화에 무슨 일인가 궁금해하는 것 같았다. 정종해 군수에게 단도직입적으로 물었다.

"군수님, 다름이 아니라 보성녹차를 비엔나로 진출시키는 문제로 전화 드렸습니다. 비엔나에 한국 녹차를 찾는 분이 계십니다. 그분에게 보성녹차를 소개하려고 하는데 군수님의 의향은 어떠신지요?"

정종해 군수는 뜻밖의 제안에 기뻐했다.

"비엔나에서 보성녹차를 수입하면 좋은 일인데 제 의향이 궁금할 게 뭐가 있겠습니까? 저희는 당연히 수출하고 싶지요."

정종해 군수의 시원시원한 답변이 마음에 들었다.

"이곳 비엔나의 시내 중심가에 하스앤하스라는 카페가 있습니다. 비엔나에서 명성이 높은 차 전문점이기도 하지요. 하스앤하스의 경영자인 에바 하스 여사는 한국 녹차를 수입하고 싶어 하네요. 그분에게 보성녹차를 소개하고 싶습니다."

"감사합니다. 보성녹차를 비엔나로 보내고 싶습니다."

"보성녹차는 아직 유럽에 수출이 되지 않은 것 같군요. 요즘 상황은 어떤가요?"

"쉽지가 않네요. 유럽시장의 벽이 높습니다. 보성녹차가 비엔나로 수출되면 우리 녹차 재배농가도 힘을 낼 겁니다."

"보성녹차가 오스트리아에 꼭 진출하기를 바랍니다. 군수님의 관심과 지원을 부탁드립니다.”

“우리 보성녹차를 수출할 수 있다면 그보다 큰 기쁨이 있겠습니까. 필요한 사항이 있다면 뭐든지 말씀하십시오. 이곳에서 단단히 준비하겠습니다.”

정종해 군수의 발언에 경제기획원 등에서 대한민국 곳간지기의 중책을 맡았던 행정인의 경험과 군수가 되겠다고 호남선 남행열차를 타고 고향으로 달려간 정치인의 결단력이 엿보였다. 정종해 군수에게 다시 물었다.

“군수님, 보성녹차가 비엔나에 진출하려면 비엔나에 계신 분이 보성을 방문해서 보성녹차가 좋다는 확신을 심어주는 것이 좋을 것 같은데 군수님 생각은 어떠신지요?”

“좋은 생각입니다. 보성은 산·호수·바다가 어우러지는 아름다운 곳이지요. 보성 차밭은 관광명소로도 유명합니다. 유기농 차밭도 좋고 최근에 지은 녹차 가공공장도 시설이 좋지요. 비엔나에서 손님이 오시면 보성녹차가 명품이라는 것을 확신하실 겁니다.”

“비엔나 분에게 보성을 방문하시도록 권유하겠습니다. 만약 보성 방문이 이루어진다면 보성에서 일정을 마련해줄 수 있는지요?”

“저희가 좋은 일정을 마련하겠습니다. 보성군에서는 서울에 연락소를 설치해서 중앙정부와 업무협조를 합니다. 비엔나 손님이 서울에 오시면 서울연락소장이 지원토록 조치하겠습니다.”

“아무래도 의사소통을 원활히 하려면 직원 한 명을 정해주셔서 비엔나와 연락하는 게 좋겠습니다.”

좀 더 자세한 이야기는 다음에 하기로 기약한 뒤 통화를 마쳤다.

과감함과 무모함은 동전의 앞뒤와 같다. 두드려서 열면 과감한 것이고 열지 못하면 무모한 것이다. 보성군청의 문을 두드려 정종해 군수의 마음의 문을 열었다. 다음에는 에바 차례다. 두드려라, 그러면 열릴 것이다.[4]

🌿 꿈을 찾아가는 동반자를 만나다

2009년 11월 초순, 하스앤하스 카페에서 하스 부부와 마주 앉았다. 에바는 페터를 나에게 소개했다.

"페터에게 공사님을 만난 얘기를 하니 자기도 소개시켜달라고 하네요."

남편인 페터 하스는 뿔테 안경에 나비넥타이를 맸는데, 작은 나비넥타이가 100킬로그램에 육박해 보이는 페터의 당당한 체격과 대조가 됐다. 그래도 자연스러워 보이니 옷을 맵시 있게 차려 입는 페터의 미적 감각이 범상치 않아 보였다. 페터는 눈가에 웃음을 띠었다.

"에바는 한국 녹차를 수입하는 문제가 풀릴 것 같다고 하면서 기대합니다. 저도 궁금해서 나왔습니다."

"반갑습니다. 카페 분위기도 좋고 격조가 있어 마음에 듭니다."

페터는 에바를 힐긋 보았다.

"레스토랑은 제가 맡아서 하지만 차와 관련된 일은 에바가 하고 있지요."

페터의 말이 의외로 들렸다. 그 말에 따르면 이곳은 하스 부부가 가족경영Family Business 을 하는 현장이며, 부부가 영역을 나누어 사업을 하는 곳이었다. 그러면 사장이 두 사람인 셈이라, 한 사람을 상대하기도 벅찬데 두 사람을 상대로 일을 풀어가야 한다는 생각에 부담감이 커졌다. 하지만 페터를 보니 사람 좋은 이웃 아저씨 같은 편안함이 느껴져 그나마 다행으로 여겼다.

"부부가 함께 사업을 하시는군요."

페터는 두 손을 펼쳐 머리 위로 올리고 토끼 귀 모양을 만들었다. 두 손을 앞뒤로 흔들어 토끼 귀가 움직이는 모습을 흉내 냈다.

"우리는 하스앤하스입니다. 좋은 차를 수입해서 비엔나에 공급하는 토끼들이지요. 비엔나에서 제일 많은 종류의 차를 취급하고 있습니다. 명품 차를 찾으려고 세상의 소문난 차밭은 다 둘러봤다고 해도 과언이 아니지요."

하스Haas 는 네덜란드어로 '토끼'를 뜻한다. 당당한 체격의 노신사가 처음 만나는 이방인 앞에서 손으로 토끼 귀를 만들며 자기소개를 했다. 페터의 유머감각이 특출하다. 상대방을 편안하게 하는 능력이 돋보였다.

"행복한 토끼Happy Bunny 들이 세계를 일주하는군요. 차는 주로 어느 나라에서 수입하시나요?"

행복한 토끼라는 말에 하스 부부는 마주보며 웃었다. 페터는 내 질문에 답변했다.

"인도·스리랑카·중국·일본·케냐 등 많습니다. 최근에는 네팔과 베트남의 차를 수입해서 좋은 반응을 얻었지요. 우리는 품질이 좋은 차를 합리적인 가격에 판매하는 것을 원칙으로 하지요. 외국에서 차를 고를 때도 현장에서 차밭과 가공시설을 샅샅이 둘러봅니다. 에바가 큰일을 하고 있지요. 에바는 비엔나에서 소문난 티 소믈리에Tea Sommelier 입니다.”

페터는 말을 마치고 흐뭇한 표정으로 에바를 바라봤다. 에바의 얼굴에 잔잔한 미소가 번졌다. 그 모습을 보니 하스 부부는 천생연분에 보리 개떡인 환상의 짝꿍으로 보였다. 이왕이면 다홍치마라고, 페터는 한국 녹차를 사랑하는 에바의 든든한 후원자가 되기를 희망하며 물었다.

“매장에 있는 차를 보니 모두 ‘하스앤하스 빈Haas & Haas Wien’ 이라고 포장되어 있더군요. 디자인은 누가 했나요?”

페터는 담담하게 말했다.

“저와 그래픽 디자이너가 합니다. 우리 회사의 이념이 ‘쾌락주의와 심미주의로 고객을 만족Hedonistic and Aesthetic Principles’ 시키는 것이라 디자인에 신경을 많이 쓰지요. 도안은 사진을 많이 활용합니다. 다원이 좋은 촬영장소지요. 상품 디자인에 사용된 사진은 제 작품들이 많습니다.”

페터의 말을 들으니 막연하게나마 하스앤하스의 성공 비결이 무엇인지 알 것 같았다. 하스앤하스는 가족경영을 하지만 가족이 철저하게 일을 나누어 전문성을 가지고 서로 도왔다. 인건비와 유통비용을 줄여 가격경쟁력을 키웠다. 그것을 비밀병기로 비엔나의 심장이라는 슈테판 광장에서 최고의 차 전문매장이라는 명성을 확보했다. 대단했다. 에바에게 시선을 옮겼다.

"한국에서 유기농 녹차를 찾았습니다. 전라남도 보성에 유기농 녹차가 있습니다. 유기농 인증은 유럽에서 받았지요. 보성녹차는 한국 녹차 브랜드 파워 1위입니다. 보성은 차 재배지로 최적의 장소라고 소문난 곳입니다. 산·호수·바다가 어우러져 차의 생육에 필요한 최적의 조건을 갖췄지요."

에바는 한국에 유기농 녹차가 있다는 말에 반색했다.

"보성에 유기농 녹차가 있습니까? 한국의 최고급 녹차를 비엔나로 초대하고 싶군요. 한국 녹차의 품질이 뛰어나 반응이 좋을 것으로 기대합니다. 한국에서 좋은 녹차가 나는데 유럽에는 알려지지 않아 안타깝군요."

"보성녹차가 하스앤하스의 아시아 차 기획전에 소개되면 한국 녹차의 명성이 비엔나를 중심으로 유럽에 알려지는 계기가 마련되겠지요. 저희도 많이 기대하고 있습니다."

페터는 오른손으로 안경을 고쳐 쓰며 대화에 끼어들었다.

"비엔나가 그 역할을 충실히 할 것으로 기대합니다. 하지만 차 산업은 워낙 경쟁이 치열하니 한국 녹차가 비엔나에 진출해서 명성을 확보하려면 시간이 필요합니다.

한국의 전자제품과 자동차도 비엔나에서 자리를 잡는 데 시간이 많이 걸렸지요. 10년 전에는 비엔나에서 한국 자동차를 보기가 어려웠는데 요즘은 자주 봅니다. 한국의 현대자동차가 이곳에서 공격적으로 마케팅 하는 것 같습니다. 주변에서 한국 자동차를 사는 사람들이 많지요. 그런데 한국 대사관 직원들은 어느 나라의 자동차를 선호하나요?"

갑자기 화제가 녹차에서 자동차로 옮겨갔다. 페터의 질문에 대답했다.

"한국 자동차를 선호합니다. 한국 자동차가 성능이 뛰어나면서도 가격이 합리적이라 경쟁력이 있습니다. 저도 여기에서 한국 자동차를 몰고 다닙니다."

한국 자동차에 대한 관심이 더욱 커진 듯, 페터가 다시 물었다.

"저도 한국 자동차에 관심이 많습니다. 비엔나에서 산타페 같은 SUV는 자주 보는데 세단형은 보기가 어렵더군요. 공사님 차도 산타페입니까?"

"현대자동차의 그랜저입니다."

페터의 눈빛에 무언가 석연치 않은 모습이 보였다.

"처음 들어보는 이름입니다. 차의 이름이 그랜저인 것을 보니 대형차 같은데, 현대자동차에서 신차를 개발한 것 같군요. 그랜저도 SUV입니까?"

나는 그랜저가 새로 개발된 차냐는 페터의 질문이 뜬금없어 보여 어이가 없다는 표정을 지었다.

"그랜저는 출시된 지 25년이 넘은 모델입니다. 세단형이지요. 한국에서 잘 팔리는 베스트셀러입니다."

"그렇게 오래된 모델인데 저는 이름을 처음 들어보네요. 그랜저도 비엔나에서 살 수 있나요?"

"네! 저도 비엔나에서 샀습니다. 덴첼에서 판매하고 있지요."

페터는 덴첼이라는 말에 고개를 끄덕였다.

"그렇군요. 오스트리아 사람들이 왜건^{Wagon}형의 승용차를 선호하는데, 그랜저는 잘 팔리는지 궁금하군요.”

페터의 말이 날카로운 송곳이 되어 아물어가는 상처를 다시 찔렀다. 비엔나에서 그랜저를 구입하면서 벌어졌던 해프닝이 주마등처럼 스쳐갔을 뿐만 아니라, 그런 해프닝은 마치 핼리혜성이 76년을 주기로 지구에 근접하는 것처럼 주기적으로 발생해서 나를 곤혹스럽게 했다.

🌿 그래도 그랜저다

비엔나 23구에 있는 덴첼을 방문한 때는 2009년 4월 하순이었다. 현대자동차 영업본부의 토마스 슈미트 Thomas Schmid 영업본부장을 만나기 위해서였다. 덴첼은 현대자동차를 오스트리아에 독점 공급하는 자동차 유통업체 Dealer 의 큰손으로서 오스트리아 전역에 100개가 넘는 판매망을 확보한 오스트리아 최대의 자동차 수입업체다. 연매출이 1조 원에 달하며 오스트리아 200대 기업군에 드는 탄탄한 회사다.

덴첼이 수입해 판매하는 자동차의 브랜드는 열네 종류나 됐다. 덴첼은 이탈리아의 최고급 스포츠카인 슈퍼카 페라리, 국민차인 피아트를 비롯해 영국의 재규어·랜드로버, 독일의 BMW, 스웨덴의 볼보, 일본의 미쓰비시 등 세계적으로 쟁쟁한 브랜드의 차를 수입해 판매한다.

오스트리아에서는 1년에 30만 대가량의 신형 자동차가 팔린다.

덴첼의 시장점유율은 약 10퍼센트로 연간 3만 대 정도의 신차를 판매한다. 그중에서 현대자동차의 판매량이 절반을 넘는다고 하니, 현대자동차가 덴첼의 매출과 수익 창출에 효자 노릇을 톡톡히 하는 셈이었다.

덴첼 건물은 자동차 전시장·고객지원센터·업무용 사무실이 혼재된 복합건물이었다. 그곳에 있는 1층 자동차 전시장에는 두 브랜드의 자동차들이 전시되어 있었다. 현대자동차와 미쓰비시자동차다. 아시아 자동차산업의 라이벌인 한국과 일본의 자동차가 비엔나에서는 한 지붕 두 가족의 형태로 동거하고 있었다.

자동차 전시장은 제법 넓어 보였다. 이곳에서 리셉션을 한다면 족히 200명은 참석이 가능해 보였다. 미쓰비시자동차 코너에 사무라이 갑옷이 전시되어 있었다. 사무라이가 고객지원센터 근처에 전시된 한국 자동차를 노려보는 듯했다. '언젠가는 우리가 저곳을 차지할 것이다. 다른 곳에서는 일본 자동차가 우선인데 여기는 이상하다! 왜 한국 자동차가 알짜배기 자리를 차지하고 있는가' 하며 불평하는 것같이 보였다. 먼발치에서 사무라이 갑옷을 흘겨보았다. 어디서든 도발하는구나 싶었다. 하지만 사무라이 갑옷을 외면하고 낯선 이국땅에서 한국 자동차를 만나니 반가웠다.

"안녕하십니까, 공사님."

슈미트는 반가워하며 나를 맞았다. 그는 덴첼의 돌격 대장이었다. 슈미트는 현대자동차의 오스트리아 시장점유율을 놓고 독일 자동차와 혈투를 벌이는, 최전선에 전진 배치된 용맹스러운 검투사와 다름없었다. 그는 비엔나 대학에서 경영학을 전공했고, 미국의 텍

사스 주립 대학에서 MBA 과정을 이수한 유능한 자동차 세일즈맨이며, 내가 그랜저 구입을 위해 문의했을 때 덴첼의 사무실로 오면 도와주겠다고 한 사람이었다.

검투사라는 표현에 걸맞게, 슈미트는 거의 2미터에 육박하는 키와 근육질의 균형 잡힌 몸을 자랑하는 거구여서 그를 처음 보는 순간 마치 예술가가 대리석을 깎아 만든 거대한 조각상을 보는 듯했다. 하지만 주눅 들지 말자고 생각했다. 거인과 악수를 해도 까치발은 들 수 없다는 심정으로 오른손을 내밀며 고개를 절반가량 젖혔다. 슈미트는 나와 상황이 반대여서 고개를 절반 정도 숙었다. 서로 고개를 젖히고 숙여야 시선이 맞는 상황이 어색해서 씩 웃었더니 슈미트도 따라 웃었다. 겸양하듯, 거구를 움츠린 슈미트는 비엔나에서 승용차를 구입할 때는 그랜저보다는 산타페가 경제적으로 도움이 된다면서 나에게 산타페를 추천했다.

"한국 대사관 분들은 산타페를 많이 찾습니다. 비엔나는 SUV의 중고 시세가 좋지요. 산타페를 구입하시면 임기를 마치고 귀국하실 때 제값을 받을 수 있습니다. 중고차도 잘 팔리고요."

"좋은 권유에 감사합니다. 하지만 SUV는 너무 커서 주차하기에 불편할 것 같군요. 임기를 마치고 귀국할 때 그랜저를 기념품으로 생각하고 한국으로 가지고 가면 중고 시세에 신경을 쓰지 않아도 됩니다."

기념품이라는 말을 듣고 슈미트는 호탕하게 웃었다. 거구에서 뿜어 나오는 목소리는 사무실에 쩌렁쩌렁하게 울려 퍼졌다.

"비엔나에 있는 모든 외교관들이 귀국할 때 현대자동차를 기념품으로 가지고 가면 좋겠군요. 그러면 저희는 차를 많이 팔 수 있지요."

슈미트를 보니 천생이 자동차 세일즈맨이었다. 거구에 호남형의 슈미트가 듬직해 보였다. 슈미트는 그랜저의 색상표를 나에게 내밀었다. 밝은 은색을 골랐다. 그는 나에게 양해를 구하고 책상으로 돌아가서 컴퓨터의 모니터를 보며 말했다.

"슬로베니아의 코퍼 Koper 항에 원하시는 색상의 차량이 있군요. 그랜저가 코퍼항에서 비엔나로 오는 데 20일이 걸립니다. 마침 비엔나에 산타페의 재고가 있네요. 산타페로 하시면 일주일 안에 차를 드릴 수 있습니다."

슈미트는 산타페를 다시 추천했다. 산타페의 중고 시세가 좋은 것이 도움이 된다는 점을 거듭 강조했다. 그의 배려가 고맙지만 그랜저를 구입하기로 마음먹었기 때문에 그랜저를 고집했다.

"그랜저로 하겠습니다. 마침 코퍼항에 그랜저가 있다고 하니 20일만 기다리면 되겠지요."

비엔나에서는 신차를 인도받는 데 보통은 두 달이 걸린다고 하는데, 그랜저를 20일 만에 인도받을 수 있다고 하니 운이 좋다고 생각했다. 슈미트는 한국 대사관에서 모처럼 찾아온 손님이 자기의 추천대로 산타페를 구매하지 않은 것은 아쉽지만, 그래도 손님의 기대에 부응할 수 있어 안심하는 눈치였다. 그는 손님의 주문이 쇄도하는데도 현대자동차의 물량이 달려 손님이 원하는 시기에 자동차를 인도하지 못하는 현실을 안타까워했다.

"어떤 때는 산타페의 배송이 늦어 6개월씩이나 기다리는 경우도 있지요. 양재동에서 산타페의 물량을 넉넉하게 배정해주면 좋겠습니다. 산타페는 물량이 달려 제대로 마케팅을 하지 못하니 저희도 많이 답답합니다."

"오스트리아에서는 어떤 기종의 차량이 많이 팔리나요?"

"산타페 같은 SUV가 잘 팔립니다. 산타페는 힘이 좋아 알프스의 험한 산을 넘을 때 도움이 되지요. 비엔나는 겨울에 눈이 많이 오는데 눈길에서는 4륜구동의 SUV가 잘 달립니다. 여름에 알프스로 휴가를 가거나, 겨울에 산으로 스키를 타러 갈 때도 SUV에 짐을 넉넉하게 실을 수 있어서 산타페가 제 역할을 톡톡히 합니다."

"그랜저는 어떻습니까?"

슈미트는 그랜저 소리에 조금은 머쓱해하는 표정을 지었다.

"아직은 인기모델이 아닙니다. 비엔나 손님들은 독일 세단을 선호합니다. 오스트리아에는 독일 자동차 회사에 부품을 공급하는 협력업체들이 많이 있지요. 자동차에 관해서 오스트리아 사람들은 독일 사람들과 정서를 공유합니다. 비엔나는 독일 자동차를 자연스럽게 받아들입니다. 저희는 이런 시장을 개척하고 있지요. 현대자동차는 한국 자동차의 불모지인 오스트리아에서 시장점유율 5퍼센트로 약진하고 있습니다. 지금은 경쟁사들이 저희를 두려워하고 있지요."

슈미트는 어려운 시험에서 좋은 점수를 받은 학생이 부모에게 성적표를 보이며 자랑하는 것처럼 득의만만했다. 저런 도전정신이 오늘의 대한민국을 만들었다고 생각하니 애국자가 대한민국 사람만 있는 게 아니었다. 오스트리아 사람이 경제적인 동기로 한국 자동차를 판매하지만 결과적으로 그들이 한국의 경제 살리기와 일자리 창출에 도움을 주고 있으니 그들도 대한민국을 위한 애국자나 다름없었다.

슈미트가 내미는 계약서에 서명했다. 슈미트도 계약서에 서명을 한 후에 의미 있는 미소를 지었다.

"그랜저를 계약하신 것이 저희 회사의 목표관리에 도움이 됩니다. 그랜저가 독일제 세단과 경쟁하기엔 아직은 힘이 버겁지요. 그래도 그랜저 Grandeur: 장엄함, 위엄 입니다. 언젠가는 벤츠의 세단을 잡을 겁니다. 세상에 영원한 1등은 없으니까요. 그랜저로 비엔나 시내를 많이 주행하시면 좋은 홍보가 될 테니 이왕이면 자주 세차를 하시고 비엔나 시내 중심가를 구석구석 돌아다니세요. 그러면 세차는 저희가 해드릴 테니, 저희 회사의 세차장으로 그랜저를 몰고 오시면 됩니다."

슈미트는 말을 마치고 호탕하게 웃었다. 비엔나에도 대동강 물을 팔아먹었다는 봉이 김 선달 뺨치는 세일즈맨이 있었다. 토마스 슈미트였다. 그는 손님에게 판매한 자동차를 활용해서 손님의 수고로 자기 회사의 제품을 홍보하고 싶어 했다. 답례로 손님의 차를 세차해줄 테니 그랜저를 자기 회사의 세차장으로 가지고 오라는 것이었다. 딱딱한 분위기를 풀기 위해 웃자고 한 이야기였지만 언중유골이라고, 무심코 던진 슈미트의 유머 속에 현대자동차를 한 대라도 더 팔고 싶다는 열정이 듬뿍 담겨 있었다.

슈미트를 보니 미국의 전설적인 자동차 세일즈맨인 아이어코카 Lee Iacocca가 연상됐다. 아이어코카는 1956년에 필라델피아에서 포드의 신형 자동차를 20퍼센트의 보증금Down Payment을 내고 잔금은 매달 56달러씩 3년간 상환하는 '56-56' 상품을 개발해 대박을 터트리며 승승장구했고, 마침내 포드의 CEO가 됐다. 아이어코카는 혈관에 피가 흐르는 것이 아니라 휘발유가 흐른다는 말을 들을 만큼 자동차에 빠진 사람이었다. 슈미트도 그래 보였다. 그는 기회만 주어지면 화제를 자동차 판촉으로 연결했다. 비엔나의 아이어코카에게 말했다.

"슈미트 본부장님은 아이어코카처럼 언젠가 오스트리아의 자동차 판매왕이 되실 것 같군요."

슈미트는 아이어코카라는 말에 조금은 놀라는 표정을 지었다.

"아이어코카는 포드사의 경영주와 논쟁하기를 좋아했던 사람입니다. 저는 경영주와 논쟁을 하지 않습니다. 그들의 의견을 존중하지요. 저는 덴첼의 창업자인 볼프강 덴첼Wolfgang Denzel과 그 유족들의 경영 철학을 존경합니다."

슈미트의 표정이 경건해졌다. 그는 사업가이며 모험가였던 볼프강 덴첼을 멘토Mentor로 여기는 것 같았다. 그 엄숙한 모습에서 마치 용맹스런 장수가 적진을 향해 돌진하려고 전의를 불태우는 모습과 같은 카리스마가 뿜어 나왔다. 나는 슈미트와 시선을 맞추고 정색하며 말했다.

"슈미트 본부장님이 오스트리아의 자동차 판매왕이 되셔도 한결같은 마음으로 한국 자동차를 사랑해주시기 바랍니다."

"오스트리아의 자동차 판매왕은 당분간은 폭스바겐을 판매하는 업체에서 나오겠지요. 하지만 현대자동차의 추격도 만만치 않기 때문에 언젠가는 폭스바겐과 벤츠를 잡을 겁니다. 저희도 그때를 기다리며 노력하고 있습니다. 그러니까 양재동에서는 비엔나로 보내는 산타페의 물량을 늘려야 합니다.”

슈미트는 역시 탁월한 검투사였다. 상대의 빈틈을 놓치지 않고 예리하게 칼끝을 들이댔다. 오스트리아의 자동차 판매왕이 될 테니 걱정하지 말고 비엔나에서 잘 팔리는 산타페를 많이 배정해달라고 말이다. 그의 심정이 이해가 됐다. 슈미트도 자신의 말에 적극적으로 호응하는 내 표정을 보며 안심하는 모습이었다. 슈미트는 나와 시선을 맞추며 한결 편안해진 표정으로 물었다.

“가족들이 모두 비엔나에 오셨는지요?”

“부부만 왔습니다.”

“두 식구면 산타페가 필요 없겠군요. 그랜저로 충분합니다. 휴가로 알프스를 가실 때에도 두 사람의 짐이라면 그랜저에 여유 있게 실을 수 있습니다.”

2미터에 육박하는 거구에 조각상처럼 단단한 근육질의 사나이가 마음까지 따뜻하니 슈미트의 경쟁력이 출중해 보였다. 문득 가족 이야기가 나온 김에 슈미트의 장대한 기골은 누구를 닮았는지 궁금해졌다. 독일과 네덜란드에 키 크고 덩치 큰 사람들이 많은데 혹시 슈미트가 독일 출신일지도 모르겠다는 생각이 들었다.

“본부장님의 가족은 모두 비엔나에 계신가요?”

슈미트는 몸을 옴츠리며 쑥스러운 표정을 지었다.

“부모님 모두 비엔나에 계시고, 제가 결혼이 늦어 아직 애가 어립니다.”

결혼이 늦은 것이 부끄러워할 일이 아닌데 슈미트는 그 말을 하면서 겸연쩍어했다. 공연히 가족관계를 물어봐서 슈미트를 불편하게 했다. 화제를 다른 식으로 돌려 말했다.

"결혼이 늦었다고 하니 결혼식을 오전에 하지 않은 것 같군요. 저도 결혼이 늦었습니다. 결혼식을 오후에 했거든요. 그런데 살면서 보니 환상의 배필은 늦게 나타난다는 것을 알았지요. 환상의 배필과 함께 계신 것을 축하합니다."

슈미트는 호탕하게 웃었다. 그 웃음소리가 사무실에 쩌렁쩌렁하게 울려 퍼졌다. 슈미트는 환상의 배필은 늦게 나타난다는 말을 반복해 읊조리며 환하게 미소를 지었다. 그 미소 속에서 가족을 배려하는 가장의 모습이 보였다. 휘발유가 몸에 흐른다는 평가를 받아야 그 직업에서 성공한다는 자동차 세일즈맨도 가족을 생각하면 따뜻한 피가 흐르는 가장이었다.

🌿 머피의 법칙이 시작되다

그렇게 그랜저를 계약한 지 2주일이 지났을 때, 공사 집무실의 전화벨이 울렸다. 수화기에서 대사관 차량 구매를 지원하는 담당자의 목소리가 들렸다.

"덴첼의 슈미트 본부장으로부터 연락이 왔는데요. 5월 20일에 그랜저를 인도할 수 없다고 합니다. 코퍼항에 있는 그랜저는 금년도 신형이 아니고 2008년형 모델이라고 하네요. 새 차는 7월 중순

에나 배송이 될 것 같고, 작년 모델로 하시면 바로 차를 줄 수 있다
고 합니다.”

그랜저의 배송에 무언가 혼선이 생긴 것 같았다. 서랍에 보관된
자동차 구매 계약서를 꺼내 보니, 2009년형 그랜저라는 문구가 나
왔다. 대사관의 담당자에게 말했다.

“계약서는 제대로 작성이 됐군요. 저는 2009년형 그랜저를 주문
하겠습니다.”

슈미트에게 전화했다. 듬직한 체구에 걸맞게 목소리가 활달했
다. 어떻게 이런 해프닝이 생겼냐는 질문에 슈미트는 컴퓨터에 책
임을 돌렸다.

“저희 컴퓨터 시스템과 코퍼항의 컴퓨터 시스템이 맞지 않아 생
긴 해프닝입니다. 어떻게 하실 것인지요?”

“뜻밖의 말씀이라 당황스럽네요. 상황을 정리한 후에 이메일로
연락드리겠습니다.”

그랜저를 제때에 인도받을 수 있어서 운이 좋았다고 생각했는데
김칫국부터 마신 격이 됐다. 그래도 그랜저다. 그랜저를 기다리자.
슈미트에게 이메일을 보냈다.

친애하는 토마스 슈미트 본부장님,

5월 20일에 차량을 인도받을 수 없다는 소식에 실망이 큽니다. 하지만 그것은

비엔나의 컴퓨터와 코퍼항의 컴퓨터가 소통이 되지 않아 빚어진 해프닝입니다.

해프닝은 해프닝으로 끝내고 싶습니다. 지금 주문하면 7월 20일에 인도받을 수

있다고 하셨으니 계약서의 내용대로 한국에 2009년형 그랜저를 주문해주십시

오. 7월 20일에는 차질 없이 차량을 인도받기를 희망합니다.

추신: 환상의 배필은 늦게 나타납니다.

비엔나에 여름이 왔다. 6월 하순의 작열하는 태양이 비엔나의 하늘에 이글거리던 어느 날, 슈미트에게서 전화가 왔다. 활달하고 거침없던 목소리가 조금은 움츠러들어 있었다.

"한국에서 그랜저를 선적하지 못하고 있습니다. 아무래도 배송이 한 달 정도 지연될 것 같군요. 이런 일이 흔치 않은데 정말 죄송하네요."

혹시 나도 6개월 만에 그랜저를 받는 것이 아닐까? 불길한 예감이 들었다. 8월이 왔다. 서울에서 대학을 다니는 아들이 방학을 이용해 비엔나에 왔다. 검역 문제로 한국에 남아 있던 우리 집 개 코코도 왔다. 해외 이사의 필수품인 인터넷전화기도 왔다. 하지만 그랜저는 오지 않았다.

고향을 떠난 사랑하는 임이 돌아오기를 기다리는 심정으로 그랜저를 기다렸다. 마치 내가 남태평양의 이스터 섬에 있는 모아이 석상이 된 것 같았다. 바닷가에 줄지어 서서 망망한 태평양의 동쪽 바다를 바라보며 누군가를 하염없이 기다리는 모아이처럼, 나도 알프스의 산자락에서 하염없이 서울 하늘을 바라보며 그랜저가 오기를 기다렸다.

그런 상황에서 다시 온 슈미트의 전화는 애써 잡았던 기대의 끈을 놓게 했다. 더위에 지쳤는지, 그랜저 문제로 기운이 빠졌는지, 활달했던 슈미트의 목소리도 처져 있었다. 그는 마치 양치기 소년이 거짓말을 하다 들통이 나서 마을 사람들 앞에서 혼나는 것처럼, 소심한 음성으로 말했다.

"그랜저가 언제 올지 예측할 수 없습니다. 서울에서도 속 시원한 설명이 없네요. 한국에서 그랜저가 선적되는 대로 바로 연락드리겠습니다."

모아이가 어찌 할 말을 다하겠나? 나는 대한민국 외교관으로서 오스트리아에서, 한국 자동차를 수입해 판매하는 덴첼을 격려하고 배려해야 하는 사람이었다. 전면에 나서서 불평하며 항의할 수 없었다. 내가 불편해도 참아야 했다. 이번 기회에 제대로 인내심을 길러보자며 그랜저를 기다렸다.

비엔나 숲에 가을이 왔다. 가로수에 단풍이 들었다. 10월 중순의 가을바람과 함께 슈미트는 일주일 후에 그랜저를 만날 수 있다는 소식을 전해왔다. 그랜저를 인수할 생각에 마음이 바빠지는 와중에 대사관의 차량을 총괄하는 담당자가 나에게 말했다.

"지금 공사님 그랜저에는 여름 타이어가 장착되어 있는데 아예 겨울 타이어로 교체하시지요. 오스트리아에서는 겨울에 겨울 타이어를 장착해야 합니다. 그렇지 않으면 경찰이 딱지를 뗍니다. 덴첼에서도 타이어를 판매하니 슈미트 본부장에게 연락해서 겨울 타이어를 구입하시지요."

그 말을 듣고 슈미트에게 겨울 타이어를 주문했다. 청구서의 금액을 지불하고 관련 서류를 보낸 뒤, 슈미트의 연락을 받았다.

"겨울 타이어 대금은 입금이 됐고, 관련 서류도 팩스로 받았습니

다. 그랜저를 찾아가실 수 있습니다.”

4월 유채꽃이 활짝 피던 봄날에 주문한 그랜저를 10월 낙엽이 뚝뚝 떨어지는 가을에 만나다니, 반갑기도 하고 허탈하기도 했다.

덴첼사 건물 앞에 은색 차가 있었다. 이름도 담대한 한국 자동차, 그랜저가 나를 반겼다. 차 문을 여니 백마는 ‘딩동’ 하며 내게 인사했다. 안전벨트를 채웠다. ‘찰칵’ 하는 소리도 경쾌했다. 붕 하는 소리와 함께 백마가 탄력 있게 움직였다.

‘바로 이거야! 그랜저가 이름은 묵직하지만 차체는 가볍잖아! 그래서 경쟁력이 있는 거야!’

그랜저를 칭찬하며 희희낙락했다. 그런데 무언가 이상했다. 안전벨트를 매라는 경고등에 빨간 불이 들어와 있었다. 그랜저가 나를 환영하면서 부르는 딩동 울리는 노래는 그치지 않았다.

백마는 인도양의 높은 파도를 헤치며 지중해로 들어오다 뱃멀미를 한 듯했다. 한바탕 달리면 백마의 몸이 풀리겠거니 싶어 계속 차를 몰아 고속도로에 들어섰다. 그랜저가 탄력을 받았다. 거침없이 달렸다. 계기판을 보았다. 안전벨트 경고등은 여전히 켜져 있었다. 이 그랜저에는 멀미약이 필요했다. 슈미트는 백마를 치료하는 약은 서울에 있다고 하면서 양재동에 부품을 주문했다. 계기판의 빨간 불로 면목을 잃었던 백마는 낯선 땅에서 눈총을 받고 살지 않아도 된다며 안심하는 눈치였다.

비엔나 23구에 있는 덴첼 복합건물에 다시 갔다. 미쓰비시자동차에서 전시한 사무라이 갑옷은 아직도 벽에 걸려 있었다. 미운 사람도 자주 보면 정이 든다는데, 저 갑옷은 정말이지 비호감이라고 흘겨보면서 고객지원센터로 향했다. 데스크에 있는 담당자에게 사연을 말하니 옆에 있던 직원이 양재동에서 공수해온 부품을 내왔다. 예상보다 컸다. 손가락만한 전자 칩이려니 하고 생각했는데 튼실하게 익은 개구리참외만 했다. 멀미약을 명마를 치료하는 명의에게 전달했다. 덴첼에서는 명차를 수리하는 자동차정비의 기능장을 '마에스트로 Maestro' 라고 불렀다. 마에스트로는 그랜저의 부품을 받으며 말했다.

"제가 현대자동차를 18년간 수리했는데 이 부품은 처음입니다."

그 말이 무슨 뜻인지 이해가 되지 않아 마에스트로에게 물었다.

"이 부품은 고장이 나지 않는데 공교롭게도 제 차가 고장 났다는 건가요?"

마에스트로는 고개를 가로저었다.

"지금까지 그랜저는 열 대 정도 팔린 것으로 알고 있습니다. 그래서 저도 그랜저를 수리한 기억이 없네요. 한 시간 정도면 부품을 교체할 수 있겠지요."

예상 밖의 말에 제법 큰 충격을 받았다. 한국에서는 국민차로 불릴 정도로 인기가 있는 그랜저가 오스트리아에서는 겨우 열 대 정도밖에 팔리지 않았다고 하니 그랜저의 앞을 막고 있는 알프스가 정말로 높아 보였다. 슈미트가 한 말이 떠올랐다. 그랜저가 독일 세단과 경쟁하는 데 아직은 힘이 버겁다고 한 말이 무슨 뜻인지 이제야 알 것 같았다. 덴첼에서 현대자동차를 다양하게 취급한다면서 판매보다는 홍보용으로 수입해 전시하는 그랜저의 쿼터를 내가 정리해준 셈이었다. 그것도 6개월씩이나 기다리면서! 그래서 슈미트가 그랜저를 계약한 것이 덴첼의 목표관리에 도움이 된다고 말한 것이었다.

슈미트가 여러 차례에 걸쳐 산타페를 구입하라고 권유한 이유가 선명해졌다. 그는 나에게 경제적 손실을 끼치면서 그랜저의 재고를 정리하고 싶은 생각이 없었던 것이었다. 그런 속내를 모르고 그랜저를 고집하는 나를 보며 슈미트는 속으로 얼마나 답답해했을까? 그래도 슈미트는 전혀 그런 내색을 하지 않았으니, 그는 역시 비엔나의 아이어코카였다.

덴첼이 한 해에 1만 5,000대가량의 현대자동차를 판매하는데, 지금까지 팔린 그랜저가 열 대가 조금 넘는다고 했다. 그것도 그랜저가 늦게 배송된 원인이 아닌가 하는 의심이 들었다. 그랜저가 유럽의 소비자들이 선호하는 해치백Hatch Bag 스타일인 왜건형 자동차에 비해 상대적으로 인기가 적은 세단형 자동차이다 보니 이런 저런 사연으로 울산에서 차일피일 선적을 미룬 것이 아닐까? 뒤를 돌아보았다. 미쓰비시자동차 코너에 있는 사무라이 갑옷이 나를 보며 그러면 그렇지 하며 비웃는 듯했다. 사무라이에게 경고했다.

"이제 오스트리아에 그랜저가 한 대 더 생겼다. 축구 후반전에 투입된 조커가 그라운드를 헤집고 다니는 것처럼, 저 그랜저도 오스트리아의 구석구석을 헤집고 다니며 '메이드 인 코리아Made in Korea'의 위용을 제대로 보여줄 것이다."

그러나 해프닝은 여기서 끝이 아니었다. 그랜저를 받은 지 한 달 정도 지나 안부도 전할 겸 슈미트와 통화했을 때, 그는 예언하듯 말했다.

"자동차와 관련된 문제는 언제, 어디서, 어떤 상황이 발생할지 아무도 모릅니다. 어려운 일이 생기면 언제라도 저에게 전화하세요."

나는 속으로 슈미트의 예언을 비웃으며 담담하게 말했다.

"비엔나에서 제대로 신고식을 치렀으니 앞으로는 별일이 없겠지요."

모처럼 편안한 마음으로 슈미트와 통화한 것이 무색하게, 그랜저를 인수한 지 두 달쯤 됐을 때 덴첼에서 서한이 왔다. 발신처는 자금관리부였다. 내용이 뜬금없었다. 그랜저의 겨울 타이어 대금을 납부하라는 독촉장이었는데, 무언가 착오가 생긴 것 같았다. 슈미트에게 전화했다.

"덴첼에서 그랜저의 겨울 타이어 대금을 지불하라는 서한이 왔습니다. 어떻게 된 일인가요?"

슈미트는 거침없이 답변했다.

"두 달 전에 차량을 인도 받으셨잖아요? 저희 회사는 대금을 완납하지 않은 손님에게는 키를 드리지 않습니다. 자금관리부에서 일을 잘못 처리한 것 같은데 신경 쓰지 마십시오."

한 달 뒤에 같은 내용의 독촉장이 왔다. 슈미트에게 다시 전화하니 그는 정중하게 사과하며 말했다.

"자금관리부에서 데이터를 제때에 업데이트하지 못해 기계적으로 그런 서한이 발송된 것 같은데요. 다음에 그런 서한이 오면 북북 찢어서 쓰레기통에 버리세요."

역시 슈미트는 큰 덩치만큼 마음 씀씀이도 화통했다. 북북 찢어 버리라는 말이 시원스럽게 들렸다. 슈미트에게 예견능력이 있었다. 세 번째 독촉장이 날아왔다. 뜬금없는 독촉장을 거침없이 문서 파쇄기에 쑤셔 넣었다. 문서 파쇄기가 드르륵 소리를 내며 청구서를 갈아먹었다. 청구서는 이러면 안 된다며 비명을 질렀지만, 나는 그 소리를 외면했다. 이렇게 덴첼과 얽힌 해프닝은 일단락되는 듯싶었다.

🌿 음악의 도시 비엔나에서

'콘체르트하우스Konzerthaus'는 비엔나 신년음악회로 유명한 '비엔나 필하모닉오케스트라Wiener Philharmoniker’의 공연장인 ‘무지크페라인Musikverein’에 버금가는 연주회장이다. 비엔나는 클래식 음악가들에게 세계적인 명성을 안겨주는 스타 산실이다. 비엔나에서 무지크페라인은 형이고 콘체르트하우스는 아우다. 형만 한 아우가 없다고들 하지만 아우인 콘체르트하우스도 형 못지않게 클래식 음악의 세계적인 거장들을 블랙홀처럼 비엔나로 빨아들이는 공연장이다.

비엔나의 겨울이 본격적으로 시작되는 2009년 11월 중순, 콘체르트하우스 객석에서 하스 부부를 만났다. 페터는 두터운 손으로 나에게 악수를 청했다.

“한국 대사관이 주최하는 음악회에 초대해주셔서 감사합니다. 덕분에 저희 부부가 데이트를 합니다.”

에바는 음악회의 프로그램을 보고 궁금해하면서 나에게 물었다.

“프로그램에 멘델스존의 「한여름 밤의 꿈」과 「바이올린 협주곡」이 있는데 지휘자가 두 명이군요. 이런 형식의 연주회는 익숙지 않은데 특별한 이유가 있나요?”

“한국·오스트리아 필하모닉오케스트라한오필는 반기문 유엔사무총장께서 오스트리아 대사 시절에 오스트리아 하원 부의장인 하인리히 나이서Heinrich Neisser 의원과 함께 만든 오케스트라입니다. 단원은 한국과 오스트리아의 대학생들로 구성됐지요. 그래서 한국인과 오스트리아인이 각각 지휘합니다.”

에바는 고개를 끄덕였다.

“그런 사연이 있었군요. 한국인 지휘자, 성악가, 바이올린 연주자는 어떤 분입니까?”

| 바리톤 강형규 ⓒ주오스트리아 대한민국 대사관

에바가 한국인 음악가들의 프로필을 궁금해하는 것을 보니 한국
에 대한 관심과 호기심이 많아 보였다.

"지휘자 정병휘는 비엔나 음대에서 지휘를 전공했습니다. 안토
닌 드보르작 Antonín Leopold Dvořák 의 작품을 새롭게 해석한다는 평가를
받고 있지요. 바리톤 강형규는 밀라노에서 활동하다 비엔나에 왔습
니다. 비엔나 국립오페라의 무대에도 여러 번 선 한국 바리톤의 기
대주지요. 바이올리니스트 김응수는 바이올린 교육의 대가로 명성
이 높은 보리스 쿠슈니어 Boris Kuschnir 의 특별지도를 받았습니다. 바
이올린계의 차세대 거장으로 주목받고 있지요."

페터는 뜻밖의 말을 했다.

"제 여동생이 비엔나 음대 피아노과 교수로 있습니다. 여동생이 가르치는 제자 중에 한국 학생 세 명이 있는데 모두 기량이 뛰어나다고 하더군요. 오늘 연주가 기대됩니다."

페터의 여동생이 비엔나 대학교의 음대 교수라고 하니 페터도 자라면서 여동생이 치는 피아노 소리를 많이 들었을 것이다. 오늘 연주회에서 하스 부부와 음악으로 소통을 하는 데는 별다른 어려움이 없어 보였다.

바리톤 강형규의 공연이 시작됐다. 우리 가곡 「산아」가 콘체르트하우스에 울려 퍼졌다. 강형규의 풍부한 저음이 쩌렁쩌렁하게 공연장을 울렸다. 마치 에밀레종이 울리며 만들어내는 맥놀이가 증

폭되어 심연을 알 수 없는 동굴 속으로 파고들어 가는 것처럼 고향을 떠나는 사람의 애잔한 심정이 비엔나 청중의 마음속으로 파고들었다.

인터미션에 하스 부부와 함께 로비로 나왔다. 페터는 함박웃음을 지으며 축하의 악수를 하자면서 나에게 손을 내밀었다.

"아주 좋은 연주입니다. 축하드립니다."

페터의 손아귀에서 묵직한 힘이 느껴졌다. 페터의 눈빛에 우리가 제대로 소통해보자는 마음이 우러나왔다. 나도 손아귀에 힘을 주며 말했다.

"한오필은 작은 축제입니다. 프로그램은 서양음악이 주가 되지만 우리는 가능한 한국적인 주제를 선보이려고 애를 씁니다. 언젠가는 한국의 판소리를 주제로 공연할 수도 있겠지요. 보성은 판소리로 유명합니다."

에바는 판소리라는 말에 호기심 어린 표정으로 물었다.

"판소리는 무엇인가요?"

"판소리는 한국의 대표적인 전통 성악입니다. 장대한 이야기를 한 사람의 연주자가 오페라처럼 노래와 대화로 진행합니다. 마치 서양의 음유시인Minstrel이 마을에서 사람들을 모아놓고 이야기를 풀어가며 노래하는 것과 같지요. 보성은 판소리의 본고장입니다. 보성에서 명창이 많이 나오지요. 잘츠부르크의 음악 축제가 유명한 것처럼, 보성의 판소리 축제도 유명합니다. 보성은 한국의 전통음악인 판소리가 살아 숨 쉬는 고장입니다."

페터는 보성녹차와 판소리의 연결고리를 궁금해했다.

“우리가 보성녹차를 수입하면 판소리도 함께 비엔나에 올 수 있
나요?”

“보성녹차가 가는 곳에 판소리가 있습니다. 둘은 바늘과 실처럼
뗄 수 없는 관계지요. 그러고 보니 얼마 전 보성의 정종해 군수와 통
화했습니다. 보성에서 유기농 녹차의 샘플들을 챙기고 있다고 하더
군요. 조만간 보성에서 녹차 샘플이 올 겁니다.”

녹차 이야기에 에바는 환하게 미소를 지었다.

“정말 잘됐습니다. 좋은 녹차 샘플이 오기를 바랍니다. 한국에서
녹차 샘플이 비엔나로 오는 데 얼마나 걸리나요?”

에바는 보성녹차의 샘플을 빨리 만나고 싶어 했다. 에바의 표정
에서 새로운 녹차를 향한 각별한 사랑이 절절하게 묻어나왔다.

“항공편으로 열흘이면 충분하겠지요.”

인터미션의 끝을 알리는 차임벨이 울렸다. 객석으로 돌아갔다.
무대 위에 선 김응수의 카리스마가 넘쳤다. 바이올린 줄이 끊어질
듯 힘이 넘치며 팽팽한 긴장감을 주는 연주는 청중을 매료했다. 정
병휘의 지휘봉이 피날레를 향해 하늘로 솟았다. 꽝 하며 오케스트
라의 악기들이 절정을 때렸다. 우레와 같은 박수가 쏟아졌다. 멘델
스존이 한국인의 축복을 받은 순간이었다.

콘체르트하우스를 등지고 페터와 악수했다. 하스 부부는 난생처
음 참석한, 한국인이 주관하는 음악회를 한껏 즐긴 것 같았다. 한국
에 대한 호감을 더하는 하스 부부를 보니 그들과 보성녹차의 비엔
나 진출을 위한 협력관계가 좀 더 진전한 듯했다.

클래식 음악의 본고장 비엔나답게, 콘체르트하우스에 이어 하스

| 비엔나 오페라하우스

| 오페라하우스 크리스마스 마켓

부부와 기분 좋은 만남이 다시 이뤄진 곳은 바로 '비엔나 국립오페라Wiener Staatsoper'와 관련 있었다.

비엔나 국립오페라하우스는 성악가들이 꿈에 그리는 무대다. 이 무대에서 성공하면 세계적인 스타가 된다는 곳이다. 동양인에게 벽이 높지만 역설적으로 동양인의 자존심을 지켜주기도 한다. 오자와 세이지小澤征爾와 렉서스Lexus가 있기 때문이다.

오자와 세이지는 '비엔나 국립오페라 오케스트라Wiener Staatsopernorchester'의 상임지휘자 등을 역임한 세계적으로 널리 알려진 클래식 음악계의 스타다. 렉서스는 비엔나 오페라하우스의 공식 후원기업이다. 렉서스는 유럽과 미국의 프리미엄급 자동차 시장에 진출해서 벤츠와 캐딜락을 상대로 치열한 경쟁을 하며 탄탄한 구매층을 확보하고 세계적인 명품의 반열에 오른 일본 자동차다. 오자와 세이지와 렉서스는 '메이드 인 저팬Made in Japan'의 대표주자다. 일본이 자금력과 창의력으로 밀어붙여 비엔나의 자존심인 오페라하우스에 새겨놓은 일본의 혼이다.

오페라하우스는 일본 관광객들이 비엔나의 한복판에서 일본의 혼이 만들어내는 감동을 만끽하기 위해 줄지어 찾는 곳이다. 하지만 우리에게는 문화외교를 추진하는 관심과 힘의 한계를 보여주며 도전의식을 불러일으키는 장소다. 우리도 언젠가는 오페라하우스에 대한민국의 혼을 심어 놓을 것이라고 마음을 다지게 하는 곳이다.

오페라하우스는 비엔나 관광의 출발점이다. 오페라하우스에서 보행자 전용도로가 시작되어 슈테판 광장으로 이어진다. 오페라하우스 앞에 제법 넓은 길이 있다. 말러 슈트라세Mahler Strasse다. 5) 비엔나의 전설적인 지휘자이며 작곡가인 구스타프 말러Gustav Mahler를 기념하는 도로다. 길은 투명한 플라스틱 소재의 지붕으로 덮여 있다.

12월 초, 말러 슈트라세의 왼쪽으로 통나무집 모양의 가판대 여덟 채가 나란히 서 있었다. 크리스마스 마켓의 키오스크KIOSK였다. 알프스 티롤의 전통 통나무집 모양이어서 크리스마스의 분위기가 한껏 살아났다.

매서운 초저녁 칼바람에 베이지색 트렌치코트 깃을 세우고 정태홍 조사관과 함께 오페라하우스 크리스마스 마켓을 찾았다. 하스 부부가 오페라하우스 크리스마스 마켓에서 푼슈Punch를 대접하고 싶다는 메시지를 보내왔기 때문이다. 푼슈는 과일주스를 뜨겁게 데워 자메이카 럼 같은 독주를 섞어 만든 겨울 음료다.

한겨울에 길거리에서 알코올 음료를 대접하겠다며 만나자고 하니 번거로웠다. 하지만 아쉬운 사람이 샘을 판다던가. 약속장소로 갔더니 통나무집 모양 가판대 앞의 여유 있는 공간에 성인 남자 가슴 높이의 원형 테이블이 띄엄띄엄 놓여 있었다. 테이블마다 사람들이 삼삼오오 서서 환담을 나누며 하얀 김이 올라오는 뜨거운 음료를 마시고 있었다. 푼슈였다. 매섭게 추운 겨울에 행인의 몸을 녹이는 데 적절한 알코올 음료였다.

가판대마다 무슨 물건을 팔고 있나 호기심 어린 눈으로 훑어보며 골목 안쪽으로 들어갔다. 금종과 천사조각상 같은 크리스마스 장식품, 겨울철 장갑과 모자, 치즈와 햄과 쿠키, 하스앤하스에서 판매하는 차와 기호식품 들이 화려한 크리스마스 조명 빛을 받고 있었다. 길 안쪽 끝에 있는 통나무집에 "하스앤하스 푼슈Haas & Haas Funch" 간판이 보였다. 푼슈를 전문으로 취급하는 칵테일 바였다. 20대 중반의 남성 바텐더는 열심히 푼슈를 만들고 20대 초반의 여성 판매원은 손님들과 환담을 나누고 있었다. 정태홍 조사관이 푼슈 바를 가리키며 말했다.

"오늘은 눈도 많이 오고 추우니까 길을 가던 사람들이 한잔하려고 들른 것 같군요. 이 길은 지붕으로 덮여 있어서 크리스마스 마켓으로 제격입니다. 비엔나 시청 앞 광장의 크리스마스 마켓이 장사가 잘되는 곳으로 소문이 났는데 여기도 목이 좋아 손님이 많아 보이네요."

정태홍 조사관의 설명을 듣고 주위를 둘러보았다. 화려한 조명으로 단장한 오페라하우스를 배경으로 크리스마스 조명과 장식으로 단장한 통나무집 가판대들이 열병하듯 나란히 서 있었다. 길 입구에 하스 부부가 나타났다. 에바는 종종걸음으로 나에게 다가왔다. 페터는 가죽장갑을 벗고 악수를 청하며 나에게 말했다.

"비엔나는 겨울에도 볼거리가 많습니다. 크리스마스를 앞두고 시내 곳곳에 화려한 크리스마스 조명을 설치해서, 이것을 보려고 동구권에서 관광객이 많이 오지요. 여기에서 푼슈를 한잔하면서 오페라하우스의 조명을 보는 것도 좋은 추억거리가 됩니다."

오페라하우스를 보았다. 공작이 꼬리를 활짝 펼친 것 같았다. 낮에는 현숙한 귀부인의 우아한 미를 발산하던 건물이 밤에는 화려한 무용수의 관능미를 뿜어내는 건물로 변신했다. 저렇게 아름다운 건물을 형편없다고 악평한 사람들의 비난을 견디지 못하고 자살한 오페라하우스의 설계자 에두아르트 반 데어 닐Eduard van der Nüll이

불쌍하다는 생각이 들었다. 닐이 심혈을 기울여 설계한 오페라하우스를 조악한 건축물이라고 혹평했던 비엔나 사람들의 눈높이는 무서웠지만 그 건축물이 블랙홀처럼 세계적인 음악가와 관광객을 끌어들이는 역사의 아이러니가 흥미로웠다. 죽은 사람만 억울했지 하며 시선을 '하스앤하스 푼슈' 간판이 있는 칵테일 바로 돌렸다. 페터에게 물었다.

"여기에 하스앤하스 간판이 있군요. 이곳의 크리스마스 마켓과 특별한 연고가 있습니까?"

"이 크리스마스 마켓은 제가 운영합니다. 우리 회사 이름이 있는 키오스크 두 개는 직영합니다. 나머지는 모두 임대를 주었지요."

눈치를 보니 이날 모임은 페터가 본인이 경영하는 크리스마스 마켓을 나에게 보여주고 싶어서 만든 자리였다. 푼슈 바 앞에 있는 테이블에 네 사람이 모여 섰다. 바텐더가 김이 모락모락 피어오르는 푼슈 네 잔을 가져왔다. 난생처음 보는 알코올 음료라 잔을 들고 향을 맡아보았다. 알코올 냄새에 열대 과일향이 풍성하게 묻어나왔다. 페터에게 물었다.

"처음 보는 음료인데 어떻게 마시나요?"

페터는 유격장에서 시범을 보이는 조교처럼 푼슈 잔을 쭉 들이켰다. 마치 사막을 횡단하던 여행자가 오아시스에서 갈증을 해소하려고 물을 들이키는 모양새였다. 페터는 호흡을 가다듬으며 말했다.

"이렇게 마시면 됩니다."

페터를 따라 푼슈를 들이켰다. 푼슈의 뜨끈뜨끈한 기운이 목을 타고 넘어갔다. 페터 덕분에 비엔나 겨울 밤거리의 좋은 추억이 생

겼다. 화려한 조명으로 물들어가는 오페라하우스를 보며 페터에게
물었다.

"오페라하우스가 멋있네요. 크리스마스가 되려면 좀 더 있어야
하지만 이곳에는 벌써 크리스마스가 온 것 같습니다. 여기도 명당
이군요. 이렇게 목이 좋은 크리스마스 마켓을 어떤 계기로 운영하
게 됐습니까?"

"여기는 사냥꾼의 노루목이지요. 슈테판 광장을 가려면 이곳을
거쳐야 하니까요. 그전에는 이곳에 점포 두 개를 갖고 있었는데, 이
곳 상가의 상인들이 크리스마스 시즌이 되면 시청 앞 광장에서 열
리는 크리스마스 마켓으로 손님을 뺏겨 장사가 안 된다고 걱정했지
요. 상가를 살리기 위한 조치가 필요하니 아이디어가 많은 제가 적
임자라면서 무언가 돌파구를 마련해달라고 부탁하더군요. 비엔나
1구 구청 문을 두드려 여기에 크리스마스 마켓을 세웠는데 지금은
비엔나의 명소가 됐습니다. 벌써 16년의 세월이 흘렀지요. 크리스
마스 마켓은 실속이 있습니다."

"대단하시군요. 사장님이 여기서 황금 알을 낳는 거위를 찾으셨
군요."

페터는 미소를 짓더니 코트 주머니에서 디지털 카메라를 꺼냈다.

"이곳 야경이 좋습니다. 사진을 한 장 찍어드리겠습니다. 오페라
하우스 쪽으로 서십시오."

카메라의 섬광이 번쩍였다. 순간적으로 눈이 감겼다. 그런데도
페터는 엄지와 검지를 연결해서 동그라미를 만들었다. 그는 카메라
모니터에 담긴 사진을 나에게 보여주었다.

"사진이 마음에 드시나요?"

눈을 감은 내 모습이 나왔다. 페터의 눈빛에 당신과 소통하고 싶어 사진을 한 장 찍었는데 이런 인간미가 있는 영상을 담을 수 있어 다행이라는 메시지가 담겨 있었다. 작은 사진기의 렌즈로 사람의 마음과 정서가 전해지는 것이 느껴졌다. 페터의 열린 마음이 오페라하우스를 감싼 조명처럼 은은하게 다가왔다.

분위기가 좋아졌으니 이때 하스 부부에게 한국행을 권유해보는 것이 좋지 않겠는가? 한국은 가본 적이 있느냐는 내 질문에, 페터는 가볍게 손사래를 쳤다.

"중국과 일본은 여러 번 가봤지만 한국은 아직 가보지 못했습니다. 지난번에 보내주신 한국 안내책자를 봤는데 한국도 볼거리가 많아 보이더군요."

"한국은 뛰어난 관광지가 많지요. 경주와 제주도도 좋습니다. 경주는 중국의 시안이나 이스라엘의 예루살렘처럼 역사가 살아 있는 쇼케이스지요. 제주도는 유네스코 문화유산에 등재된 아름다운 섬입니다. 보성 차밭도 유명합니다. 한국에 가신다면 제가 기획해서 좋은 여행이 되도록 도와드리겠습니다."

페터는 난감해했다.

"전 같으면 쉽게 결정하겠지만 요즘은 비행기를 오래 타는 것이 부담이 됩니다. 한국이 좋다고 하셨으니 기회가 마련되면 한번 가보겠습니다."

페터의 표현은 정중했지만 한국 방문에 대한 관심은 커 보이지 않았다. 페터에게 다시 한 번 제안했다.

“서울은 역동적인 도시라 보고 느끼는 것이 많을 겁니다. 내년 봄에 한국에 가서서 보성 차밭을 보시는 것도 좋을 것 같군요. 보성에서도 비엔나에서 손님이 오시기를 학수고대하고 있습니다.”

곁에 있던 에바는 호기심 어린 표정으로 나에게 물었다.

“서울에서 보성까지 시간이 얼마나 걸리나요?”

“네 시간 정도 걸립니다. 서울에서 광주까지 고속철도로 세 시간 정도 걸리고, 광주에서 보성까지 자동차로 한 시간 정도 걸립니다.”

에바는 무언가 골똘히 생각하더니 페터에게 독일어로 귀엣말했다. 페터는 고개를 끄덕이며 에바의 말에 동의하는 눈치였다. 페터는 환하게 웃으며 나에게 말했다.

“공사님을 저희 알프스 산장으로 초대합니다. 크리스마스가 지난 뒤 산장에 오시지요. 가족이 함께 오셔서 묵고 가십시오. 저희 산장에는 말과 고양이 들이 있어 주말마다 산장에 가서 동물들을 돌봐줍니다.”

페터의 산장에 말과 고양이가 있다는 소리에 집에 있는 코코가 떠올랐다.

“저희 집에도 개가 있습니다. 한국에서 왔는데 이곳에서 잘 적응하고 있습니다.”

에바는 개가 한국에서 왔다는 말에 의외라는 표정을 지었다.

“비엔나까지 오고, 행운의 개군요, 무슨 종인가요?”

“시츄고, 이름은 코코입니다.”

에바는 코코라는 말에 미소를 지었다.

“이름이 예쁘군요. 저도 개를 좋아합니다. 산장에서 개를 키우고 싶은데 페터의 고양이들 때문에 키우지 못합니다. 우리 집 고양이들은 페터가 보호자입니다. 고양이가 열 마리가 넘습니다. 말도 네 마리나 되고요. 하지만 개는 없습니다. 코코를 보고 싶군요.”

산장에 고양이가 열 마리나 된다니 놀라웠다. 말도 네 마리나 된다고 했으니 표현만 산장일 뿐, 사실상 그곳은 동물농장인 셈이지 않은가.

“그렇게 동물들이 많나요? 그 많은 동물들을 돌보려면 손이 많이 필요할 텐데, 주중에는 누가 고양이와 말을 돌봐주나요?”

페터는 동물을 보살피는 일은 자기 몫이라는 뉘앙스를 담아 말했다.

“주말에는 제가 돌봐주지만 주중에도 따로 돌봐주는 사람이 있습니다. 산장에 오시면 말을 탈 수 있습니다. 말을 타실 줄 아시나요?”

갑자기 화제가 승마로 옮겨갔다.

“몽골에 여행을 갔을 때 몽골 말을 한 번 타본 적이 있습니다.”

페터는 고개를 끄덕이며 시원스럽게 말했다.

“그럼 충분히 저희 말을 타실 수 있습니다. 알프스에서 말을 타는 것도 좋은 추억거리가 됩니다. 크리스마스가 지나면 저희 산장에서 말을 한번 타보시지요.”

그의 권유에 농담 삼아 말했다.

“혹시 산속에 루돌프 사슴은 없나요. 알프스 산속에서 루돌프 사슴이 끄는 썰매를 타는 것도 좋은 추억이 될 텐데요.”

“루돌프 사슴은 없지만 눈썰매는 있습니다. 말에 루돌프 사슴뿔을 장식해서 달아주고 썰매를 끌도록 하겠습니다. 그러면 루돌프 사슴 말이 되겠군요. 대신 썰매를 타면서 크리스마스 캐럴을 부르셔야 합니다.”

페터의 순발력이 뛰어났다. 말에 사슴뿔을 장식해서 썰매를 끌게 하겠다는 말이 거침없이 나왔다. 피터는 역시 유머감각이 출중한 사람이었다.

“초대해주서서 고맙습니다. 루돌프 사슴이 될지, 루돌프 말이 될지 모르겠지만 기대가 됩니다. 하여튼 무엇이 되든지 타야겠군요. 시간을 내서 방문하겠습니다.”

하스 부부와 헤어지며 오페라하우스를 바라보았다. 크리스마스 조명으로 단장한 오페라하우스가 파도에 출렁거리는 것 같았다. 단단한 석조건물을 출렁거리게 만드는 푼슈의 위력이 대단했다. 비엔나의 샹젤리제라는 케른트너 슈트라세 Kaerntner Strasse 로 사라지는 하스 부부에게 마음으로나마 고마움을 전했다.

‘이방인에게 마음을 여셨군요. 우리가 힘을 합하면 이전에는 하지 못했던 새로운 일을 할 수 있습니다. 그리고 그 일이 더 좋은 내일을 만드는 작은 계기가 될 겁니다. 그것이 우리에게 풍성한 추억거리를 만들어주겠지요.’

하스 부부는 알프스의 산장으로 나를 초대해서 그들이 소중하게 여기는 공간을 열고 진솔한 대화를 나누기를 원하는 것 같았다. 드디어 에바는 이방인에게 마음의 문을 열었고, 페터도 적극적으로 호응을 해왔다. 에바의 한국 녹차를 구하려는 열정과 페터의 풍부한 유머감각이 우리 사이에 깔려 있는 얼음을 녹이고 있었다.

생면부지의 사람이 만나 대화할 때 얼음이 깔린 듯 냉랭한 상황은 빨리 정리해야 한다. 얼음은 깰 수도 있지만 녹이는 것이 상책이며, 상대를 배려하는 따뜻한 마음이 얼음을 녹인다. 페터가 나를 오페라하우스 크리스마스 마켓으로 초대하면서 함께 추억을 만들려고 사진을 찍는 것이나, 그들이 소중하게 여기는 공간인 알프스 산장으로 나를 초청하는 것을 보니 비엔나 사람이 한국 사람을 신뢰하는 마음이 생긴 것 같았다.

비엔나의 차茶 시장은 레드오션이다. 세계적인 다국적 기업들이 차의 시장점유율을 놓고 치열하게 경쟁한다. 이처럼 치열한 비엔나의 차 시장에 한국 녹차가 들어가서 어떻게 생존공간을 확보할까 생각해보니 하스앤하스는 한국 녹차를 위해 하늘이 예비한 알프스의 오아시스였다.

하스앤하스는 가족경영을 한다. 가족경영의 장점은 신속한 의사결정이다. 하스앤하스의 매장에 한국 녹차를 진열하고 싶다는 에바의 희망으로 한국 녹차의 비엔나 진출 계기가 마련됐다. 만약 대기업이라면 어땠을까? 담당자들이 회의를 하다가 안 되겠다며 회의적懷疑的인 결론을 내렸을 것이다.

한국의 유기농 녹차는 생산량이 많지 않다. 물량이 충분하지 않고 단가가 맞지 않는 제품은 구매하기 어렵다. 누군가 선발주자로 한국 녹차를 유럽에 소개해서 그 뛰어난 맛과 향이 유럽의 녹차 애호가들에게 홍보가 됐을 때 후발주자로 따라나선다면 모를까, 그렇지 않다면 세계적인 유통망을 가진 기업들이 한국 녹차에 특별한 관심을 보일 것 같지 않았다.

비엔나는 유서 깊은 문화와 예술의 도시로서 세계적으로 그 브랜드 가치가 높다. 비록 오스트리아의 시장규모는 작지만 유럽연합의 깃발 아래 유럽의 주요 시장으로 접근하기 용이한 교역의 교차로에 있다. 천우신조로 비엔나 최고의 티 소믈리에인 에바는 한국 녹차를 예찬한다. 남편인 페터는 마음씨가 따뜻하고 충분히 대화가 되는 파트너다. 얼마나 고마운 일인가!

한국 녹차가 유럽의 녹차시장을 공략하기 위해 설치하는 베이스캠프가 비엔나의 슈테판 광장에 있을 줄 누가 알았으랴? 비엔나에서 알프스로 향하는 카라반을 시작하자. 알프스의 만년설이 손짓하는 할슈타트로 향하는 발걸음마다 새로운 땅을 디디며 나아가자. 성경에도 여호와께서 '여기까지 우리를 도우셨다'는 말씀이 있다.[6] 한국 녹차도 알프스의 정상에 올라 세계적인 명품 녹차로 인정을 받는 날, 하늘이 여기까지 우리를 도우셨다면서 감사하기를 소망하자.

🌿 손짓하는 보물의 성

2009년 12월 중순경, 보성녹차 샘플이 대사관에 도착했다. 우전

| 비엔나 시내의 크리스마스 조명

· 세작· 중작이다. 찻잎통을 열었다. 통에서 쉰부른 궁전 Schloss Schönb-runn의 장미 터널에서 느꼈던 장미향이 솔솔 풍겨 나왔다. 보성녹차는 맛과 향이 독특해서 한번 맛을 들이면 끊기가 어렵다고들 하는데, 역시 그 향이 보통이 아니었다.

에바에게 전화했다. 에바는 반가워하며 샘플을 인수하기 위해 사람을 보내겠다고 했지만, 목마른 사람이 샘을 판다고 했으니 샘플을 직접 전해서 그 안에 감동도 담아 보내자고 마음먹었다. 크리스마스를 코앞에 둔 슈테판 광장의 야경도 볼 만하다고 하니 차제에 비엔나 야경도 감상하자는 핑곗거리를 만들어 도랑 치고 가재도 잡자는 심정으로 말했다.

"내일 저녁 여섯 시에 슈테판 광장으로 가는데 그때 일정이 어떠신가요?"

에바는 만나자는 제안에 흔쾌히 응했다.

"내일 저녁은 괜찮습니다. 페터도 있을 겁니다."

한국 녹차가 슈테판 광장에 들어간다고 생각하니 마음은 벌써 하스앤하스 카페로 날아가고 있었다.

다음 날, 하스앤하스는 화려한 크리스마스 장식으로 치장되어 있었다. 차 매장에서 크리스마스 선물을 고르는 손님들의 표정이 행복해 보였다. 계산대가 다섯 군데나 있는데도 계산하려고 줄을 선 사람들이 제법 많았다. 에바는 나를 보고 반가운 표정으로 다가왔다. 에바에게 보성녹차 샘플을 건네주었다.

"녹차 종류는 우전· 세작· 중작입니다. 우전은 이른 봄에 첫 수확한 잎으로 만든 차이고, 세작은 두 번째, 중작은 세 번째에 수확한 차입니다. 모두 유기농이지요."

에바는 녹차 샘플을 받으며 기뻐했다.

"시음을 하고 연락드리지요. 페터가 카페에서 기다리고 있네요."

카페에 빈자리가 없었다. 차 매장과 카페에 손님이 넘치는 것을 보니 이곳에 한국 녹차가 들어오면 홍보는 확실하게 될 것 같았다. 노년의 부부가 신경 쓸 일이 많은 차 전문점과 카페를 경영하는 것이 대단해 보였다. 페터에게 덕담을 건넸다.

"일이 많아도 의욕이 넘쳐 보이시는데 특별히 건강을 관리하시는 비결이 있나요?"

페터는 특별한 비결이 무슨 말이냐는 표정을 지으며 호기롭게 말했다.

"크리스마스 시즌이라 일이 많지요. 요즘은 워낙 일이 많아서 가끔 점심을 거릅니다. 저절로 다이어트가 되어 건강관리에 도움이 되네요."

"바쁘다고 식사를 자주 거르면 건강에 좋지 않습니다. 제가 좋은 레스토랑을 추천해드리지요. 슈테판 광장에 있는 하스앤하스입니다. 한국에서 발간된 오스트리아 관광 안내책자에 좋은 레스토랑으로 소개됐지요."

그 말에 에바는 마치 놀란 토끼처럼 눈을 동그랗게 떴다.

"한국 책에 하스앤하스가 나왔습니까?"

"한국의 오스트리아 관광 안내책자에 나왔습니다. 자허, 데멜, 첸트랄 등과 함께 소개됐지요."

"몰랐습니다. 그 책을 보고 싶군요. 비엔나에 있나요?"

“저에게 있습니다. 다음에 보여드리지요.”

페터는 자허라는 말에 특별한 기억을 떠올렸다.

“자허라고 하셨나요? 자허 호텔의 사장이었던 페터 구르틀러Peter Gurtler와는 비엔나 대학 동문입니다. 에바는 저와 비엔나 대학 경제학과 동창이지요. 대학 시절 페터 구르틀러는 부친이 자허 호텔의 오너Owner라 재벌 아들로 유명했지만 파란만장한 삶을 살았지요. 결혼을 네 번이나 하는 등 가정생활이 순탄하지 못했고, 끝내 우울증으로 권총 자살을 했습니다.”[7]

하스 부부는 비엔나 대학의 캠퍼스 커플이었다. 대학 동문이라는 페터 구르틀러는 네 번이나 결혼하는 동안, 하스 부부는 이혼이 흔한 서구사회에서 40여 년을 서로 의지하면서 동반자로 사업을 하고 있었다. 그래서인지 하스부부의 금슬이 더욱 좋아 보였다.

“캠퍼스 커플이셨군요. 정말 드문 경운데요. 두 분은 천생연분이시군요. 프러포즈는 어떻게 하셨는지요?”

페터는 에바의 눈치를 살피며 운을 떼었다.

“글쎄요. 멋있게 한 것 같은데 기억이 가물거리네요. 다시 한 번 해볼까요?”

“좋은 생각이시군요. 금혼식 때 비엔나 대학 캠퍼스에서 다시 프러포즈를 하시지요.”

페터는 에바를 바라보고 이제는 서두를 필요가 없다는 표정을 지었다.

“그러게요. 금혼식 때는 여유 있게 프러포즈할 수 있겠지요. 대학 당시 에바의 인기가 높았습니다. 그때는 에바를 뺏기지 않으려고 서둘렀는데 이제는 서둘 필요가 없겠지요. 다 늙었는데 누가 데려가겠습니까?"

농이 섞인 말에 모두가 웃었다. 한편으로 페터와 에바의 경영 노하우가 어디서 시작됐는지 알 것 같았다. 그들은 비엔나 대학의 경제학과에서 만나 40년 가까이 함께 사업하며 경륜을 쌓아온 것이리라. 어쩐지 오페라하우스 크리스마스 마켓을 만들어내는 아이디어와 원가를 절감하는 기법이 특출해 보였는데 이유가 있었다. 나는 차 매장에 진열되어 있는 크리스마스 상품들을 화제로 삼았다.

"크리스마스라 그런지 신상품이 많이 있네요. 크리스마스를 위해 따로 준비한 상품들인가요?"

페터는 고개를 끄덕였다.

"차는 크리스마스 시즌에 선물로 인기 있는 상품입니다. 비엔나는 겨울이 춥고 깁니다. 차를 선물 받은 사람들은 긴긴 겨울밤에 차를 마시면서 선물을 준 사람을 기억하지요. 그래서 차가 인기 있습니다. 우리는 크리스마스에 맞춰 세계 각지에 있는 협력업체에 특별 주문을 합니다. 차의 구매를 위해 적어도 2년에 한 번은 차밭을 방문하지요. 인도와 중국을 자주 가는 편입니다."

중국을 자주 간다는 말에 귀가 솔깃해졌다. 페터에게 물었다.

"내년에 중국을 방문하실 계획이 있으신지요?"

답변은 에바가 했다.

"중국 거래처는 샘플만 보고 주문할 정도로 신뢰하기 때문에 매년 방문할 필요는 없습니다. 내년에 중국을 갈 수도 있겠지요."

"중국에 가면 주로 어디를 가시나요?"

"항저우와 쿤밍에 갑니다. 그곳은 세계적인 차 생산지이지요. 그곳에 우리의 협력업체가 있습니다."

비엔나에서 항저우로 가려면 상하이를 거쳐야 한다. 상하이에서 서울은 엎어지면 코 닿는 거리다. 이런 절호의 찬스를 놓쳐서는 안 된다는 심정으로 하스 부부에게 말했다.

"내년에 중국으로 가실 때 서울을 경유하실 것을 권해드립니다. 서울에서 상하이는 엎어지면 코 닿는 거리라 비엔나에서 비행기 표를 끊으면 항공요금에 별 차이도 없을 겁니다. 만약 그렇게 하신다면 서울과 보성의 방문 일정은 제가 마련하겠습니다.

제가 국회 의전과장으로 있을 때 외국의 귀빈들을 많이 모셨지요. 고르바초프 옛 소련 대통령, 푸틴 러시아 대통령, 멕시코의 폭스 대통령, 중국의 리펑 전 총리, 영화 007 시리즈의 주인공인 로저 무어를 위한 행사도 기획했지요. 하스 사장님 가족이 한국을 방문하신다면 좋은 추억거리를 만들어드리겠습니다. 오스트리아의 프란츠 요제프 황제와 엘리자베트 황후를 영접하는 정성으로 프로그램을 마련하겠습니다. 한국에 들리시지요.

옛날 중국 진나라의 진시황이 영생을 위해 불로초를 구하려고 사람을 풀어 천하를 뒤지게 했지만 끝내 불로초를 구하지 못했습니다. 전설에 의하면 진시황의 사자는 한국에 와서 불로초를 찾아 신선이 됐다고 합니다. 보성 차밭에 진시황이 찾던 불로초가 숨어 있는지도 모르죠. 보성은 '보물이 있는 성'이라는 뜻이기 때문입니다. 한국의 보물성에서 불로초를 찾아보시는 건 어떨까요? 아울러 그곳에서 황금도 찾아보시지요. 불로초가 있는 곳에는 황금도 있을 것 같군요.”

페터는 불로초와 황금 이야기를 재미있어 했다.

“보성에 가서 불로초를 찾으면 불사조phoenix가 되겠군요. 불로초를 찾으면 제가 먹어야겠습니다. 저도 건강하게 오래 살고 싶거든요. 황금은 비엔나로 가져와야겠지요. 합스부르크 왕조의 사람들은 황금을 사랑합니다. 클림트도 황금을 좋아해서 〈키스〉를 그리면서 황금색을 많이 사용했지요.”

페터는 나와 눈을 마주치며 미소를 지었다. 페터의 미소 속에 ‘당신이 나에게 무슨 말을 하고 싶어 하는지 알 것 같다. 당신 말대로 동방의 신비로운 나라 한국에 있는 보물의 성에 가서 불로초와 황금을 찾아보겠다. 당신을 믿고 모험을 해보겠다’는 마음이 묻어나왔다. 얼굴이 물에 비치듯, 사람의 마음도 다른 사람에게 비친다는 말[8]처럼 페터와 교차하는 시선 속에 서로의 마음이 소통하는 것이 보였다.

며칠 뒤, 공사 집무실에 있는데 핸드폰이 울렸다. 에바였다. 에바는 보성녹차 샘플을 전달해줘서 고맙다고 말하는데 무언가 주저하는 눈치였다. 하고 싶은 말은 따로 있는데 전화로 말하기에는 적절치 않은 것일까? 보성녹차 샘플에 대한 것인지, 혹은 다른 일인지, 나와 무슨 말을 하고 싶어 하는 것인지 궁금해하면서 에바에게 먼저 손을 내밀었다.

“내일 저녁에 슈테판 광장에 나갈 일이 있는데 그때 잠시 뵐 수 있을까요?”

에바는 흔쾌히 응낙했다. 다음 날, 카페에서 하스 부부는 마치 헤어졌던 가족이 오랜만에 상봉하는 것처럼 나를 반가이 맞아주었다. 에바는 조금은 상기된 모습으로 나에게 말했다.

"바쁘신 것 같은데 시간을 내서 시내에 나오셨네요."

"크리스마스를 코앞에 둔 슈테판 광장이 보고 싶었습니다. 하스 사장님 가족들의 근황도 궁금했고요."

에바는 가족들의 근황이라는 말에 미소를 지었다.

"공사님이 계속 한국 방문을 권유하셨지요. 공사님을 믿고 한국에 가기로 결정했습니다. 그래서 공사님을 뵙고 싶었는데 마침 잘 오셨네요."

에바의 말이 커다란 몽둥이가 되어 꿍 하고 머리를 치는 것 같았다. 나에게 전화로 말하기를 주저했던 이유를 알았다. 에바는 좋은 소식을 직접 전하고 싶었던 것이었다.

하스 부부가 결심을 했다. 행동에 옮기는 속도도 빠르다. 역시 그들은 결단력 있는 사업가였다. 드디어 해냈다. 하스 가족의 한국 방문 계획이 실현됐다. 너무나 뜻밖의 말을 들은 탓인지 실감이 나지 않았다. 초짜 낚시꾼이 하와이 왕복 항공권이 걸린 낚시대회에서 낚싯바늘이 수초에 걸린 것 같아 아무 생각 없이 낚싯대를 잡아챘는데, 월척 붕어가 휙 하고 딸려 나와 우승한 것 같은 심정이었다.

"결심하신 것을 축하드립니다. 보성에 가시면 잘 왔다고 확신하실 겁니다. 언제 가시렵니까?"

페터가 나섰다.

"내년 부활절 행사를 마치고 가려 합니다. 보성녹차를 처음 수확하는 시기가 언제인가요? 저희는 녹차의 첫 수확시기에 현장에서 작황을 확인하고 싶습니다.”

“4월 중순이라고 들었습니다. 한국은 이른 봄이지만 보성은 남쪽이라 봄이 일찍 오지요. 한국에는 몇 분이 가시나요?”

에바는 오른손을 앞으로 내밀어 세 개의 손가락을 펼쳐 보였다.

“셋입니다. 저와 페터와 카트린이 함께 갑니다. 카트린은 하스앤하스와 관련된 모든 일들을 배워야 합니다.”

카트린 하스Katrine Haas는 하스 부부의 외동딸이다. 대장장이 집에 식칼이 논다는 말처럼 가족경영을 하며 금슬 좋은 하스 부부는 자손이 귀하다. 그들은 카트린 하스가 가업을 이어가기를 원했다. 마치 신성로마제국의 황제인 카를 6세Karl VI가 아들이 없어 딸인 마리아 테레지아Maria Theresia를 후계자로 세워 합스부르크 왕조를 계승시킨 것처럼, 하스 부부도 카트린을 후계자로 키워 하스앤하스를 물려주고 싶어 했다. 카트린도 합류하면 금상첨화였다. 하스 가족이 대를 이어 한국과 인연을 맺는 계기를 마련할 수 있다.

“내년 4월이면 시간이 넉넉합니다. 한국에선 며칠이나 계실 예정인가요?”

페터가 대답했다.

“서울에서 3일, 보성에서 3일 정도면 일을 볼 수 있을 거라 짐작하는데 한국 사정은 어떤지요?”

하스 부부는 일주일이면 충분하다고 여기는 것 같았다. 나 역시 이견이 없었다.

“그 정도면 필요한 일을 충분히 보실 수 있습니다. 한국에서 어떤 일들을 하고 싶은지요?”

에바의 요청사항이 들어왔다.

"서울에서 차와 관련된 상품들을 보고 싶습니다. 제일 큰 백화점의 차 매장과 다기세트 매장도 보고 싶네요. 한국에서 다례시연도 보고 싶고요."

페터의 주문도 들어왔다.

"한국의 전통음식을 잘하는 레스토랑을 가보고 싶습니다. 규모는 크지 않고 아담하면 더욱 좋지요. 한국의 전통가옥과 사찰도 방문하고 싶군요. 한국에서 좋은 사진을 많이 찍어 와서 비엔나에 소개하고 싶습니다."

믿음은 바라는 것들에 대해서 확신하는 것이며 보이지는 않지만 그것이 사실임을 아는 것이라는 성경 말씀[9]처럼, 하스 부부는 내 권유에 믿음으로 화답했다. 그들의 신뢰에 부응하자고 다짐하면서 크리스마스의 화려한 조명이 폭포처럼 쏟아지는 슈테판 광장을 걸었다. 이날따라 조명 빛이 유난스럽게 아름다웠다. 하늘에는 영광, 땅에는 평화인 크리스마스를 앞둔 비엔나의 밤은 그렇게 깊어갔다.

하스 가족이 보성행을 결정했다는 기쁜 소식을 보성에 전하고자 전화기를 들었다. 수화기에 정종해 군수의 목소리가 들렸다.

"군수님, 좋은 소식을 전해드립니다. 하스앤하스사 사장님 부부와 따님이 내년 4월 중순에 3박 4일 일정으로 보성을 방문하겠다고 합니다. 그때 보성 상황은 어떤지 궁금합니다."

정종해 군수는 뜻밖의 소식에 반가워했다.

"그때가 우전을 수확하는 때지요. 제가 보성을 단단히 지키고 있겠습니다.”

“비엔나 분들이 어렵게 결정하셨으니 보성에서 좋은 일정을 마련해주십시오.”

“걱정하지 마십시오. 서울에 있는 저희 연락소장도 지원할 겁니다.”

하스 가족이 보성을 방문하는 김에 그곳에서 ‘한국 녹차의 비엔나 진출을 위한 협약’을 체결하는 것이 좋아 보여서 정종해 군수의 의중을 떠보았다.

“군수님, 보성녹차가 비엔나에 오기 위해 해결할 과제들이 많아 보입니다. 그런 문제들이 생길 때마다 현안 위주로 접근하다보면 큰 그림을 놓칠 수 있지요. 보성군과 하스앤하스가 보성녹차를 비엔나로 진출시키는 협약을 체결하는 것이 좋아 보이는데 군수님 의견은 어떠신지요? 그렇게만 할 수 있다면 양측은 서로 신뢰하며 든든하게 사업을 추진할 수 있습니다. 아무래도 일을 추진하면서 말로 하는 것보다는 문서로 남기는 것이 확실한 담보가 되겠지요.”

정종해 군수도 흔쾌히 동의했다. 나는 보성에서 신경 써야 할 문제도 덧붙여 말했다.

“하스앤하스는 녹차의 품질과 가격에 신경을 씁니다. 비엔나로 공급하는 유기농 녹차의 품질을 확실하게 보장하고 가격을 특별하게 배려해주십시오. 제일 신경이 쓰이는 것이 보성녹차를 수입하는 업체를 선정하는 일입니다. 아무래도 하스앤하스가 수입하는 것이 해결책인데, 그들은 위험 부담을 지지 않으려 하니 창의적인 방안을 마련해야 문제가 풀릴 것 같군요.”

정종해 군수가 뜻밖의 카드를 꺼냈다.

"우리 보성군에서는 군수가 농산물의 품질을 보장하는 '군수품질인증제'를 실시하고 있습니다. 비엔나로 보낸 보성녹차에 문제가 있으면 지체 없이 교환 또는 환불해주겠습니다."

정종해 군수는 보성녹차에 위험은 없다고 장담했다. 고민을 한 방에 날려주는 역전 홈런과 같은 말이었다.

"비엔나에서 협약 문안의 작성을 도와드리겠습니다. 문안에 들어가는 내용은 저울로 달아 나눈 것처럼 이익의 균형을 맞추겠습니다. 보성에서 협약 문안을 준비하실 때 참고하시기 바랍니다."

크리스마스가 지난 뒤 에바에게 전화했다.

"보성에서 선물이 왔습니다."

에바는 선물이라는 말에 밝은 음성으로 되물었다.

"무슨 선물이 왔나요?"

"정종해 군수께서 보성에서 수출한 녹차의 품질에 이상이 있으면 반품을 받아주거나 환불해주겠답니다. 필요하면 그런 내용들을 담은 양해각서를 교환할 수도 있겠지요."

에바의 목소리에서 든든해하는 마음이 역력하게 느껴졌다. 희망의 포클레인이 '한국 녹차를 위한 비엔나 협약'의 정지작업을 위해 땅을 파는 것이 보였다. 하스앤하스와 보성의 공식 입장과 이해관계를 따져 보고 그들이 협상에서 차지하는 위상을 검토해보니, 상대방의 협력이 필요한 부분이 있고 자기주장을 강하게 밀고 나가면 상대방이 당혹스러워할 부분도 있었다.

양쪽이 품앗이를 하는 심정으로 서로서로 도움을 주고받자는 의

미를 담아 협약서의 초안을 작성했다. 제목은 "한국 녹차의 비엔나 진출을 위한 협약(안)"으로 했다. 비엔나는 역사적으로 유명한 협약들이 체결된 곳이며, 이 협약서의 초안도 비엔나에서 작성한 것이라는 것을 강조하고 싶었기 때문이다. 협약의 주요 내용은 정종해 군수와 사전에 조율한 뒤에 에바와 협의해 양측이 단편적으로 동의한 사항들을 종합한 것이다. 협약서의 초안을 작성해 정종해 군수에게 보냈다.

첫째, 보성군은 유기농 인증이 된 보성녹차를 벌크 상태로 하스앤하스에 공급한다. 보성군은 비엔나로 수출하는 녹차에 유기농 인증에 관한 검증서, 또는 유럽에서 인증을 받은 인증서를 첨부한다.

둘째, 보성군이 비엔나로 수출한 녹차에 농약이 검출되거나 위생상 문제로 오스트리아 내에서 판매가 금지될 때에는 수입한 녹차 중 재고를 전량 반품하거나 또는 수입 원가를 보상하며, 폐기처분에 관한 비용은 보성군이 부담한다.

셋째, 보성군에서 비엔나로 수출한 녹차를 하스앤하스에서 포장할 때 사용하는 디자인은 하스앤하스와 보성군이 공동으로 하고, 디자인에는 대한민국 보성을 표기해 손님들이 대한민국 보성녹차임을 인지토록 한다.

넷째, 하스앤하스는 보성군과 공동으로 비엔나의 하스앤하스 매장에서 보성녹차 판촉을 위한 특별 이벤트를 하고, 그 내용이 오스트리아 언론에 보도되도록 한다.

다섯째, 하스앤하스는 보성군이 제공하는 보성녹차와 관련된 사진·포스터·그림 등을 매장의 적절한 공간에 배치해 보성녹차를 홍보토록 한다.

여섯째, 하스앤하스는 보성녹차의 품질 관리를 하고, 보성군은 하스앤하스를 특별하게 배려한다.

🌿 코끼리를 타고 꽃을 뿌려주는 길을 가다

해가 바뀌고 3월이 됐다. 성 네포무크 Saint John Nepomuk 의 조각상이 보이는 우리 집에서 아내가 손을 바쁘게 움직였다. 아내는 하스 부부와 슈미트 부부를 위한 만찬을 준비 중이었다. 나는 하스 가족이 한국을 방문하기 전에 조촐한 자리를 마련하고자 그들을 집으로 초대했다. 하스 부부는 한국 녹차에 관심이 많고 슈미트는 현대자동차를 사랑한다. 모두 한국 차 茶/車 와 연고가 있는 비엔나 사람들이기 때문에 나는 내심 이 모임을 '비엔나 차차차'라고 부르고 있었다.

내가 사는 집은 100년 된 건물의 4층으로 전망이 압권이다. 거실에서 비엔나 숲으로 이어지는 야산이 한눈에 보인다. 야산의 중턱에 포도밭이 있다. 포도밭 주변에 보이는 검은 이끼에 덮여 세월의 흔적을 담고 있는 빨간 지붕의 오스트리아 전통가옥들이 정겹다.

야산 너머 북쪽에 있는 마을이 베토벤이 살았던 그린칭이다. 베토벤도 포도밭이 보이는 산길을 따라 산책하며 〈전원 교향곡〉의 악장을 구상했을 것 같은, 보는 사람을 편안하게 하는 야산이다. 전망이 좋은 4층 세입자에게는 프리미엄이 하나 더 있었다. 건물과 2차선 도로와 연결되는 주차장을 전용으로 사용하는 것이다. 자동차 한 대가 겨우 들어가는 공간이지만 주차 공간이 적은 비엔나에서는 한국 자동차가 쉬기에 넉넉했다.

하스 부부가 도착해 거실에 들어왔다. 코코는 꼬리를 흔들며 손님을 따라다녔다. 페터는 야산에 펼쳐진 포도밭을 보며 말했다.

"전망이 좋네요. 어려서 저 산에서 놀았는데 여기서 보니 감회

가 새롭군요."

"이곳이 고향이신가요?"

"네, 19구가 제 고향입니다. 에바도 비엔나가 고향이지요. 우리 같은 비엔나 토박이는 흔치 않습니다."

코코는 페터의 옆에서 꼬리를 쳤다. 에바는 코코를 보며 반가워했다.

"강아지가 귀엽군요. 지난번에 이름이 코코라고 하셨는데 이름처럼 예쁘네요."

에바가 스쳐가는 대화에서 언급한 코코의 이름을 기억하고 있다니, 이는 대단한 관심이며 친근감의 표시였다.

| '현대. 품질과 착한 가격' 홍보 스티커

초인종이 요란하게 울렸다. 코코는 현관을 보며 으르렁거렸다. 슈미트 부부가 도착한 것이다. 슈미트 부인은 할리우드 스타인 줄리아 로버츠를 연상시켰다. 훤칠한 키에 가녀린 모습이 거구의 슈미트와 어울려 보였다. 환상의 배필은 늦게 나타난다고 슈미트에게 했던 말이 생각났다. 그들이 환상의 커플이라 그런지 정말 늦게 나타났다. 슈미트는 소파에 앉으며 말했다.

"주차장에 있는 그랜저를 보았습니다. 우리 회사에서 부착한 '현대. 품질과 착한 가격 HYUNDAI. Qualität zum besten Preis' 이라는 홍보 스티커를 떼지 않으셨군요. 고소득층이 많은 이 동네에서 그랜저를 홍보할 수 있어 다행입니다."

슈미트는 정말 못 말리는 자동차 세일즈맨이었다. 남의 집에 초대받아 오면서 자기가 판매한 자동차가 있는 것을 확인하고, 또 그 제품으로 자기가 판매하는 상품을 홍보할 생각부터 하니 말이다. 나는 슈미트의 기대를 충족시켜주었다.

"거리를 지나가는 사람들이 그랜저를 유심히 보면서 차의 가격을 묻습니다. 벤츠와 비교하면서 가격이 착하다고 하더군요. 그러면 저는 품질도 좋다고 하지요. 제가 작년 겨울부터 그랜저를 홍보한 만큼 현대자동차가 잘 팔리는지 궁금합니다."

슈미트는 호기롭게 내 질문에 답변했다.

"작년은 실적이 좋았습니다. 올해도 시작이 좋군요. 공사님 홍보 덕을 단단히 보는 것 같습니다."

"미국에서는 토요타의 리콜 문제로 일본 자동차가 타격을 받고 있습니다. 그러한 부분이 유럽시장에도 영향을 미치는지 궁금합니다."

슈미트는 일본 자동차의 위기를 한국 자동차의 시장 점유율을 높이기 위한 기회로 활용하고 있다고 말했다.

"당연히 영향이 있지요. 덕분에 한국 자동차의 시장 점유율이 높아지고 있습니다. 그런 상황에서 산타페의 재고가 넉넉하지 못한 것이 못내 아쉽네요. 저희도 오스트리아 정부의 조달시장을 공략하고 싶은데 산타페의 물량이 부족해 망설이고 있지요. 그런 와중에 한국에서 노사분규로 파업을 한다면 가슴이 철렁합니다."

한국에서 발생하는 노사분규의 여파가 비엔나까지 몰려온다니, 우리가 지구촌에 살고 있는 것이 제대로 실감 났다. 나는 손님들을 식탁으로 안내하며 말했다.

"오늘은 집사람이 요리 시험을 보는 날입니다. 비엔나의 일류 요리사가 만든 요리를 평가하시는 분이 오신다고 해서 크게 부담을 느끼고 있지요."

페터는 뜻밖의 말을 했다.

"저는 요리를 할 줄 모릅니다. 하지만 레스토랑의 메뉴는 제가 개발했지요. 메뉴를 구상하고 마음에 들 때까지 셰프Chef에게 만들게 합니다. 그런 시행착오를 거치면서 우리 카페의 메뉴가 완성됐지요."

요리를 할 줄 모르는 사람이 메뉴를 개발했다는 말이 생경하게 들렸다. 하기야 히딩크는 축구 선수로서는 두각을 나타내지 못했어도 세계적인 명감독이 됐으니, 페터가 요리를 할 줄 모르기 때문에 좋은 메뉴를 개발하지 못할 것이라고 속단할 필요는 없었다. 에바는 한식의 모양을 보면서 감탄했다.

"한식이 아름답군요. 이 음식들을 만들면서 얼마나 많은 칼질을 했을지 궁금하네요."

칼질 횟수까지 궁금해하는 것을 보니, 에바는 정말로 세상의 모든 일에 호기심이 많은 듯했다. 슈미트가 페터에게 말했다.

"하스 사장님은 출장도 가족과 함께 다니는군요. 저도 출장은 자주 가지만 가족과는 함께 가지 못하지요."

페터는 고개를 끄덕였다.

"여행을 많이 했지요. 세계적으로 유명한 차밭은 거의 다 봤다고 해도 과언이 아니지요. 열대의 차를 구하려고 남태평양의 타히티까지 간 적도 있었습니다.”

하스 부부는 진정한 의미의 모험가였다. 타히티에서 열대 차를 수입해서 얼마나 큰돈을 벌겠다고 거기까지 날아갔을까? 페터에게 타히티 방문의 성과를 물었다.

“타히티에 좋은 차가 있나요?”

“마음에 드는 차를 구했습니다. 열대의 꽃과 말린 과일을 주재료로 한 차입니다. 우리가 비엔나에 처음 선보였는데 반응이 좋았지요. 지금도 잘 팔리고 있습니다. 저희 매장의 베스트셀러 중의 하나입니다.”

슈미트는 페터의 직업이 자유로운 것을 부러워했다.

“하스 사장님은 본인이 출장지를 결정하니 직업이 정말 자유로워 보이십니다. 출장을 가는 곳이 차밭이라 눈도 시원하겠고요. 저는 회사에서 정해준 곳으로만 출장을 갑니다. 그것도 좁은 사무실에서 회의를 하거나 자동차공장에서 조립라인만 보고 오지요. 그래서 출장은 많이 갔지만 관광은 제대로 하지 못했지요. 하스 사장님이 그간 여행하면서 가장 인상적인 곳은 어디였는지 궁금하군요.”

페터는 질문을 기다렸다는 듯이 거침없이 말했다.

“비엔나 사람에게는 인도·스리랑카·중국·일본 등 아시아가 볼거리가 많지요. 저는 아시아에 관심이 많은데 에바는 특히 일본을 좋아합니다.”

에바가 일본을 좋아한다는 말은 듣기에 불편했다. 그녀를 미치코 마이늘에 대항하는 한국 녹차의 수호천사로 삼고 싶은데 일본이 화제가 되는 것은 거북했다. 나는 화제를 일본과는 비교적 먼 인도로 돌렸다.

"인도나 스리랑카에 코끼리가 많은데 그곳에서 코끼리를 타신 적은 있으신지요?"

페터는 코끼리라는 말에 특별한 추억을 회상하는 듯 흐뭇한 표정을 지었다.

"스리랑카에 가면 다원의 사장이 코끼리를 탈 수 있도록 배려합니다. 한번은 농장의 주인이 산 위에 있는 별장으로 우리 부부를 초대하면서 코끼리를 타고 산을 올라오게 했습니다. 차밭에서 일하는 인부들이 도열해서 코끼리가 가는 길에 꽃을 뿌려주더군요. 코끼리를 타고 꽃을 뿌려주는 길을 가니 마치 황제가 된 것 같았지요. 에바도 왕비가 된 것 같은 기분을 느꼈겠지요. 차 사업을 하면서 기억에 남는 장면 중 하나입니다."

그 말이 몽둥이가 되어 철썩하고 내 등을 때렸다. 화제를 잘못 돌렸다. 내가 도끼로 내 발등을 찍었다. 에바를 보니 스리랑카의 추억을 회상하며 행복에 잠긴 표정이었다. 덜컥 겁이 났다. 저런 추억이 있는 사람에게 한국에서는 어떤 추억거리를 만들어줄 수 있을까? 하지만 정성으로 다가가자. 그러면 감동은 따라올 것이다. 하스 가족이 한국에서 비록 조랑말을 타고 다닐지라도 감동은 코끼리보다 크게 하자며 마음을 다졌다.

식사를 마치고 거실로 자리를 옮겼다. 슈미트는 하스앤하스의 역사를 궁금해하며 페터에게 물었다.

"하스 사장님은 언제부터 차 사업을 하셨나요?"

"대학을 졸업하고 결혼하면서 슈테판 광장 근처에 가구점을 열었지요. 그것으로 사업 기반을 마련했습니다. 그리고 30년 전에 차 유통사업으로 주력 사업을 변경했지요. 이번 연말에는 오스트리아의 고급 농산물을 가공해 판매하는 신규 매장을 오픈합니다.”

슈미트의 질문이 계속됐다. 서부극의 총잡이가 날렵하게 총을 빼는 것만큼이나 질문 속도가 빠른 것을 보니 슈미트는 하스앤하스에 대해 궁금한 것이 많아 보였다.

“새로운 매장의 이름도 역시 하스앤하스인가요?”

“매장 이름은 ‘포르타 덱스트라 Porta Dextra ’입니다. 비엔나의 정서를 대변하는 이름이지요.”

슈미트는 무언가 석연치 않다는 듯, 고개를 갸웃거렸다. 포르타 덱스트라는 라틴어로 ‘오른쪽 문’이라는 뜻인데 그것이 비엔나의 정서와 무슨 상관이 있을까 하는 눈치였다. 나도 궁금해서 페터에게 물었다.

“오른쪽 문이 비엔나의 정서와 무슨 상관이 있나요?”

페터는 슈미트와 나를 번갈아 본 후에 천천히 운을 떼었다.

“슈테판 성당의 서쪽은 로마군의 요새인 빈도보나 Vindobona 성의 오른쪽 문이 있었던 곳입니다. 그곳에 우리 가구점이 있지요. 가구점 건물의 지하실은 4층이나 됩니다. 지난 30년간 한 번도 일반인에게 공개하지 않은 공간이지요. 그곳에 로마 시대의 건축양식이 타임캡슐에 담긴 것처럼 생생하게 살아 있습니다.

그곳을 19세기 비엔나의 정취를 느낄 수 있는 문화공간으로 만들어 일반에게 공개할 예정입니다. 비엔나의 ‘오른쪽 문’에 오스트리아의 전통 농산물을 가공해 판매하는 매장을 만들고 지하공간에

는 도시의 삶에 지친 사람들에게 가장 오스트리아적인 문화 휴식공
간을 마련해주고 싶습니다.”

페터는 자기가 아껴왔던 공간을 열어 도심 속의 작은 문화공간으
로 만들고 싶어 했다. 그만큼 재력과 마음의 여유가 있다는 표현으
로 들렸다. 그런데 대학을 갓 졸업한 사람이 결혼을 하면서 신접살
림을 꾸리기도 바빴을 텐데 무슨 여력으로 가구점을 열었을까? 그
것도 비엔나의 노른자위라는 슈테판 광장에 규모가 큰 고급 가구점
을 열었다고 하니 도대체 사업자금을 어떻게 조달했을까?

“대학을 졸업하고 결혼하면서 가구점을 열려면 경제적 부담이
컸을 것 같은데 특별한 비결이 있었나요?”

페터는 비결은 무슨 비결이냐는 듯이 손사래를 쳤다.

“부모님이 도와주셨습니다. 그래서 대학을 졸업하면서 바로 사
업을 시작했지요.”

조상의 음덕이 위력을 발휘하는 것을 보니 페터도 페터 구르틀러
못지않은 재력가의 가문에 태어난 것 같았다.

슈미트는 집에 애가 둘이 있으니 아무래도 걱정이 되어 일찍 자
리를 떠야겠다면서 양해를 구했다. 환상의 커플은 할 일이 많았는
지 서둘러 집으로 돌아갔다. 페터는 슈미트를 부러워했다.

“슈미트 본부장은 애가 둘이라서 좋아 보이네요. 애들이 장성하
면 든든한 힘이 되지요.”

가족경영을 하는 페터의 입장에서 자손이 많지 않은 것을 내심
아쉬워하는 표정이었다. 페터는 벽에 걸려 있는 내 가족사진을 보
며 물었다.

“아드님인 것 같군요. 혹시 보스턴의 바닷가에 있는 대학에 다니고 있나요?”

“서울의 관악산에 있는 대학에 다니고 있습니다.”

“아드님이 많이 보고 싶으실 것 같군요. 제 부친도 저를 많이 보고 싶어 하시는데 자주 찾아뵙지 못해 송구스러울 때가 많지요.”

페터의 눈빛이 풀렸다. 페터의 표정에서 춘곤증과 식사를 마친 뒤의 포만감이 배어 나왔다. 에바는 서울 일정을 기대했다.

“서울에 가면 다양한 체험을 할 것 같군요. 백화점이 호텔과 연결되어 있다니 일을 보기도 편하겠고요. 백화점에서 차와 관련된 상품을 많이 볼 수 있다고 하니 기대가 됩니다.”

그 말을 들으니 에바는 전생에 좋은 녹차를 구하지 못한 아쉬움에 현세에 티 소믈리에로 태어난 사람 같았다. 나는 차 기획전을 화제로 삼았다.

“이번에 한국에서 좋은 상품을 구해 오시면 가을행사에 한국 상품들을 비엔나에 넉넉하게 소개할 수 있습니다. 차제에 ‘한국 녹차 기획전’을 하시는 것도 좋을 것 같은데 한번 고려해보시지요. 요즘은 선택과 집중이 화두입니다. 비엔나에 소개되지 않은 한국 녹차와 관련 상품을 소개하면 이곳 언론에서도 제법 관심을 가질 것 같은데 한번 고려해보시지요.”

하스 부부는 눈을 동그랗게 뜨고 서로 눈빛을 교차했다. 부부는 동시에 무언가 영감이 스쳐간 것 같아 보였다. 에바는 뜻밖이라는 반응을 보이며 가볍게 고개를 끄떡였다.

“‘한국 녹차 기획전’이라고 하셨나요? 생각해본 적이 없었는데 한번 고려해보지요. 오늘 좋은 자리를 마련해주셔서 감사합니다. 시간을 내서서 저희 산장에 오시기를 바랍니다. 코코도 데려오시고요.”

페터는 분주하게 볼펜과 메모지를 챙겼다.

“산장을 찾아오는 약도를 그려 드리지요.”

“저에겐 내비게이션이 두 대나 있습니다. 주소를 주시면 내비게이션이 찾아주겠지요.”

“어떤 내비게이션은 저희 산장을 잡지 못합니다. 산장을 찾아오다가 산 아래 계곡에서 헤맨 사람이 한둘이 아니었습니다. 제가 그려 드린 알프스의 보물지도를 꼭 챙겨서 오세요.”

페터가 그린 지도를 훑어보았다. 비엔나에서 출발한 사선斜線이 잘츠부르크를 향하는 A1 고속도로에서 멜크를 지나 입스Ybbs 강의 상류로 향했다. 사선은 합스부르크 왕조의 황금시절에 칼과 창의 제조공장이 있었던 알프스 산자락의 작은 마을인 바이트호펜 안 데어 입스Waidhofen an der Ybbs, 이하 바이트호펜로 갔다. 그곳에서 사선이 실개천을 연결하는 다리들을 건너며 좌회전을 하고 우회전을 하면서 구불구불한 모습으로 알프스 산 위로 올라갔다. 마치 미로에서 출구를 찾는 것처럼 난해해 보였지만 약도를 보며 속으로 되뇌었다.

‘알프스의 토끼가 보물지도를 주었군요. 저보고 길눈이 어둡다는 사람도 있지만 내비게이션 두 대와 보물지도를 손에 들고 알프스 산속을 헤매지는 않겠지요. 한방에 찾아가겠습니다. 염려는 붙들어 매세요.’

하지만 붙들어 매라고 한들, 염려가 스스로 붙잡혀서 매이는 것이 아니라는 것을 확인하는 데는 오랜 시간이 필요하지 않았다.

🌿 굴러온 돌이 박힌 돌을 빼내다

2010년 3월 중순, 비엔나, 대한민국 대사관의 공사 집무실에 정태홍 조사관이 들어와서 조심스럽게 운을 뗐다.

"이번에 휴가로 부산을 가는데 시간적으로 여유가 있는 편이라 한국에서 하스 가족의 일정에 합류해서 그들을 도와주고 싶습니다. 그게 가능할까요?"

"하스 가족이 부산에 도착하면 그때 부산에서 도와주면 될 것 같군요."

"제가 광양에도 연고가 있어 그곳에 갑니다. 광양에서는 보성이 가깝습니다. 다행히 저와 하스 가족의 동선이 겹치기 때문에 한국에서 하스 가족을 도와줘도 크게 부담이 없습니다."

정태홍 조사관은 보성녹차의 비엔나 진출의 단초를 제공한 사람이다. 그러니 그가 한국에서 하스 가족을 도와주고 싶어 하는 심정은 이해가 되지만 대사관 직원이 하스 가족의 일정에 합류하는 문제는 좀 더 검토할 필요가 있는 사안으로 보였다.

며칠 뒤에 하스앤하스의 카페에서 하스 부부를 만났다. 페터는 한식을 화제로 삼았다.

"지난번 한식이 인상적이었습니다. 메뉴로 나온 여러 음식 중에서 한식과 양식을 접목한 것들은 저희 카페에서 선보여도 될 것 같

| 비엔나의 킴 코흐트 레스토랑

더군요.”

페터의 말에 한국의 퓨전음식이 떠올랐다.

“최근에 한국의 레스토랑 경영주들은 한식에 양식의 풍미를 가미한 음식들을 개발해서 새로운 시장을 개척하고 있습니다. 비엔나에 있는 킴 코흐트 Kim Kocht 와 아카키코 Akakiko 도 대표적인 퓨전 스타일의 한식 레스토랑입니다. 한국 음식의 손맛이 야무진 곳이지요. 킴 코흐트의 김소희 사장은 독일어권에서 유명한 셰프입니다. 아카키코의 전미자 사장은 비엔나에 열 개가 넘는 레스토랑을 체인점으로 운영하고 있습니다.”

에바는 크리스마스에 찾아온 산타클로스가 선물 보따리를 풀어

비엔나의 아카키코 레스토랑 |

헤치며 선물을 꺼내 보이듯이 나에게 말했다.

"지난번에 공사님이 가을행사를 한국 녹차 기획전으로 하자고 권유하셨는데 그게 좋아 보입니다. 이번에 한국에 가면 그런 부분을 감안해서 일을 보려고 합니다. 공사님 덕분에 저희가 한국 녹차 기획전을 하게 되네요."

그 말이 쿵 하고 가슴에 다가왔다. 에바는 지금까지 기쁜 소식을 힌트도 없이 뜸도 들이지 않고 전해왔는데 이번에도 깜짝 선물을 번개같이 펼쳐보였다.

드디어 굴러온 돌이 박힌 돌을 빼냈다!

🌿 머피의 법칙은 계속된다.

2010년 3월 하순, 비엔나의 대한민국 대사관으로 낯선 우편물이 왔다. 발신자는 '석세스SUCCESS: 성공'였다. 오스트리아의 채권추심회사에서 보낸 경고 서한이었다. 서한의 내용 중 1,454유로를 납부하라는 문구가 보였다.

석세스는 덴첼이 손님으로부터 떼인 돈을 대신 받아주겠다고 팔을 걷어붙이고 나선 해결사였다. 덴첼의 자금관리부에서 그랜저의 겨울 타이어 대금을 회수하지 못했다고 나를 불량손님으로 낙인찍어 채권추심회사인 석세스에 대금을 회수해달라고 요청한 것이었다. 서한에서 제시한 금액을 살펴보니 석세스에서는 그 일로 자기들이 수고를 한다면서 나에게 웃돈까지 요구하고 있었다.

슈미트는 도대체 무엇을 하고 있었나? 나는 이미 두 번씩이나 그에게 통보하며 일을 제대로 처리해달라고 요청했었다. 슈미트는 걱정하지 말라고 큰소리쳤지만 결과는 기대 밖이었다. 덴첼과의 불운이 계속되는 것인지 악연이 질긴 것인지는 나중에 밝혀지겠지만 발등에 떨어진 불은 확실하게 *끄*자며 마음먹는데, 마침 대사관 직원의 자동차 구입을 도와주는 담당자가 집무실에 들어왔다. 담당자는 석세스에서 온 서한을 보며 분개했다.

"덴첼이 정말 개념이 없군요. 어떻게 멀쩡한 손님을 신용불량자로 만들어 채권추심회사로 서류를 돌리나요. 자기들도 한국 자동차로 성장한 회사인데 우리에게 전화 한 통 하지 않고 대사관 직원에게 이럴 수가 있나요. 정말 고약하네요."

담당자가 석세스에 연락해보니 상황은 심각했다. 석세스는 자기들이 통지한 기간 내에 대금을 회수하지 못하면 사안을 법정으로 끌고 가겠다고 했다. 물론 재판을 하면 덴첼은 무조건 지고 재판 비용도 그들이 부담하겠지만 과정과 결과는 결코 나에게 우호적이지만은 않을 것이다. 이역만리 낯선 땅에 와서 내 잘못 없이 오스트리아 법원을 들락거리는 것이 싫고, 그런 문제로 내 이름이 교민사회에 회자되는 것도 부담이 됐다.

하지만 석세스에게 무슨 죄가 있을까? 석세스는 그런 일을 합법적으로 하라고 오스트리아 정부가 허가를 내준 회사였다. 그들에게는 죄가 없었다. 죄가 없는 석세스^{성공}와 사안을 다투어서는 안 된다. 그러면 나는 '실패'가 된다. 내 명예를 되찾기 위해서는 덴첼과 다투어야 하기에 전화기를 들었다. 수화기에 슈미트의 묵직한 음성 메시지가 들렸다.

"토마스 슈미트입니다. 지금은 오스트리아를 떠나 해외에서 일을 보고 있습니다. 급하신 업무는 비서실로 연락 주시기 바랍니다."

급할 때 찾는 비상약이 없었다. 슈미트는 지금 어느 나라의 어느 도시에 있는가? 그에게 형식은 정중하지만 내용은 강력한 항의 서한을 보냈다. 덴첼에서 석세스에 요청한 사안은 원인 무효로 돌리고, 석세스에서 보관하고 있는 나의 개인정보는 모두 삭제하며, 무고한 사람을 신용불량자로 낙인찍어 명예를 훼손시킨 사안에 대해 덴첼에서 책임 있는 사람이 서한으로 해명을 하라는 내용을 담았다.

며칠 뒤, 핸드폰이 울렸다. 슈미트였다. 그는 처진 목소리로 프랑크푸르트로 출장을 가서 제때에 연락을 하지 못해 죄송하다면서 조심스럽게 운을 뗐다.

"자금관리부에서 석세스에 긴급히 연락해서 공사님과 관련된 채권추심절차를 종결시키고 석세스에서 보관 중이던 공사님의 개인정보는 모두 삭제토록 했습니다. 본사 차원에서 어떻게 이런 해프닝이 발생했는지 원인을 규명하고 재발을 방지하기로 했습니다. 저희 회사에는 공사님의 계좌와 한국 대사관의 계좌가 따로 있는데, 저희가 통보한 공사님 개인계좌의 입금내역을 자금관리부 전산망에서 포착하지 못해 생긴 해프닝이었네요.

알프레드 슈타들러Alfred Stadler 회장님이 공사님께 이번 사태에 대한 사과 서한을 보내실 겁니다. 왜 공사님과 관련된 일들이 이렇게 꼬이는지 모르겠군요. 처음에는 코퍼항에 있는 컴퓨터가 속을 썩였는데, 두 번째는 그랜저의 전자센서가 우리를 괴롭히더니, 이번에는 자금관리부 컴퓨터까지 애를 먹이네요. 공사님과 좋은 관계를 유지하고 싶은데 상황은 계속해서 우리를 긴장관계로 몰아가는군요."

얼마 뒤에 슈타들러 회장의 서한을 받았다. 덴첼이 고객에게 결례를 했다는 정중한 문구에 진정성이 느껴졌다. 슈미트의 전화도 왔다. 그의 호탕한 목소리는 어떤 상황에서 들어도 듬직했다.

"저희 회장님의 서한을 받으셨지요? 공사님 덕분에 고객관리시스템의 문제점을 찾았습니다. 공사님은 저희에게 소중한 외교관입니다. 그랜저를 구입해서 실적 개선에 도움을 주셨을 뿐만 아니라, 겨울 타이어를 구매하면서 고객관리시스템도 개선하셨네요. 그것도 본인의 불편을 감수하면서요."

슈미트는 호탕하게 웃으며 농담을 건넸다. 해프닝은 해프닝으로 끝내자. 그래야 첫 번째 일이 꼬이면 다음에 하는 일들도 계속해서 꼬인다는 '머피의 법칙'을 깰 수 있다.

🌿 보성 갈매기를 보면 인사하세요

하스 가족의 한국 방문이 코앞에 다가왔다. 비엔나 숲에는 4월 초순에 걸맞게 신록이 아름답게 번져갔다. 성 네포무크 조각상이 보이는 서재에서 이메일을 확인했다. 낯선 이름의 이메일이 왔는데 발신자는 보성군청의 대외협력계장인 "노정이"였다. 제목은 "하스앤하스 일행의 보성 방문 문의사항"이었다.

'하스앤하스의 성격과 비엔나에서 차지하는 위상은 어떠한가? 차는 주로 어떤 품목을 취급하는가? 그중에서 녹차가 차지하는 비중은 얼마나 되는가? 이번에 보성에 오는 사람들의 약력은 어떠한가? 작년에 비엔나에서 보내준 협약서의 내용을 참고해 협약을 체결하려면 사전에 어떤 일들을 준비해야 하는가?'

질문이 면도날처럼 예리했다. 정중하지만 논리정연하게 질문해오는 노정이 계장의 모습을 상상하니 정종해 군수가 보성에서 에이스카드를 뽑은 것 같았다. 이메일의 말미에 노정이 계장의 전화번호가 보였다. 바로 보성으로 전화하니 노정이 계장이 받았다.

"군수님이 저에게 비엔나 일을 챙기라고 하셔서 준비하고 있습니다. 혹시 공사님께서는 보성과 연고가 있으신지요?”

“보성과는 연고가 없습니다. 보성 땅은 밟아본 적도 없고 보성 사
람은 만나본 적도 없지요.”

“그런데도 저희 보성녹차를 사랑해주시니 감사합니다. 서울 일
정을 준비하면서 저희의 지원이 필요한 사항이 있으면 말씀하십시
오. 군수님께서도 서울연락소에서 관심을 가지고 지원하라고 하셨
습니다.”

“비엔나 분들의 여정과 희망사항을 이메일로 보내드리지요. 그
분들이 광주에 도착해서 보성을 거쳐 부산으로 이동하는 교통편은
어떻게 준비하는 것이 좋을까요.”

“그 문제는 걱정하지 않으셔도 됩니다. 저희 차량으로 모시겠습
니다. 보성에 숙소도 마련했습니다.”

보성에서 비엔나 프로젝트를 위해 투입한 선수가 경쟁력이 있어
보였다. 시원시원하게 소통됐다. 노정이 계장이 하스 가족의 보성
방문 일정을 보내왔는데 정성을 들인 것이 한눈에 보였다. 덧붙여
정종해 군수를 위한 면담자료를 만든다면서 하스앤하스에 관한 자
료를 찾는다며 보충 자료를 요청해왔다. 노정이 계장의 손을 덜어
주자는 의미에서 그동안 하스 부부와 함께한 기억을 더듬어 면담자
료를 만들었다. 자료의 중간에 정종해 군수가 비엔나 손님들과 편
안하게 이야기를 풀어가라는 의미에서 “보성 갈매기를 보면 인사하
세요”라는 작은 콩트도 만들어 보성으로 보냈다.

🍃 일본은 다도에 목숨을 건다

한국 녹차의 비엔나 진출 프로젝트는 비엔나 대사관에서 작은 화제가 됐다. 비엔나에 은은한 한국 녹차의 맛과 향을 소개하겠다며 새로운 사업을 추진하니 관전자들이 흥미로워했다. 새로운 사업을 추진하려면 통계적으로 의미 있는 숫자가 나와야 신명이 난다. 두바이에 있는 세계 최고의 고층 빌딩을 시공한다든지, 초대형 원자력 발전소의 건설을 수주한다든지, 세계 최대 규모의 유조선을 건조한다든지, 규모가 크고 거래되는 금액이 천문학적인 사업에 참여하면 보람도 크며 그런 일들이 성공적으로 이루어졌을 때 자부심을 느끼며 이렇게 말할 수 있을 것이다.

"한 건 했다!"

한국 녹차를 비엔나에 진출시키는 사업은 과연 어떨까? 한국 녹차가 중국·인도·일본의 차들이 이미 철옹성을 쌓은 비엔나에 후발주자로 들어간다고 하더라도 정성과 노력에 비해 통계적으로 의미 있는 숫자는 나올 것 같지 않았다. '한 건'과는 거리가 멀어도 한참 멀어 보였다. 그것도 비엔나에 한국 녹차가 없는 이유 중의 하나가 된 것 같았다. 오스트리아의 현지 유통업체는 한국 녹차에 관심이 없다. 비엔나의 레스토랑에는 중국과 일본의 녹차가 시장을 선점하며 후발주자의 진입을 가로막고 있었다.

현안에 쫓기는 외교관의 입장에서 한국 녹차에 함축되어 있는 문화적 코드를 읽으며 우리 녹차를 비엔나에 진출시키는 사업을 추진하기란 여의치 않아 보였다. 더구나 통계적으로 의미 있는 숫자가 나올 것 같지 않은 사업은 눈에 잘 띄지도 않는다. 한국 녹차도 그런 상황에 빠져 알프스 빙하의 크레바스에 갇힌 것 같았다. 우연히 빙하를 지나가다가 크레바스 틈새에 한국 녹차가 빠져 있는 것을 보고 그것을 비엔나의 슈테판 광장으로 옮기겠다고 하니, 주변 사람들이 성원하면서도 염려했다.

그래도 심윤조 대사의 관심과 배려가 든든했다. 심윤조 대사는 외교관 초년 시절에 일본 도쿄에 근무하면서 일본이 다도茶道를 주제로 일본문화를 세계화하는 현장을 목격했다. 그는 오랫동안 외교관으로 생활하면서 일본이 공세적으로 펼치는 다도를 인내심 있게 지켜보고, 어떻게 녹차로 일본문화가 세련됐다고 홍보하는지 과정 하나하나를 생생하게 기억하고 있었다. 심윤조 대사는 일본이 다도에 보이는 집념과 투혼이 얼마나 집요하고 무서운지도 익히 알고 있었다. 그는 한국 녹차를 비엔나의 슈테판 광장에 진출시키자는 사업의 취지에 공감하면서 한국의 최고급 녹차를 비엔나에 선보이기를 기대했다.

하스 가족의 한국 방문 일정과 정종해 군수를 위한 면담자료를 가지고 대사 집무실로 갔다. 심윤조 대사는 면담자료를 보고 의아해했다. 주오스트리아 대한민국 대사관의 공사가 전라남도 보성군수의 면담자료를 만든 특이한 사례를 접했기 때문이었다. 심윤조 대사에게 보성에서 온 애로사항을 설명하니, 그도 보성군청의 담당관이 느끼는 고충에 공감했다. 심윤조 대사는 일정표와 면담자료를 찬찬히 살피며 말했다.

"정성이 대단합니다. 하스앤하스 분들이 감동하겠군요. 그런데 보성 갈매기도 있습니까? '부산 갈매기'는 들었지만 '보성 갈매기'라는 말은 들어보지 못했는데요. 보성 갈매기를 보셨나요?”

“보성에는 가본 적이 없습니다. 부산 사람들이 보성에서 갈매기를 보고 부산 갈매기라고 부르면, 보성 사람들은 저 갈매기는 보성 갈매기라고 할 것 같더군요.”

보성 갈매기가 대화의 분위기를 살렸다. 심윤조 대사에게 정태홍 조사관이 보성에서 하스 부부의 일정을 도와주고 싶어 한다는 사안을 조심스럽게 거론했다. 심윤조 대사의 표정이 바뀌었다. 대사관 직원이 보성의 현장에 등장하는 부분이 이해 당사자에게 어떤 메시지를 줄 것인가를 고심하는 것 같았다.

한국 녹차를 비엔나로 진출시키는 사업이 원만하게 진행된다면 대사관 직원이 보성의 현장에 있어도 문제는 없어 보였다. 그러나 일이 잘못되면 상황은 이상한 방향으로 굴러갈 수도 있다. 정태홍 조사관은 자원해 하스 가족을 도와준다지만 세상사 의도하는 대로 일이 진전되지 않는 경우도 많기 때문이다. 심윤조 대사는 삼시 고민하더니 마음을 굳힌 듯했다.

“정태홍 조사관이 휴가 중에 하는 일이니 본인의 판단을 존중해 줍시다. 하지만 현장에 있는 것이 이해 당사자에게 본인의 의도와는 다른 메시지를 줄 수도 있으니 그런 부분을 유념하면 좋겠군요. 공사님께서 한번 당부하시지요.”

심윤조 대사는 작아 보이지만 쉽지 않은 결정을 내려서 정태홍 조사관이 보성에 합류할 수 있는 여건이 마련됐다.

“대사님께서 말씀하신 내용을 유념해서 현장에서 오해의 소지가 없도록 하라고 당부하겠습니다.”

대사의 집무실을 나오며 생각했다.

‘역시 경륜이 말해주는구나. 보성의 현장에 대사관 직원이 등장하는 것이 이해 당사자들에게 예상치 않은 메시지를 줄 수 있다고 판단하고 고심하지만 그래도 직원의 의사를 존중하며 일을 맡기니, 저분이 관우와 같은 담력이 있다고 들려오는 말들이 이유가 있었군. 과연 명불허전名不虛傳이다.’

보성녹차 비엔나 진출 협약 체결 ⓒ보성군청 |

2010년 4월 15일, 대한민국 보성군청의 회의실 벽에 플래카드가 걸렸다. 플래카드에는 "보성군과 하스앤하스의 녹차수출에 관한 협약서MOU 체결"이라는 문구가 적혀 있었다. 플래카드를 배경으로 정종해 군수와 페터가 포토라인에 나란히 섰다. 카메라 플래시의 섬광이 번쩍거렸다. 정종해 군수와 페터가 보성녹차를 비엔나로 진출시키는 협약을 체결하고 기념 촬영을 했다.

협약의 체결로 보성군은 대한민국 최초로 비엔나의 슈테판 광장에 보성녹차를 진출시키는 거점을 확보했다. 하스앤하스는 대한민국 녹차 브랜드 파워 1위인 보성녹차를 파트너로 맞이했다. 2009년에 필자가 비엔나에서 작성해서 정종해 군수에게 보내준 '한국 녹차의 비엔나 진출을 위한 협약'을 참조해 마련한 협약서에 정종해 군수와 페터가 서명한 것이다.

보향다원의 최영기 사장이 포토라인에 들어와서 하스 부부에게 선물상자를 건넸는데 상자 안에는 두 개의 작은 녹차통이 가지런히 놓여 있었다. 하스 부부는 안에 들어 있는 녹차에 대한 설명을 듣고 반신반의하며 고개를 갸웃거렸다. 특별한 황금녹차였기 때문이다! 차나무에 황금이 들어간 물을 주고 키워 수확한 찻잎으로 만든 녹차로서, 따뜻한 물에 우리면 찻잎 속에 포함된 황금 성분이 나오는 녹차였다. 불로장생을 꿈꿨던 진시황도 마셔보지 못했고, 천하의 호사를 누렸다던 솔로몬도 구경하지 못한 녹차다. 그런 황금녹차가 한국의 보성에 있었다.

하스 가족에게 한국은 신비로운 나라다. 보성은 차밭을 관광지로 만들어 관광객을 끌어들이고 있었다. 보성의 차밭은 구절양장과 같은 자태로 남해안의 산자락을 감돌고 있었다. 그곳에 층층으로 펼쳐지는 차밭이 에메랄드를 엮어 겹겹이 쌓아 올린 목걸이처럼 빼어난 자태를 뽐내고 있었다. 평생을 세계적으로 유명한 지역의 차밭을 샅샅이 누비고 다녔던 하스 부부에게도 보성 차밭에 펼쳐진 풍광은 아름다운 감동 그 자체였다. 게다가 보성 사람들은 한 번 더 즐거운 충격을 받으라면서 황금녹차를 선보이며 하스 가족의 감동에 쐐기를 박았다.

이날의 협약은 연합뉴스에 "보성녹차, 유럽 차 명가 진출"이라는 헤드라인으로 소개됐으며,[10] 비엔나에서도 협약 체결을 인터넷으로 바로 확인할 수 있었다.

보성 차밭 풍경 ⓒ이가영 |

왈츠는
세 박자다

🍃 슈베르트의 〈미완성교향곡〉 악보를 찾아서

2010년 5월 중순, 비엔나 대한민국 대사관 공사 집무실의 전화기가 울렸다. 수화기에 에바의 밝은 목소리가 들렸다.

"도와주신 덕분에 한국에 잘 다녀왔습니다. 한국 언론에서 관심을 가져준 것이 인상적이었네요. 그동안 비엔나를 여러 날 비워서 일들이 밀려 정신이 없군요. 당분간 알프스 산장에서 한국 녹차 기획전을 위한 보도자료를 만들려고 합니다."

그 말을 들으니 하스 부부의 역할 분담이 새삼스럽게 느껴졌다. 페터는 CEO로서 협력업체를 관리하며 사진작가의 역할도 겸하고 있다. 에바는 명성을 날리는 티 소믈리에면서도 기획능력이 있어 보도자료도 직접 작성한다고 하니, 한마디로 부부가 합작해 북 치고 장구 치는 모습이 환상의 커플이었다. 저렇게 부부가 팀워크를 살려 인건비를 줄이며 사업을 하니 하스앤하스의 원가절감능력이 출중해 보였다. 마른 수건도 짜서 쓴다는 한국 기업들의 재무관리팀이 와서 '우리가 굴삭기 앞에서 삽질하고 있었다'며 반성하고 갈 것 같았다.

며칠 뒤, 하스앤하스 카페에서 한국을 다녀온 하스 부부와 만났다. 페터는 한국의 차밭을 누빈 덕분에 구릿빛으로 그을린 얼굴에 환한 미소를 지으며 한국을 다녀온 소감을 피력했다.

"보성 차밭이 아름답더군요. 인도의 아삼과 스리랑카의 누와라엘리야Nuwara Eliya에도 경관이 좋은 차밭이 있지만, 보성의 차밭이 주는 인상은 특별했습니다. 한국에 그렇게 멋있는 차밭이 있는지 미처 몰랐네요."

에바는 내가 보성과 연고가 있는지를 궁금해했다.

"혹시 보성에 연고가 있나요?"

"보성과는 연고가 없고 아직 가보지 못했습니다."

그 말에 페터의 얼굴에 놀란 기색이 역력했다.

"저런! 그 좋은 데를 아직 가보지 못하셨다니 애석하군요. 그곳에 볼거리가 많으니 한번 가보시지요."

페터는 말을 마치고 껄껄 웃었다. 비엔나 사람이 한국 사람에게 보성 차밭을 가보라고 권하니 주객이 전도됐다. 에바는 겸연쩍어하는 내 모습에 잔잔히 미소를 지으며 말했다.

"이번에 보성에 가서 한국 녹차 기획전에 전시할 품목을 염두에 두고 상품을 골랐지요. 한국에는 차가 다양하더군요. 황금녹차는 말할 것도 없고, 옛날 중국 동전처럼 작은 도넛 같은 모양의 떡차도 보았습니다.

우리는 한국 녹차 기획전의 주력 상품으로 장미향에 밤 맛이 나는 보성녹차, 아름다운 모양의 떡차, 황금이 들어간 황금녹차를 내세우려 합니다. 혹시 보성에서 보낸 샘플이 대사관으로 오면 저에게 연락해주세요. 작년에 공사님에게 보성녹차 샘플이 온 것처럼, 이번에도 대사관으로 샘플이 올 수도 있겠다는 생각이 들어서요.”

그 말에 슈베르트의 〈미완성교향곡〉이 떠올랐다. 슈베르트는 교향곡 8번을 완성하지 못했다. 3악장은 마무리 짓지 못했고 4악장은 아예 손도 대지 못했다. 나도 밀린 숙제가 있었다. 비엔나에서 보성녹차를 수입할 업체를 정하지 못했다. 에바는 한국의 유기농 녹차를 직접 수입하지 않겠다고 했는데 지금은 생각이 어떻게 바뀌었을까?

작년 크리스마스 시즌에 정종해 군수는 비엔나로 수출한 보성의 유기농 녹차에 이상이 있으면 리콜을 해주겠다고 약속했다. 이번에 보성에서 양측은 협약서에 서명하고 그 내용을 증거로 남겼다. 이제 하스앤하스가 보성녹차를 수입하는 데 따르는 위험은 없다는 것을 에바도 익히 알고 있다. 에바는 나에게 깜짝 선물을 자주 줬는데 이번에는 과연 어떨까 하는 심정으로 하스 부부에게 물었다.

“이번에 한국에 가서서 보성에서 유기농 차밭도 보시고 협약을 체결하셨는데 아직도 보성녹차를 다른 수입업체를 통해 받으실 생각이신지요? 이제 하스앤하스에서 직접 수입해도 될 것 같은데요.”

에바의 눈빛이 밝아졌다. 페터도 고개를 끄덕였다. 에바는 크게 인심을 쓰는 듯한 모습으로 말했다.

“우리가 직접 수입하겠습니다. 한국 녹차 기획전까지 일정이 빠듯합니다. 차가 아시아에서 선적되어서 비엔나에 오는 데 통상적으로 2개월이 걸리지요. 시간이 없습니다.”

비로소 한국 녹차를 비엔나로 진출시키는 일련의 과정이 완성됐다. 마치 슈베르트가 마무리를 짓지 못하고 유작으로 남긴 〈교향곡 8번^{미완성교향곡}〉이 완성되는 것을 지켜보는 것과 같은 심정이었다. 상상 속에서 슈베르트의 정령精靈이 보리수나무 아래서 오선지를 펼치고 펜을 들어 잉크를 적셨다. 그는 교향곡 8번 3악장이 담긴 오선지의 여백을 채운 후, 아예 손도 대지 못한 4악장을 마무리를 하고, 〈교향곡 8번〉 전 악장의 악보를 펼쳐 보였다.

"이제 〈미완성교향곡〉은 없습니다. 지금부터 이 〈교향곡 8번〉의 이름은 〈완성교향곡〉입니다."

슈베르트의 정령이 피아노를 치면서 보성녹차에게 말했다.

"비엔나로 오십시오. 보리수나무 아래서 내 노래를 들으세요. 당신은 〈완성교향곡〉을 들을 자격이 있습니다."

🌿 비엔나 백기사의 등장

2010년 6월, 비엔나의 화창한 날에 제법 큰 소포 두 개가 대사관에 도착했다. 보성에서 하스앤하스에 전달해주기를 바라는 짐들이었다. 반가운 마음에 곧바로 에바에게 연락해서 짐이 왔다고 전하니 그 말은 들은 에바의 말이 뜻밖이었다.

"소포에는 저희가 보성에서 고른 녹차와 녹차 관련 상품들의 샘플이 있을 겁니다. 녹차 샘플이 도착하면 제 친구들과 함께 시음회를 할 예정입니다."

친구들은 무슨 말이고 시음회는 도대체 무슨 뜻인가?

"여사님이 비엔나 최고의 티 소믈리에신데 시음을 할 때 다른 사람의 도움이 필요하나요?"

"아무래도 여럿의 판단이 중요합니다. 전문가 두 사람을 초빙합니다. 셋이 차 맛을 보며 평가하지요. 와인을 평가하듯 별 하나에서 별 다섯까지 등급을 매깁니다. 세 사람이 엄정하게 평가해서 어떤 종류의 차를 수입할 것인지 결정하지요.

저 혼자서 판단하기에는 위험 부담이 커서 친구들의 도움을 받습니다. 저희는 이런 방법으로 신상품을 선정합니다. 제가 좋다고 하더라도 손님들이 좋아한다고 장담하지 못하지요. 그래서 객관적으로 평가하려고 친구들의 도움을 받습니다. 이렇게 선정된 상품은 손님의 취향을 반영하기 때문에 시장 적응력이 높습니다."

그 말을 들으니 보성녹차를 비엔나로 보내는 시험은 끝난 것이 아니었다. 긴장의 끈을 놓을 때가 아니라고 생각하면서 소포를 직접 전달해서 그 안에 감동도 담아 전하자고 마음먹었더니 소포가 눈에 밟혔다. 에바가 소포를 찾아갈 사람을 보내기 전에 빨리 전달하자는 생각으로 물었다.

"오후에 카페에 계신지요?"

"오늘은 차 매장에서 계속 일을 봐야 합니다. 페터도 오후에 레스토랑에 올 겁니다."

"오후에 슈테판 광장에 갈 일이 있는데 카페에서 두 분을 뵐 수 있겠군요. 보도자료 얘기도 마저 듣고 싶습니다."

시집갈 날 등창이 난다더니 하필이면 이때 차량이 없었다. 다행히 하스앤하스의 테라스 카페와 연결되는 징거 슈트라세 7번지의

중정中庭에는 주차장이 있으니, 택시로 그 안에 들어가서 소포를 전달하면 될 것 같아 택시를 불렀다. 택시기사가 주소만으로는 그림이 잘 그려지지 않는지 고개를 갸웃거렸다.

"징거 슈트라세 7번지가 무슨 건물입니까?"

"독일기사단의 보물박물관[1]입니다. 그 중정에 하스앤하스의 주차장이 있습니다. 짐이 있으니 중정까지 부탁합니다."

택시기사는 택시가 출입구가 좁은 중정에 들어가는 것에 부담을 느꼈는지 내게 다른 곳으로 향할 것을 권했다.

"하스앤하스는 슈테판 동쪽 광장에서 가는 게 편한데요."

"거기는 보행자 전용공간이라 택시가 들어가지 못하는 것으로 알고 있는데요.”

택시기사는 상식에 입각해 판단해 보라는 뉘앙스로 나에게 질책하듯이 말했다.

“짐을 내려주는 차들은 광장에 들어갈 수 있지요. 그렇지 않으면 그쪽에 있는 상가의 주인들은 어떻게 짐을 하역하겠습니까?”

택시기사의 말이 그럴듯해 보였다.

“그래요? 그러면 슈테판 동쪽 광장으로 가시지요. 하스앤하스의 정문으로 갈 수만 있다면 그것도 좋지요.”

택시는 비엔나 성을 향해 가속했다. 혹시 페터가 카페에 왔는지 알아볼 요량으로 주머니를 더듬었다. 아차! 핸드폰이 없다. 아무래도 사무실 책상 위에 둔 것 같아 ‘그럴 수도 있지’ 하며 마음을 접었다. 택시는 슈테판 성당의 북쪽 광장으로 연결되는 일방통행 도로를 따라갔다. 슈테판 성당의 북쪽 광장에서 마부와 마차들이 관광객을 기다리고 있는 것이 보였다. 왼쪽으로 슈테판 동쪽 광장이 나타났다.

슈테판 동쪽 광장의 상가 건물들이 하스앤하스로 길게 이어져 있었다. 동쪽 광장이 시작되는 건물 앞에 소형 트럭이 주차되어 있었다. 마치 무언가 떳떳치 못한 일을 하다 들킨 장난꾸러기가 겸연쩍어 하는 모습처럼 보였다. 택시는 좌회전을 하면서 진로를 광장으로 틀었다. 그러자 순찰을 돌던 경찰이 오른손을 번쩍 들어 보행자 전용공간으로 들어오려는 택시의 진입을 막았다. 택시는 급정거했고 택시기사는 변명을 늘어놓았다.

“경찰이 있네요. 광장으로 들어가면 딱지를 뗄 것 같군요. 여기서 내리십시오. 차는 회사로 돌아가야 합니다. 미안하게 됐군요.”

택시기사는 나와 짐을 슈테판 동쪽 광장 끝에 내려놓고 ‘붕’ 하고 떠났다. 이런 해프닝이 있나? 슈테판 동쪽 광장 모퉁이에 소포 두 개가 덩그러니 놓였다. 핸드폰도 없으니 에바와 통화도 할 수 없었다. 경찰도 어디론가 사라졌다. 소포 하나를 들고 하스앤하스 카페로 가자니 남아 있는 소포가 걱정됐다. 이곳은 소매치기와 들치기꾼이 종종 출몰하는 곳이라 짐을 광장에 방치하면 누군가 들고 갈 것 같아 걱정됐다. 혹시 페터가 남쪽 광장에서 등장할지도 몰라서 광장 안쪽으로 걸음을 옮겼다. 가끔 뒤를 돌아보고 짐에도 시선을 보내며 저 짐은 내 것이니 들치기꾼은 함부로 넘보지 말라는 ‘촉수금지’ 신호도 보냈다.

치통의 그리스도가 보였다. 치통의 그리스도는 너는 왜 번번이 나를 번민하게 하느냐면서 안타까워하는 모습이었다. 치통의 그리스도와 하스앤하스의 정문 쪽을 번갈아 보았다. 이따금 뒤에 있는 소포에도 시선을 보내면서 내가 너를 돌보니 안심하라고 격려했다. 세 군데로 시선이 왔다 갔다 하니 빼도 박도 못하는 상황이 바로 이런 거라는 느낌이 들었다.

그때 바로 앞에 있는 서점에서 듬직한 체구의 중년 남성이 간이 손수레를 밀고 나왔다. 중년 남성은 흰색 유니폼을 입고 있어 마치 말에서 내린 백기사白騎士를 보는 듯 했다. 그는 서점에 책을 배달하러 온 택배회사의 직원이었다. 백기사가 밀고 가는 빈 수레는 보행자 전용공간에 죄스러운 모습으로 주차한 소형 트럭을 향해 굴리갔다. 간이 손수레는 사각형 포석도로의 요철을 넘나들면서 달달 소리를 내며 내 앞으로 왔다.

반가웠다. 백기사는 곤경에 처한 나를 도와주기 위해 치통의 그리스도가 급파한 사람이었다. 치통의 그리스도는 나를 배려하는 마음으로 백기사에게 간이 손수레도 딸려 보냈다. 백기사는 빈 수레를 밀고 오다 나를 보며 움칫했다. 슈테판 동쪽 광장의 한가운데에서 검은 머리의 동양인이 검은 양복을 입고 자신을 바라보니 무슨 일인가 했을 것이다. 나는 그에게 정중하게 지원을 요청했다.

"실례합니다. 제가 저기에 있는 짐들을 하스앤하스에 전해주려고 택시를 탔는데 길을 잘못 찾아왔습니다. 핸드폰도 없어 매장에 있는 분과 통화할 수 없네요. 저에게 5분만 수레를 빌려주시면 이 짐들을 매장으로 운반할 수 있습니다. 도와줄 수 있는지요?"

백기사는 보도블록에 죄스러운 모습으로 주차되어 있는 자기의 애마인 소형 트럭을 힐끔 쳐다보고 고개를 갸웃거렸다. 그의 표정을 보니 나를 도와주는 것이 다음 일정에 차질이 있는가를 가늠하는 것 같았다. 하지만 백기사는 치통의 그리스도가 한국에서 온 흑기사를 도와주라고 보낸 메시지를 들었는지 눈을 껌뻑이며 미소로 화답했다.

"짐을 이리 주십시오."

백기사는 두 개의 소포를 싣고 간이 손수레를 밀고 갔다. 그는 하스앤하스의 매장 앞에 소포를 내려놓으며 이만하면 됐냐며 나에게 눈결로 물었다. 나는 고마운 마음을 담아 백기사에게 손을 내밀어 악수를 청했다. 백기사의 손은 거칠었지만 따뜻했다.

"감사합니다. 도움이 됐습니다."

“별 말씀을요. 저도 도울 수 있어 기쁩니다.”

백기사는 자기의 길을 갔다. 그가 밀고 가는 빈 수레의 바퀴는 포석의 요철을 넘나들며 달달 소리를 내며 굴러갔다. 그의 따듯한 손으로 수레바퀴가 굴러가면서 세상이 굴러갔다.

🍃 왈츠는 세 박자다

하스앤하스의 출입문 앞에 소포 두 개가 놓였다. 더는 택시기사가 승객을 기만하고 나 몰라라 하면서 슈테판 광장에 내팽개친 물건이 아니다. 보성 농민의 사랑과 슈테판 광장을 수호하는 백기사의 호위를 받아 보물의 성에서 온 순례자이며, 치통의 그리스도가 안내한 길을 따라온 손님이다. 하스앤하스로 들어가니 에바를 나를 반겼다. 에바에게 출입문을 가리키며 말했다.

“손님이 밖에서 기다리고 있습니다. 잠시 밖으로 나가실까요.”

에바는 웬 손님이 문 밖에서 기다리나 하며 의아한 표정으로 나를 따라나섰다. 나는 오른손으로 정중하게 소포를 가리키며 말했다.

“보성에서 온 공주님입니다. 시베리아와 알프스를 넘어 비엔나에 오셨습니다.”

에바는 나와 시선을 맞추며 믿어지지 않는다는 표정으로 물었다.

“이걸 공사님이 직접 가지고 오셨나요? 그런데 어떻게 슈테판 광장으로 오셨나요? 여기는 자동차가 들어오지 못하는데 믿어지지 않습니다.”

에바는 함박웃음을 지었다. 에바의 표정에서 스리랑카에서 코끼리를 타고 꽃을 뿌려주는 산을 올라갈 때 느꼈던 감동을 회상할 때보다 큰 기쁨이 배어나왔다. 활시위를 떠난 감동의 화살이 에바의 심장에 꽂혔다. 치통의 그리스도가 10점 만점에 10점이라고 선언했다. 하지만 치통의 그리스도는 여전히 곤혹스러운 모습이었다. 그는 이제야 너희들이 제대로 소통한다면서 그 전에는 도대체 무엇을 했냐고 묻는 표정이었다.

에바는 기대에 찬 표정으로 말했다.

"언론사의 담당자들에게 보낼 보도자료를 마무리했습니다. 콘셉트는 '세계의 명차, 한국의 황금녹차World Noveltea, Korean Gold Tea'입니다. 적어도 열 명 이상의 언론인이 론칭 행사에 참석하겠지요."

"그렇게만 된다면 정말 좋지요."

에바는 반신반의하는 내 모습에 못마땅해하는 표정을 지었다.

"가능합니다. 이번 행사에는 스토리가 있어 언론에서 관심을 둘 겁니다. 황금녹차가 그 역할을 할 테고요."

오늘은 일진이 썩 좋지 않은 날이었다. 택시기사에게 기만을 당하더니 에바의 눈총도 받았다. 페터가 카페로 들어왔다. 에바는 페터에게 보성에서 온 소포가 슈테판 광장에 등장한 사연을 설명했고, 페터는 나에게 뜻밖의 선물을 내놓았다.

"중정의 저희 전용 주차장에 공사님이 이용하실 주차공간을 마련하지요. 독일기사단의 보물박물관 입구로 들어오시면 됩니다."

페터는 나에게 주차공간을 내주었다. 그곳이 어떤 곳인가? 모차르트가 바람을 쐬러 나왔던 곳이며, 하이든이 산책을 했던 곳이다.[2] 독일기사들이 칼을 차고 활보했던 곳이며, 지금은 품질이 좋고 명성이 높은 독일 자동차들이 늘어선 곳이다. 한국의 그랜저가 슈테판 광장에 들어가게 됐다. 독일기사단에서 휴식을 취하고 있는 독일 자동차들과 친구처럼 지내게 됐다. 나를 기만하고 도주한 택시기사가 결과적으로 독일 자동차와 그랜저를 이웃사촌으로 만들어주면서, 에바에게 코끼리보다 큰 감동을 선사했을 뿐만 아니라 나와 페터의 마음의 간격도 좁혀주었다. 전화위복이라는 말이 어떤 상황에서 나왔는지 이제야 알 것 같았다.

페터에게 한국에서 찍어온 사진들이 궁금해서 물었다.

"이번에 보성에서 찍은 사진들은 잘 나왔는지요?"

페터는 무엇을 고를까 하며 행복한 고민을 했다.

"사진이 많아 어떤 것을 고를까 고민이네요. 그중에서 열 장 정도를 골라 이미지 컷으로 사용할까 합니다."

"사진 선정은 어떻게 하시나요?"

"저의 그래픽 디자이너가 함께 작업합니다. 그런데 이번에는 공사님의 도움이 필요합니다. 이번 사진에는 한국인의 정서를 반영하고 싶군요. 알프스 산장에서 함께 작업을 하시지요. 다음 주 토요일이 좋아 보입니다."

수첩을 꺼내 일정표를 보았더니 공교롭게도 그날은 남아공월드컵에 출전한 한국 국가대표팀의 그리스전이 있는 날이었다. 알프스 산장에서 축구 중계방송을 볼 수 있을지 궁금해서 반신반의하며 페터에게 물었다.

"그날 오후에 한국과 그리스의 월드컵 축구 경기가 있군요. 알프스 산속에서도 월드컵 중계방송을 볼 수 있나요?"

그 말에 페터는 어이가 없다는 표정을 지었다.

"산장에 케이블 방송과 위성방송이 설치되어 있지요. 저희도 아리랑TV를 보면서 한국 얘기를 합니다."

"초대해주셔서 감사합니다. 반드시 시간을 내서 방문하겠습니다."

"토요일 아침에 일찍 오십시오. 뒷산에서 등산을 할 수 있고 말도 탈 수 있지요. 그리고 오후에 축구를 보면 좋을 것 같군요. 그런데 제게 고민이 있습니다. 보성에서 봄날의 차밭 사진은 많이 찍어왔지만, 여름 차밭과 가을 차밭 사진이 없군요."

"보성군은 계절별로 찍은 좋은 차밭 사진을 가지고 있을 겁니다. 한국의 텔레비전 광고에도 보성 차밭이 나오는데 아름답지요. 그걸 사용하면 되겠군요. 그런데 상품의 도안에는 어떤 문구가 들어가나요?"

에바는 도안의 문구는 자기 소관이라는 듯, 나와 페터의 대화에 끼어들었다.

"'한국 녹차Korea Gruner Tee'와 '하스앤하스 빈Haas & Haas Wien'이라는 문구가 들어갑니다. 홍차에는 '한국 홍차Korea Schwarz Tee' 3)라는 문구가 들어가지요."

"그러면 보성의 이름은 어디에 들어가나요?"

에바는 질문을 기다렸다는 듯이 거침없이 답변했다.

"뒷면에 있는 제품 표시란에 들어갑니다."

하스앤하스는 세계 도처에서 차를 벌크로 수입해 비엔나에서 포장하고 자사의 상표로 판매하기 때문에 생산자의 명칭은 표시하지 않는 것을 원칙으로 한다. 하지만 "한국 녹차의 비엔나 진출을 위한 협약"에는 하스앤하스의 상표에는 보성의 명칭을 표기하도록 명기되어 있는데 에바는 그 내용을 깜빡하고 잊은 것 같았다. 그렇다고 처음부터 협약서의 조문을 거론할 필요는 없어 문제를 부드럽게 풀자고 생각하면서 정중하게 제안했다.

"인도의 아삼과 다르질링의 차들도 생산지역을 표시해서 손님의 선택을 존중합니다. 한국에는 보성녹차뿐만 아니라 제주설록차나 하동녹차도 있어 비엔나에서 그냥 한국 녹차라고 표시하면 이곳 소비자들이 한국 녹차의 생산지역을 알지 못합니다. 상품의 문안에 보성을 표기해야 차별화가 됩니다. 도안의 문구를 'Korean Boseong Gruner Tee, Haas & Haas Wien'으로 하면 어떨까요?"

페터는 가볍게 고개를 끄덕였다.

"그 문제는 주말에 산장에서 논의하시지요."

페터의 말에 슈테판 광장에서 고개 히니를 제대로 님은 것 같은 느낌이 들었다. 서두르지 말자. 왈츠는 세 박자다. 원 스텝One Step, 투 스텝Two Step, 쓰리 스텝Three Step이다. 파트너의 스텝에 유의하고, 몸짓에 호응하고, 함께 리듬을 타야 우아한 왈츠가 완성된다고 혼잣말하면서 하스앤하스 카페를 떠났다.

🌿 자랑스럽지만 자충수도 될 수 있다

보성에 메시지를 보내 비엔나에서 보성의 여름과 가을 차밭 사진이 필요하다고 하니 노정이 계장이 시원시원하게 답변했다.

"좋은 사진이 있습니다. 사진 파일들을 엄선해서 비엔나로 보내겠습니다."

기쁜 소식을 전하고자 에바에게 전화했는데 돌아온 반응은 아닌 밤중에 홍두깨였다. 수화기에 에바의 불안해하는 목소리가 들렸다.

"지난번에 보내주신 녹차의 샘플을 맛보고 평가했습니다. 제 친구들도 어디서 이렇게 좋은 녹차를 구했냐고 하면서 부러워하네요. 그런데 녹차 가격이 너무 비쌉니다. 어렵게 좋은 녹차를 구했는데 이 문제를 어떻게 풀어야 할지 모르겠군요. 왜 한국 녹차가 이렇게 비싼가요? 혹시 보성에서 저희에게 제시한 가격이 한국의 소비자가격이 아닌가 하는 생각도 들었습니다."

이런 낭패가 있나? 막연한 불안이 현실로 닥쳤다. 시장의 역습이 시작됐다는 느낌이 들었다.

"제가 보성에 연락해서 비엔나에 보낸 샘플의 가격을 확인하겠습니다. 그리고 가격을 조정할 수 있는지도 알아보고요. 보성녹차가 비싸다고 하셨는데 사연이 있겠지요. 잘 조정될 겁니다."

가격이 관건이 된다? 지금까지 여러 고개를 어렵게 넘어오면서 정상이 저기 보인다고 생각했는데 이번에는 지도에도 없는 험준한 산을 제대로 만난 것 같았다. 노정이 계장과 급하게 전화를 연결했다.

"보성녹차 가격이 비엔나 시세에 비해 너무 비싸다고 하네요. 그러면서 비엔나에 제시한 가격이 한국의 소비자가격이 아닌가 하는 의심도 하는 것 같고요. 우선 이 부분을 확인해주시지요."

노정이 계장의 목소리가 움츠러들었다.

"저희 나름대로 조정한 도매가격인데 비싸다고 하니 곤혹스럽군요. 한국의 소비자가격은 훨씬 비쌉니다."

"그런데도 가격이 비싸다니 보성에서 제공한 녹차의 품목과 단가가 궁금하군요."

노정이 계장이 조심스럽게 말했다.

"저희가 샘플 목록과 단가표를 소포 안에 넣어서 공사님이 보지 못하신 것 같군요. 자료를 이메일로 보내드리지요."

이메일로 온 30여 개의 샘플 목록에서 제시한 단가를 살펴보니 부담이 되는 가격이었다. 그중에서도 보성녹차의 최상품인 우전의 도매가격은 비엔나에서 판매되는, 일본 녹차의 지존이라는 교쿠로의 소비자가격에 육박했다. 자랑스럽지만 자충수도 될 수 있다! 과연 누가 비엔나에서 인지도가 없는 보성녹차 우전을 아시아의 명품 녹차로 자리 잡은 교쿠로보다 비싼 가격에 살 것인가? 보성녹차의 납품 희망가격을 보며 고심하는데 노정이 계장의 전화가 왔다.

"보내드린 자료는 받으셨는지요?"

"지금 보성에서 제시한 단가는 이곳의 소비자가격보다 훨씬 고가입니다. 그런데 한국 녹차가 일본 녹차보다 비싼 것이 이해되지 않네요."

노정이 계장의 방어가 시작됐다.

"우전의 경우는 일일이 사람의 손으로 수확하기 때문에 비쌉니다. 한국도 인건비가 많이 올랐습니다."

"일본 교쿠로도 사람의 손으로 수확하는 것으로 알고 있습니다.

일본이 우리보다 인건비가 비싼데 녹차는 우리보다 저렴하니 그게 이상하군요. 군수님께 이곳 상황을 말씀드려보시지요. 저도 하스 여사를 만나서 그쪽의 얘기를 들어보겠습니다.”

노정이 계장도 사태의 심각성을 파악했는지 나에게 당부의 말을 덧붙였다.

“군수님께 보고 드리고 대책을 마련하지요. 공사님도 하스앤하스에 말씀을 잘해주시기 바랍니다.”

“다음 주말에 하스 가족의 알프스 산장에 갑니다. 하스 여사가 보성녹차를 평가하고 별의 숫자로 등급을 매겼다고 했으니, 좋은 등급을 받은 품목의 가격조정이 가능하다면 답을 찾을 수 있겠지요.”

🍃 병 주고 약 주고

며칠 뒤, 비엔나에 초여름 더위가 찾아왔다. 오후가 되면 집에 있는 엘리베이터 안이 뜨끈뜨끈해졌다. 엘리베이터가 건물 외벽에 설치된 탓에 실내온도가 날씨에 민감하게 반응하기 때문이다. 엘리베이터가 ‘윙’ 하고 올라가다 덜컹하며 섰다. 계기판의 경보 등에 빨간 불이 들어오더니 엘리베이터가 ‘꿍’ 하고 1층으로 떨어졌다. 더운 날씨에 엘리베이터 안이 찜통이 되더니 전자회로에 이상이 생긴 것 같았다. 다시 4층 스위치를 눌렀다. 엘리베이터가 정상적으로 작동됐다. 고장이 날 수도 있으니 엘리베이터 회사에 연락해야겠다고 생각했는데 깜빡 잊었다. 그러나 망각이 주는 역습의 피해자는 내가 아니고 아내였다.

비엔나의 날씨가 변화무쌍하다는 말에 걸맞게 갑자기 찾아온 더위가 기승을 부렸다. 대사관 창문으로 보이는 독일 떡갈나무의 무성한 잎들도 더위를 먹었는지 잎이 처져 있었다. 핸드폰이 울렸다. 아내의 긴급 구조 요청이었다.

"엘리베이터가 갑자기 떨어졌는데 문이 열리지 않네요. 비상전화벨을 눌러도 응답이 없어요."

방심을 혼내는 역습이었다. 서둘러 사무실을 나섰다. 다행히 집까지는 자동차로 10분도 걸리지 않았다. 집에 있는 주차장에 차를 대고 뒤뜰로 향했다. 아내는 여전히 엘리베이터에 갇혀 있었다. 엘리베이터 회사에 전화했다. 수차례의 통화 신호 끝에 어렵게 교환원과 연결됐다. 교환원이 침착하게 대응하는 것을 보니 이런 유형의 사고를 처리한 경험이 많아 보였다.

시간이 제법 지난 뒤에 두 명의 구조대원이 왔다. 구조대원들이 건물의 2층 계단으로 올라가 엘리베이터의 스위치가 있는 쪽의 패널을 들어냈다. 패널 속에는 미로와 같이 복잡하게 얽힌 전자회로기판이 보였다. 구조대원이 고장 난 회로기판을 찾아 통째로 갈아끼웠다. '윙' 하며 엘리베이터가 2층에 도착했다. 엘리베이터의 문이 열리며 더운 열기가 뿜어져 나왔다. 땀범벅이 된 아내의 모습이 애처로웠다.

아내를 부축해 4층 계단을 한 발 한 발 올라가며 스티븐 스필버그의 영화를 떠올렸다. 제2차 세계대전 당시 폴란드의 아우슈비츠 유태인 수용소에서 가스실로 끌려가던 사람들의 생명을 구한 독일

기업가의 인간 드라마였다. 고장이 났던 엘리베이터의 회사 이름이 그 영화 제목과 같은데, 결과적으로 그 이름을 쓰는 회사의 구조대원들이 엘리베이터에 갇힌 한국 여성을 구조했다. 그 사람이 비엔나에 온 이방인에게 병 주고 약 주고 있었다.

🌿 그랜저, 알프스로 진격하다

결전의 날은 밝았다. 남아공에 있는 우리 국가대표 축구팀이 그리스와 첫 경기를 하는 날이며 하스 가족의 알프스 산장으로 가기로 약속한 날이다. 아침에 일어나 페터에게 전화했다. 그에게 아내가 엘리베이터에 갇혔다가 구조된 상황을 설명하면서 이번에는 부득불 혼자서 산장에 갈 수밖에 없다면서 양해를 구했다. 일이 원하는 대로 굴러가지 않아 페터의 알프스 산장에서 월드컵 축구를 보는 것은 물 건너간 사안이 되어버렸다.

그날 오후에 아내와 함께 텔레비전 앞에 앉았다. 드디어 그리스 전이다. 이정수가 골을 넣었다. 후반 7분 만에 터진 박지성의 골은 대한민국의 승리에 쐐기를 박았다. 그리스를 2:0으로 이겼는데도 날씨가 좋은 것을 보니 올림포스 산에 있는 제우스가 신들의 신답게 통은 큰 것 같았다. 동쪽 하늘의 끝에 손바닥만 한 구름이 보였다. 제우스의 한숨이 만든 구름 같았다. 그리스가 한국에 졌다고 분해서 눈물은 흘리지 않았지만 아쉬움에 한숨을 쉰 것일까? 언제 소나기구름으로 변할지 가늠할 수 없는 구름이었다.

자랑스러운 한국 자동차인 그랜저에 탔다. 현대자동차는 남아공 월드컵의 스폰서로서 지구촌에 인지도를 높이면서 대한민국의 브랜드 가치도 높이고 있었다. 페터가 준 보물지도를 꺼내 알프스 산장의 주소를 그랜저의 내비게이션에 입력했다. 애석하게도 그랜저의 내비게이션은 페터의 산장을 찾지 못했고, 여분으로 있는 예비 내비게이션도 결과는 마찬가지였다. 어떤 내비게이션은 산장을 찾지 못한다는 페터의 말이 씨가 됐다. 그 내비게이션이 내 것이었다. 그것도 두 대 모두가 페터에 말에 덜미를 잡혔다.

페터가 준 보물지도를 참고해서 길을 떠났다. 월드컵 공식 스폰서인 현대자동차의 그랜저를 이끌고 알프스로 진격했다. 그랜저는 그리스를 2:0으로 격파한 한국 축구대표팀의 기세를 등에 업고 잘츠부르크로 향하는 A1 고속도로의 안내표시를 따라 알프스의 고산 준령이 펼쳐지는 서쪽을 향해 기세등등하게 달렸다.

멀리 언덕의 왼쪽에 풍차들이 보였다. 풍력발전기인 현대시 풍차지만 날개가 달렸고 바람으로 돌아간다는 점에서는 『돈키호테』에 나오는 풍차와 원리는 같다. 언덕을 넘어가면 오른쪽에 바로크 예술의 황금 꽃을 피운 멜크 수도원^{Stift Melk}이 나온다. 그랜저는 풍차들이 거대한 팔을 돌리고 있는 언덕을 넘어 멜크로 향했다.

오른쪽으로 멜크 수도원이 보였다. 알프스의 서쪽 하늘로 향하는 태양에서 쏟아지는 광선이 황금색으로 치장한 멜크 수도원에 폭포처럼 퍼부었다. 멜크 수도원에서 뿜어져 나오는 황금색에서 황금녹차를 연상했다. 우리도 히든카드가 있었다. 마리아 테레지아가 사랑하고 클림트가 예술로 끌어올린 황금의 미학을 재현한 황금녹

차가 보성에 있다. 황금은 시공을 초월한 보물이다. 그런 황금이 보
성녹차에 들어 있기 때문에 다른 녹차들보다 비싼 것이라고 배짱을
내밀자며 그랜저를 힘차게 몰았다.

멜크 수도원 |

멜크 수도원은 오스트리아판 '전설의 고향'에 나오는 이야기들이 살아 숨 쉬는 도나우 강가에 핀 황금장미다.

멜크 수도원은 낯선 땅을 통과할 때는 소통을 잘해야 안전하다는 교훈이 살아 있는 곳이다. 천년 전, 아일랜드의 왕자인 콜로만 Saint Coloman of Stockerau 은 예루살렘으로 성지 순례를 가던 중에 비엔나 근교에서 체포됐고, 독일어를 하지 못해 적의 첩자로 몰려 처형당했다. 사후에 가톨릭교회의 성인으로 추대되어 멜크 수도원에 안장됐고, 그곳에서 영원한 안식을 취하고 있다.

멜크 수도원은 스토리텔링이 중요하다는 것을 보여주는 곳이다. 이곳은 이탈리아의

| 비엔나를 방문한 박근혜 특사_ 왼쪽부터 심윤조 주오스트리아 대사, 우르줄라 플라스니크 Ursula Plassnik 전 오스트리아 외교장관, 박근혜 특사, 슈테판 셰나흐 Stefan Schennach 오스트리아 상원의원, 베르너 아몬 Werner Amon 오·한의원친선협회 회장

소설가 움베르토 에코 Umberto Eco 의 세계적인 베스트셀러인 『장미의 이름』의 무대로 유명세를 타면서 멜크와 인근에 있는 바카우 계곡 Wachau Valley 을 유네스코의 세계문화유산으로 등록시킨 힘의 원동력이다.

멜크 수도원은 훼손된 문화재를 복원해 지역경제를 살린 유럽의 모범사례로 떠오른 곳이기도 하다. 박근혜 특사는 2009년 8월 하순에 멜크 수도원을 방문해, 본인의 발의로 국회에서 통과된 「문화재보호기금법」이 제대로 시행되려면 어디에 방점을 찍으며 정책을 추진할 것인지 유럽의 살아 있는 성공사례를 꼼꼼히 살피고 갔다.

바이트호펜은 입스 강의 상류에 있는 인구 1만 명의 도시다. 15세기에는 200여 개의 대장간이 있던 도시로서 용맹스럽던 합스부르크 전사들의 칼과 창을 만들던 곳이다. 그러나 세월의 부침으로 대장간들은 문을 닫았고 지금은 생태환경도시로 거듭났다.

그랜저는 입스 강의 물줄기처럼 굽이굽이 휘돌아가는 도로를 따라갔다. 페터의 지도를 눈 흘김으로 보며 차를 몰았다. 그랜저는 경사진 골짜기로 들어섰지만 골짜기를 따라 아스라이 이어지던 폭이 좁은 도로는 멀리 보이는 산자락과 연결되는 곳에서 사라졌다. 아차! 길을 잘못 들어섰다.

알프스의 골짜기에서 길을 잃었다. 페터의 산장으로 올라가는 길이 술래가 되어 나를 놀렸다. 나 잡아봐라 하면서 이곳저곳에서 머리를 내밀고 유혹하며 헛걸음하게 했다. 그래도 그랜저는 현명했다. 그랜지가 산으로 진입하는 길을 보고 알프스의 산 위로 올라갔다. 굽이굽이 휘돌아가는 산길을 따라가니 오른쪽에 제법 큰 알프스의 농가가 보였다. 페터의 산장이었다. 산장은 아름드리나무들에 숨겨져 있어서 그 크기와 규모는 한눈에 들어오지 않았다.

산장의 앞마당에는 페터의 애마인 지프차가 제법 큰 건초창고 옆에서 한가로이 낮잠을 자고 있었고, 뒷마당에 있는 야외 수영장에는 알프스의 실개천에서 끌어왔을 것 같은 맑은 물이 산바람에 찰랑거렸다. 산장의 대문은 알프스의 비바람과 눈보라에 퇴색된 두꺼운 목재로 되어 있어 한눈에 산장의 연륜이 꽤나 오래됐다는 것을

알 수 있었다. 둔탁해 보이는 대문을 두드리니 문이 조심스럽게 열
리면서 에바가 미소를 지으며 나타났다.

"페터는 마구간을 치우고 있습니다. 거실로 가서 차를 한잔하시
지요."

에바를 따라가는데 뒤에서 페터의 목소리가 들렸다. 뒤를 돌아
보았다. 페터는 마구간을 치우는 목부의 복장인 배꼽까지 올라오는
고무 바지를 입고 나를 향해 손을 흔들고 있었다. 상의를 입지 않아
서 100킬로그램에 육박하는 페터의 두터운 가슴과 건장한 어깨는
통째로 노출되어 마치 프로 레슬러가 챔피언 벨트를 들고 링 위에
서 관중을 향해 포즈를 취하는 모양새였다. 페터는 하던 일을 마무
리 짓겠다면서 마구간으로 향했다.

에바를 따라갔다. 거실로 들어가니 알프스 산장 분위기가 물씬
풍겼다. 벽에 걸려 돌출된 박제된 사슴의 머리와 그 뿔들, 그 아래
걸린 작은 액자 다섯 개에 담긴 빛바랜 풍경화, 코발트색 햇살이 쏟
아져 들어오는 창문을 배경으로 탁자에 단아하게 놓인 꽃병과 거기
에 꽂힌 순백의 야생화에서 산장 주인의 소박함과 진솔함이 묻어나
왔다. 창밖에는 알프스의 산자락을 감싼 푸른 나뭇잎들이 바람에
파도처럼 출렁거렸다.

하스 부부와 야생화를 사이에 두고 대화를 나눴다. 에바가 우려
낸 인도 다르질링 홍차의 향이 은은했다. 건장한 목부였던 페터는
알프스 산장의 정중한 주인으로 어느새 변신했다. 페터는 갑자기
무엇을 떠올렸는지 자리에서 벌떡 일어나 오른손을 내밀어 나에게
악수를 청했다.

2:0이 그려진 알프스의 쿠키 |

"축하합니다. 오늘 월드컵에서 한국이 그리스를 2:0으로 이기는 것을 봤습니다."

에바는 작은 접시를 가져왔다. 접시에는 다섯 개의 동그란 쿠키와 네 개의 막대 쿠키가 놓여 있었다. 원형 쿠키들에는 붉은색이 들어간 설탕으로 수를 놓은 것 같은 숫자가 쓰여 있었다.

2:0.

월드컵에서 대한민국이 그리스를 이긴 것을 기념해 만든 쿠키였다. 2:0이라는 숫자에 알프스 산장을 찾아온 손님을 배려하는 주인의 따뜻한 마음이 담겨 있었다.

새소리에 잠이 깼다. 야생화의 향기가 바람에 출렁거리는 나뭇잎 사이에서 뿜어 나왔다. 주방에서 끓이는 커피의 향이 계단을 타고 3층으로 올라왔다. 커피 향을 따라갔다. 오랜 세월을 견디며 알프스의 산장을 지켜온 두툼한 목재의 마룻바닥이 낯선 사람의 체중을 감지하며 삐걱거렸다. 페터는 커피머신 앞에서 신문을 보다가 내가 내는 인기척에 뒤를 돌아보며 말했다.

"에바는 일요일에 늦잠을 잡니다. 저에게 손님의 아침을 챙겨주라고 하더군요. 바이트호펜으로 빵을 사러 가려고 합니다. 산책 삼아 한번 가보시지요."

바이트호펜의 시내 중심에도 광장이 있었다. 위용을 자랑하는 첨탑이 있는 교회가 지척에 있고, 세월의 풍상을 겪으면서도 존엄을 잃지 않는 관공서 건물들도 광장 주변에 산재했다. 페터의 지프차가 서점 근처에 있는 주차장에 섰다. 그는 차에서 내려 기운차게 새벽바람을 가르며 제과점으로 향했다. 주인으로 보이는 은발의 빵집 할머니가 페터와 시선을 맞추며 안부를 물었다.

"부모님은 여전하신지요? 이곳을 떠나신 뒤 자주 들리지 않으시네요. 제 안부를 전해주세요."

페터는 겸손한 모습으로 고개를 끄덕였다.

"잘 계십니다. 연세가 있으셔서 비엔나로 모셨는데 여기를 그리워하시네요. 안부를 전해드리겠습니다."

제과점을 나왔다. 페터의 발길이 서점으로 향했다. 서점의 문은 굳게 닫혀 있었다. 페터는 유리창을 통해 서점의 안을 살피며 말했다.

"이 서점은 아버님이 은퇴하신 뒤 문화 사업을 하시려고 문을 연 곳입니다. 연로하셔서 일에서 손을 떼고 다른 사람에게 서점을 맡기셨지요. 아버님의 문화 사업은 제가 이어가려고 합니다. 여기는 목이 좋아 그런대로 경영이 잘되는 편이지요."

"어르신께서는 은퇴를 하시기 전에 무슨 일을 하셨는지요?"

"≪크로넨 자이퉁 Kronen Zeitung≫에 계셨습니다."

크로넨 자이퉁은 오스트리아 최대 발행부수를 자랑하는 종합 일간지다. 페터가 구상하는 포르타 덱스트라의 문화 사업이 떠올랐다. 비엔나의 슈테판 광장에 도시의 삶에 지친 사람들을 위한 문화 공간을 만들고 싶다던 페터의 말이 우연이 아니었다. 언론인이었던 페터의 부친이 아들의 정신세계를 든든하게 받쳐주고 있었다. 그 흔적이 바이트호펜의 서점에 큰 바위 얼굴처럼 새겨져 있었다. 유리창을 통해 서점 안을 들여다보며 생각했다.

'펜은 칼보다 강하다고 했다. 합스부르크 왕조를 지탱하는 칼을 만들던 바이트호펜의 200개가 넘던 대장간들은 폐허가 되어 역사 속으로 사라졌지만, 펜은 살아남아 저 서점에서 지혜를 후손에게 전하고 있다.'

페터는 빵 봉지를 자동차 뒷좌석에 놓고 어디론가 가자며 길을 재촉했다.

"여기도 볼거리가 제법 있습니다. 따라오시지요."

산책하자는 페터의 말속에는 바이트호펜의 문화탐방도 포함됐던 것이다. 페터와 함께 탑들이 아름답다는 바이트호펜 시내를 둘

러보았다. 크기가 다른 두 개의 양파를 겹쳐 놓은 모양의 탑이 보였
다. 바이트호펜의 시민들이 오스만제국군의 침공을 격퇴한 것을 기
념해 세운 전승기념탑이다. 페터는 오른손으로 탑을 가리키고 나에
게 바이트호펜의 역사를 들려주었다.

"저 탑은 17세기에 오스만제국군이 바이트호펜을 공격했을 때,
500명의 시민이 오스만제국군을 물리치고 그들이 퇴각할 때 버
리고 간 전리품을 챙겨 만든 전승기념탑입니다. 그래서 터키인들
은 여기를 싫어하지요. 하지만 프랑스인들은 이곳을 좋아합니다.
1809년에 나폴레옹의 군대 4만 명이 이곳을 점령해서 주둔했기 때
문이지요.

전쟁터에 나온 병사들이 이렇게 아름다운 경관에 멋진 성과 탑
들이 즐비한 숙영지를 어디서 찾겠습니까? 게다가 이곳에서 전쟁에
필요한 총과 칼도 구할 수 있으니 나폴레옹에게는 전략의 요충지였
지요. 이곳은 비엔나로 진격하기도 유리하고 파리로 퇴각하기에도
적절한 장소였습니다."

바이트호펜 관광의 하이라이트라는 로스차일드 성 Rothschildschloss
으로 향했다. 비엔나의 슈테판 광장에 하스하우스 Haas Haus 를 설계
한 한스 홀레인 Hans Hollein 의 작품이 있는 성이다. 한스 홀레인은 로
스차일드 성의 망루 위에 직사각형의 유리 구조물을 설치해 바이트
호펜의 시민들과 건축가들의 논쟁을 불러일으켰다. 로스차일드 성
의 유리 망루는 노이즈 마케팅 Buzz Marketing 덕분으로 유명세를 타면
서 바이트호펜을 찾는 관광객들의 주요 볼거리가 됐다. 유리 망루
는 미국의 아방가르드 건축가인 이오 밍 페이 I. M. Pei 가 파리의 루브

로스차일드 성의 유리 망루 ⓒ페터 하스 |

르 박물관에 세운 유리 피라미드를 연상시켰다.

통념을 깨는 발상이었다. 바이트호펜을 공격하는 적의 동태를 파악하기 위해 석회암으로 단단하게 쌓아 올린 망루의 꼭대기에 가장 깨지기 쉬운 건축 재료인 유리로 만든 직사각형의 구조물을 더한 건축가의 상상력이 놀라웠다. 저 유리 망루가 처음 공개됐을 때에는 페이의 유리 피라미드만큼이나 뜨거운 논쟁을 불러일으켰을 것이다. 페터는 유리 망루의 주제에 공감하지 않았다.

"역발상으로 마케팅을 하는 것도 필요하지만 우리가 소중하게 지켜야 할 가치는 지켜야 합니다. 저 유리 망루는 바이트호펜의 전통과 가치를 반영하지 못하고 있지요. 마음에 들지 않습니다."

유리 망루를 올려다보았다. 석회암을 수직으로 쌓아 올린 망루는 알프스의 푸른 하늘을 뚫고 당당하게 서 있었다. 그 위에 유리 구조물이 도끼날처럼 아침 햇살에 번쩍였다. 돌과 유리의 대비가 주는 메시지가 선명했다. 한스 홀레인이 슈테판 광장에 하스하우스를 선보였을 때도 비엔나에 논쟁을 불러일으켰다. 건물이 마치 수영장의 다이빙 보드 같다는 혹평도 있었지만 지금은 비엔나의 유명 현대건축물로서 랜드마크가 됐다. 로스차일드 성의 유리 구조물도 논쟁을 불러일으키고 있다. 저 유리 망루도 루브르 박물관의 유리 피라미드만큼이나 관광객들의 주목을 받는 랜드마크가 될 것인지 귀추가 주목됐다.

🌿 드디어 탄생하다. "비엔나 보성녹차"

산장에서 페터와 아침식사를 마치고 인도의 다르질링 차를 마셨다. 페터는 한국에서 찍어온 사진을 천연색으로 출력한 사진첩을 펼쳤다. 사진은 어떤 것을 골라도 무난하게 쓸 수 있을 만큼 아름다웠다. 사진을 보니 심미주의자인 페터의 안목이 뛰어나 보였다. 페터에게 물었다.

"한국에서 이렇게 아름다운 사진들을 찍어 오실 줄을 몰랐습니다. 그런데 경제학을 공부하면서 언제 사진촬영 기법은 익히셨나요?"

페터가 조금은 수줍어했다.

"저야 아마추어지요. 덕분에 제 작품이 들어간 상품이 만들어지니 원가절감도 돼서 사업에 도움이 됩니다. 이래저래 카메라는 좋은 친구입니다."

페터는 많은 사진들 중에서 어떤 것을 골랐는지 궁금했다.

"한국 녹차 기획전에 사용할 사진들은 선정했는지요?"

"제가 생각하는 이미지와 한국인의 미적 감각이 다르기 때문에 한국인에게 제 사진이 어떻게 비춰질까 궁금합니다. 공사님의 의견을 듣고 싶습니다."

"사장님께서 마음에 둔 사진들은 어떤 것인가요?"

페터는 사진첩을 천천히 넘기며 자신이 선정한 사진을 오른손 검지로 가리켰다. 그는 자기가 지목하는 사진에 만족하는 나를 보며 안도하는 눈치였다. 남이 좋은 것은 나도 좋은 것이 인지상정이다.

페터는 안경을 고쳐 쓰며 말했다.

"보성의 여름과 가을 차밭이 나오는 사진이 필요합니다. 보성에서 오는 파일에 기대를 합니다."

"보성에서 좋은 사진을 보내올 겁니다. 걱정하지 마십시오. 그런데 보성녹차의 상품명은 정하셨나요?"

페터는 크게 인심을 쓰는 모습으로 고개를 끄덕였다.

"공사님의 희망을 담았습니다. 보성에서 좋은 사진이 오면 작품이 나오겠지요."

드디어 대한민국 녹차 브랜드 파워 1위인 "KOREA BOSEONG GRUNER TEE"와 오스트리아 최고의 명성을 자랑하는 차 판매점인 "HAAS & HAAS WIEN"이 만나 "비엔나 보성녹차"를 탄생시켰다.

KOREA BOSEONG GRUNER TEE

HAAS & HAAS WIEN

🌿 알프스의 모세

페터는 찻잔을 탁자에 내려놓으며 나에게 물었다.

"여기는 체험할 수 있는 일들이 많습니다. 등산을 할 수 있고, 말을 탈 수 있고, 잔디를 깎을 수 있고, 사우나를 할 수 있고, 산책을 할 수도 있습니다. 무엇을 하고 싶으신가요?"

"승마는 부담됩니다. 혹시 낙마라도 하면 다칠 것 같군요."

페터는 말은 타지 않겠다는 내 말에 실망스러운 표정을 지었다. 아무래도 페터는 승마를 가장 자신 있게 권하는 프로그램으로 생각한 것 같았다.

“먼저 산에 올라갑시다. 알프스의 정취를 느낄 수 있지요. 그리고 함께 집 앞의 잔디를 깎지요. 잔디를 깎는 좋은 장난감이 새로 왔습니다. 그 뒤에 사우나를 하지요. 오후에는 에바가 공사님과 얘기를 하고 싶어 하네요. 가능하면 오전 중에 일을 몰아서 보는 것이 좋겠군요. 이곳은 날씨가 변덕스러워 오후에는 소나기가 올 수도 있습니다.”

페터는 이벤트 기획가의 역할을 자임하고 나섰다. 원래 이런 유형의 이벤트는 사람과 사람 사이에 놓여 있는 장벽을 제거하며 서로서로 편안한 마음으로 교감하는 자리를 마련해준다. 등산을 하고, 잔디를 깎고, 사우나를 함께 하면 서로 편안한 사이가 될 수 있다. 그래서 페터는 알프스 산장에 소통의 공가을 마련하고 흉심단회하게 이야기하자며 나를 이곳으로 초대한 것 같았다.

건초 창고로 갔다. 페터는 건초 창고에서 자기 키만 한 나무 지팡이를 들고 나왔다.

“우리가 올라갈 산까지는 제법 머니 차를 타고 갑시다.”

페터의 지프차에 몸을 실었다. 피터의 애마인 그랜드 체로키는 기운차게 알프스의 산길을 올라가며 아스라이 보이는 산의 정상으로 향했다. 제법 높아 보이는 정상은 삼각형의 모양으로 옅은 구름에 잠겨 있어 마치 신부가 하얀색의 베일로 얼굴을 가린 것 같았다. 지프차가 붕붕 소리를 내며 구름에 덮여 있는 정상을 향해 전진했

다. 페터에게 물었다.

"정상까지 자동차로 갈 수 있나요?"

"저 앞에 보이는 철조망까지만 차가 갈 수 있습니다."

정상을 향하는 오솔길 앞에 철조망이 쳐져 있었다. 철조망은 방목하는 젖소들이 목초지를 이탈하지 말라고 쳐놓은 울타리로, 삼태기 모양으로 생긴 분지를 향해 줄을 지어 달렸다. 그랜드 체로키가 철조망 앞에 도착했다. 페터는 나무지팡이로 철조망의 한쪽을 눌러 길을 만들면서 육중한 다리를 번쩍 들어 철조망을 넘었다.

철조망 너머로 다른 세상이 펼쳐졌다. 능선을 따라 사람의 발길로 만들어진 오솔길이 정상을 향해 굽이치며 올라갔다. 서예의 초서체처럼 부드러운 선으로 이어지는 오솔길은 하늘과 맞닿은 정상의 완만한 삼각형 실루엣 속으로 빨려 들어갔다. 정상의 부드러운 삼각형은 나를 보고 반갑다고 하면서 어서 오라고 손짓했다. 페터와 함께 정상을 향해 걸어갔다. 페터의 걸음이 처졌다. 올라온 길을 되돌아보았다. 산 아래 분지의 목초지를 배경으로 알프스의 고산 준봉이 아스라이 펼쳐졌다. 알프스의 골짜기에서 파도처럼 물결치고 피어오르는 안개는 하얀 나비처럼 날갯짓하며 산의 정상을 향해 솟아올랐다. 페터는 듬직한 나무지팡이에 몸을 기대고 안개에 자태를 감추는 분지 목초지를 보며 말했다.

"이곳은 신비하면서 아름답다고 소문이 난 곳입니다. 분지에 안개가 피어오르면 금상첨화지요. 여기는 사진이 예쁘게 나오기 때문에 사진작가들이 즐겨 찾는 곳이기도 합니다. 이곳의 능선과 분지는 오스트리아 영화에도 자주 등장하는, 알프스의 보석과 같이 아름다운 곳이지요."

정상의 삼각형을 향해 걸음을 옮겼다. 페터는 숨이 차는지 자꾸 걸음이 처졌다. 하기야 그의 나이와 체중을 감안하면 알프스의 산을 거침없이 오르기에는 버거울 것이다. 그래도 커다란 지팡이를 들고 호기 있게 산행하는 페터의 모습에서 '모세가 양 떼를 몰고 광야의 서쪽으로 갔다'는 출애굽기의 내용4)이 떠올랐다.

페터는 숨을 헐떡거리면서 손수건을 꺼내 이마에 송송 솟아나는 땀을 닦았다. 정상을 가렸던 구름이 바람에 밀려났다. 산에서 불어오는 바람이 내 몸을 휘감았다. 분지를 보았다. 날개를 펄떡이며 산의 정상을 향해 솟구치던 안개는 분지로 달음질치는 바람을 따라 골짜기로 밀려갔다. 페터는 듬직한 지팡이를 들어 분지를 가리켰다.

"아! 안개가 개네요. 이곳은 정말 아름답고 신비롭습니다. 올 때마다 감동하지요. 오늘은 안개가 산의 정상으로 피어오르다가 마치 썰물처럼 골짜기로 다시 밀려가니 장관이군요."

페터는 거친 숨을 몰아쉬었다. 페터가 의지하는 지팡이를 보니 마치 할리우드의 영화 〈십계〉에 나왔던 모세의 지팡이를 보는 듯했다.

"사장님의 지팡이는 모세의 지팡이 같군요. 모세의 지팡이가 홍해를 가른 것처럼,[5] 사장님의 지팡이도 알프스의 구름을 갈랐습니다. 앞으로 사장님을 '알프스의 모세'라고 부르겠습니다."

"그럼 모세처럼 지팡이를 앞으로 내밀어보지요."

페터는 골짜기를 향해 지팡이를 내밀었다. 알프스의 고산 준봉에서 부는 바람이 구름처럼 솟아오르던 안개를 골짜기로 몰아갔다.

🌿 남의 애마를 타다

산장으로 돌아왔다. 에바는 식탁에서 차를 마시며 신문을 보고 있었다. 에바의 모습을 보니 갑자기 알프스의 신선이 자신이 살던 천상에서 지상의 인간이 사는 속세로 내려온 것 같았다. 에바가 나에게 물었다.

"아침부터 분주하시네요. 다음에는 무엇을 하실 건가요?"

"잠시 후에 잔디를 깎을 겁니다."

잔디를 깎는 페터 하스 |

"그럼 잔디를 깎은 후에 점심을 드시면 되겠군요."

페터는 건초 창고로 향했다. 그를 따라 건초 창고로 들어갔다. 페터의 육중한 몸이 건초 창고에 보관되어 있는 아담한 모양의 잔디 깎는 차에 실리니 쿨렁하며 차바퀴가 내려앉았다. 페터는 윙하고 차를 몰고 나갔다. 잔디 깎는 차가 농가 앞에 펼쳐진 목초지로 들어갔다.

그리고 보니 페터의 알프스 산장은 제법 쓸 만한 리조트였다. 이 산장에 머물면 문화탐방·산책·수영·말 타기·잔디 깎기·등산을 입맛에 맞는 대로 골라서 할 수 있다. 게다가 산장에 피로회복용 사우나까지 딸려 있으니, 이곳은 즐길 거리가 넘쳐 보였다. 이렇게 산장생활이 좋으니 하스 부부는 주말마다 이곳을 찾는 것 같았다. 게다가 배포가 맞는 사람을 초대해 소통하며 함께 추억 거리를 만드니 페터는 비엔나 기질의 인생을 제대로 즐기고 있었다.

페터의 잔디 깎는 솜씨는 보통이 아니었다. 잔디를 깎아놓은 자리는 마치 월드컵 축구장을 보는 것처럼 반듯했다. 하기야 그는 20년 이상 잔디를 깎았으니 달인의 경지에 도달했을 것이다. 페터는 한바탕 시범을 보이더니 잔디 깎는 차를 멈추며 나에게 잔디 깎기를 권했다.

"제가 하는 것을 보셨으니 따라해보세요. 이 애마愛馬는 타는 사람을 행복하게 합니다. 한번 타보세요."

알프스 산속에서 남의 애마를 탔다.

🌿 정면대결을 벌이다

야외 식탁에 점심상이 차려졌다. 에바가 특선 메뉴로 만든, 수국 꽃잎처럼 생긴 하얀 꽃을 튀겨낸 바이트호펜의 전통 꽃 요리도 나왔다. 페터와 함께 새벽 댓바람에 사온 빵도 우리가 구면이라며 반갑다고 눈짓했다. 식사를 마친 후에 에바는 나에게 인도의 차를 권했다.

"아삼의 좋은 차가 있습니다. 한번 맛을 보시겠습니까?"

인도 동북부의 아삼은 열대우림의 풍부한 강우량과 뜨거운 햇살 덕분에 향이 풍성하고 강력한 차가 생산되는 지역이다. 아삼은 세

알프스 산장의 야외 식탁 ⓒ페터 하스

계 차 생산량의 22퍼센트를 차지하는 인도 차의 55퍼센트를 생산
하는 대표적인 홍차 생산지역이다. 인도의 아삼 차는 한국 녹차와
개념이 다르다. 우리는 처음에 수확한 차를 최고로 여기지만 인도
의 아삼은 두 번째 수확한 차를 최고로 친다. 에바는 아삼 차를 내
잔에 따르며 말했다.

"지난번에 보성에서 맛을 본 발효차가 아삼 차와 유사합니다. 장
미향에 밤 맛이 나지요. 마치 아삼 차에 다르질링의 차를 블렌딩 한
것 같습니다. 미세한 차이가 있지요. 그런데 가격은 몇 배나 차이가
납니다. 그 가격으로는 비엔나에서 판매가 불가능합니다. 어떻게
이 문제를 풀어야 할지 걱정이군요."

에바가 곤혹스러워하자 페터는 곤경에 처한 동료를 구출하기 위
해 투입된 구원군이 되어 보성녹차와 정면대결을 펼치자며 칼을 뽑
았다.

"공사님, 보성녹차와 우리 차 매장에 있는 차들과 '블라인드 테
스트 Blindness Test'를 한번 해봅시다. 그러면 보성녹차의 가격이 적정
한지 바로 알 수 있지요."

블라인드 테스트는 선수들의 눈을 가리고 코끝에서 느끼는 향
과 혀끝에서 느끼는 맛으로 끝장 승부를 보는 서바이벌 게임이다.
후발주자가 선두주자의 브랜드 파워를 따라 잡으려고 띄우는 승부
수다. 펩시콜라가 신흥시장에 진출할 때 코카콜라가 구축한 아성
을 허물기 위해 사용했던 전략이기도 했다. 페터가 그런 대결을 하
자고 자원하니 함부로 응할 일이 아니었다. 당연히 조심스럽게 몸
을 사렸다.

"여사님이 워낙 뛰어나신 티 소믈리에시고, 하스 사장님이 세계의 주요 다원을 샅샅이 살피며 구입한 차들이니 맛과 향이 뛰어나며 가격이 저렴하겠지요. 보성녹차도 하스앤하스의 가족이 되면 그런 경쟁력이 생길 것 같군요. 적당한 기회에 하스앤하스에 먼저 입점한 상품들과 후발주자인 보성녹차가 자연스럽게 테스트할 기회가 오겠지요."

페터의 눈이 반짝거렸다. 그 눈빛에는 마치 도마뱀이 꼬리를 끊고 도망가듯이 적당히 피해가려는 나를 가만히 놓치지 않겠다는 투지가 넘쳐 보였다. 페터의 혈관을 흐르는 게르만의 원칙주의에 입각한 신념이 호두알처럼 단단하게 살아 나오며, 그 나름대로 논리와 명분을 갖춘 것이라 표현에도 거침이 없었다.

"블라인드 테스트를 하는 것이 좋겠습니다. 그래야 보성녹차의 가격이 과연 적절하지 판단하실 것 같군요."

"보성 분들이 비엔나에 오시면 블라인드 테스드를 하시도록 권해보겠습니다."

페터는 고개를 가볍게 끄덕이며 한 발 물러섰다. 페터의 표정을 보니 권한 없는 사람을 압박하는 것이 적절하지 않다고 판단한 것 같았다. 오죽하면 정중하고 유머 감각이 풍부한 페터가 블라인드 테스트를 하자고 했을까?

'정말 대단하십니다. 어떻게 블라인드 테스트를 생각하셨나요? 그런데 하스 사장님, 지금 저에게 휘두른 지팡이를 잘 보세요. 그 지팡이는 알프스의 모세가 구름을 가르던 지팡이입니다. 늑대를 쫓아내며 어린 양을 돌보던 선한 목자의 도구였지요. 그 지팡이로 어린 양과 같은 보성녹차를 돌봐주세요. 그러면 당신은 슈테판 광장의 녹차대전을 승리로 이끈 영웅으로 추앙받을 수 있습니다.'

페터와 내가 펼치는 작은 전투를 지켜보던 에바도 남편의 구원군으로 진격했다.

"보성녹차가 비싼 것이 이해가 되지 않습니다. 한국의 인건비는 일본보다 저렴한데 보성녹차는 왜 그렇게 비싼가요?"

에바는 따지며 들어왔다. 보성녹차는 왜 그렇게 비싼지 해명하라고 나를 압박했다. 나도 지난번 노정이 계장에게 물었을 때 한국도 인건비가 많이 올랐다는 설명에 해명이 궁색하다고 생각했지만, 그런 궁색한 말이라도 해야 하는 상황이 됐다.

"한국도 인건비가 많이 올랐습니다. 고급 녹차는 일일이 사람의 손으로 수확하기 때문에 인건비가 차지하는 비중이 큽니다."

페터의 반격이 시작됐다. 휘두르는 칼날에 블라인드 테스트를 하지 못하는 뒤끝까지 담겨 있었다.

"보성에 갔을 때 다원에서 차를 수확하는 기계를 봤습니다. 차를 기계로 수확한다는 증거지요. 우리는 일본에서 교쿠로를 수입하지만 보성녹차만큼 비싸지는 않습니다. 한국의 보성녹차가 일본의 명품인 교쿠로보다 비싼 것은 도저히 이해가 되지 않네요."

이곳이 어딘가? 신성로마제국과 합스부르크 왕조의 병사들의 칼과 창을 만들던 곳이다. 합스부르크의 전사가 칼날을 들이댄다. 왜 보성녹차가 그렇게 비싸냐며 실토하라고 심문한다. 어쩌다 상황이 이렇게 됐나? 하스 부부가 아시아의 차밭을 순례하며 심혈을 기울여 찾아낸 일본 시즈오카의 교쿠로와 인도 아삼의 홍차가 품질이 뛰어난데도 가격이 저렴한 것이 원인을 제공했을 것이다.

페터가 눈빛으로 묻는다. 보성녹차가 시즈오카의 명품인 교쿠로만큼 유럽에 알려져 있는가? 아삼의 홍차만큼 저렴하며 향이 좋은가? 그렇지 않은 상품이 비엔나에 처음으로 들어오면서 어떻게 원하는 값을 다 받으려고 하는가? 도대체 한국 녹차가 일본 녹차보다 비싼 이유가 무엇이냐면서 나에게 따지며 들어왔다.

나도 궁금했다. 도대체 일본의 시즈오카에서는 어떻게 차를 재배하고 가공하기에 한국보다 싸게 비엔나로 녹차를 보낼 수 있나? 일본이 한국보다 인건비가 비싼 것은 당연한 이야기인데 비엔나에서 녹차 가격은 역전되어 있었다. 마침 차 유통 사업으로 평생을 바친 전문가들이 내 앞에 있었다. 궁금증을 풀어볼 겸 그들에게 물었다.

"물론 일본의 인건비는 한국보다 비싸겠지요. 저도 어떻게 인건비가 비싼 일본에서 한국보다 저렴한 가격으로 녹차를 비엔나로 수출했는지 궁금하군요? 시즈오카에서 혁신적인 방법으로 경영을 합리화해서 파격적으로 원가를 절감했는지, 아니면 덤핑을 했는지도 의심스럽고요."

에바는 덤핑이라는 말에 정색했다.

수입업자가 덤핑을 강요하면 도덕적으로 자유롭지 못하다. 차와 커피의 국제교역에서 공정거래Fair Trade를 하자는 캠페인의 열기가 뜨거운 것이 최근의 추세다. 비엔나는 가난한 나라의 열악한 환경에서 차나 커피를 재배하는 농민들을 수탈해서는 안 된다는 인도주의자의 함성소리가 높은 곳이다. 비엔나의 스타벅스 매장에서도 "우리는 공정거래로 구매한 커피원두로 커피를 뽑는다"는 표어를 게시하고 있다. 당연히 비엔나 카페의 경영주들도 이런 추세에 민감하다. 예민한 부분을 거론하며 일본 녹차가 한국 녹차보다 싼 것이 의심스럽다고 하니 에바도 부담을 느꼈는지 일본 녹차를 두둔하며 나섰다.

"시즈오카에서는 평지에서 차를 재배합니다. 보성은 차밭이 산에 있고요. 아마 그 부분에서 인건비의 비중이 다를 겁니다."

페터도 에바의 말에 동의하는 눈치였다. 하기야 독일어권에서 제일 오래된 비엔나 대학의 경제학과 동창이며 평생을 일궈온 차 사업의 동반자인 하스 부부는 경영의 달인이다. 그들은 한국에서 보성의 차밭과 생산시설을 샅샅이 살펴보고 그들 나름대로 합리적인 원가계산을 했을 것이다. 도발적인 내 질문에 그들은 합리적인 답변을 찾아 일본 녹차를 변호했다. 하지만 나도 숨겨놓은 카드가 있었다.

"그렇군요. 차밭의 규모는 어떤가요? 일본도 땅이 넓지 않은 나라인데 시즈오카의 차밭은 제법 큰지 궁금하군요."

시즈오카의 차밭이나 보성의 차밭이나 그게 그거 아니겠는가! 동북아시아의 끝자락에 있는 손바닥만 한 차 재배 지역이 무슨 차이가 있겠냐 하면서 덤핑이 의심스럽다는 뉘앙스를 풍겼다. 진지하게 묻는 내 모습에 페터는 일본을 감싸며 나왔다.

"시즈오카의 다원이 결코 작은 규모는 아닙니다. 물론 인도의 아삼과는 비교가 되지 않겠지만, 시즈오카도 그 나름대로 규모의 경제를 갖추고 있지요. 그리고 센차Sencha를 만드는 자동화 설비를 갖춘 새로운 공법을 개발해서 지속적으로 인건비 비중을 줄이고 있습니다.”

나는 페터의 말을 받았다.

“시즈오카는 센차를 만드는 자동화 설비로 원가를 절감하는군요. 일본이 원가를 절감하며 품질을 관리하니 일본 녹차의 마니아층이 꾸준히 늘어나기도 하고요. 더구나 일본 정부는 다도라는 주제로 일본 녹차를 홍보합니다. 다도가 고급 문화상품으로 세계시장에서 자리를 잡아가면서 일본 문화의 인지도를 높이고 있지요.

인도의 아삼도 마찬가지겠지요. 아삼은 해발이 낮은 곳이고 차나무의 생육에 필요한 천혜의 조건을 갖춘 곳이라 차나무를 재배하는 데 별다른 어려움이 없는 곳입니다. 더구나 인도의 인건비는 한국과는 비교가 되지 않을 정도로 저렴합니다. 아삼의 차밭은 30만 헥타르가 넘습니다. 당연히 규모의 경제를 갖추고 있지요. 보성은 차밭이 1,000헥타르 정도에 불과합니다. 아삼과는 비교를 할 수 없지요. 보성에 가보셨는데 다원茶園의 규모가 크던가요?”

페터는 보성의 다원을 회상했다.

“다원이 크지가 않더군요. 아삼이나 누와라 엘리야의 다원들과는 비교할 수 없지요. 그곳은 다원들이 정말로 큽니다.”

나는 다원이 크다는 페터의 말에 고개를 가로저으며 천천히 운을 뗐다.

“크다고 반드시 좋은 것은 아닙니다. 와인도 대규모 포도원에서 생산된다고 고급 와인이 되는 것은 아닙니다. 프랑스 부르고뉴의 명품 와인인 ‘로마네 콩티Romanee Conti’는 겨우 축구장 크기만 한 포도원에서 1년에 5,000병 정도만 생산되는 것으로 알고 있습니다.

부르고뉴 지방은 포도원의 규모는 작지만 '로마네 콩티'라는 명품 와인을 생산하고 있지요. 포도를 재배하며 와인을 가공하는 장인의 정성과 솜씨가 녹아 있기 때문입니다.

보성녹차도 그런 정성으로 재배하고 가공됩니다. 한국에서 녹차는 왕족과 고관대작들이 애용하던 음료입니다. 당연히 차나무를 재배하고 녹차를 가공하는 과정마다 정성이 들어가지요. 보성에서 차나무를 재배하고 녹차를 만드는 명인의 정성은 부르고뉴의 포도원에서 포도를 재배하고 명품 와인을 만드는 장인의 정성 못지않을 겁니다.

보성에는 황금녹차도 있습니다. 부르고뉴 와인에 비교하면 로마네 콩티와 맞먹는 최고급 녹차입니다. 그런 다원에서 명인의 정성으로 보성녹차가 만들어지는 것을 감안하면 보성에서 제시하는 가격이 그 나름대로 이유가 있겠지요. 하지만 시장을 움직이는 것은 가격인데 보성녹차도 유럽시장에 진출해서 제대로 경쟁하려면 가격에 신경을 써야겠지요. 너무 걱정하지 않으셔도 될 것 같군요."

에바는 가족과 함께 부르고뉴로 여행을 갔던 기억을 떠올렸다.

"저희도 부르고뉴에 간 적이 있지요. 그곳엔 정말로 포도원 돌담들이 많더군요. 포도원 규모는 크지 않은데 좋은 와인이 많이 났습니다."

페터는 녹차를 구매하는 것은 자기의 소관이 아니라는 듯, 자리에서 일어났다.

"에바하고 대화를 나누시지요. 저는 잠시 쉬겠습니다."

페터의 눈빛에 새벽부터 바이트호펜에서 산책을 하고, 알프스 산에서 등산을 하며, 앞뜰에서 잔디를 깎고, 사우나에서 땀을 흘린 피로감과 식사 후의 포만감이 교차됐다. 페터는 겨울잠을 자려고 동굴을 향해 걸어가는 회색곰같이 유유자적한 모습으로 안채로 사라졌다. 에바는 찻주전자를 들고 아삼 차를 내 잔에 따르며 말했다.

"한 잔 더 하시지요. 차는 피로 회복에 도움을 주고 집중력을 높여줍니다."

🌿 알프스 이브의 '비밀의 방'

야생화의 향기와 아삼 차의 향이 어울렸다. 알프스의 골짜기를 넘어온 바람이 숲에 가득한 나뭇잎을 흔들었다. 하늘에 먹구름이 몰려왔다. 소나기구름이었다. 차 한 잔을 비우는 데는 많은 시간이 필요하지 않았다. 내 잔이 비는 것을 보고 에바는 기다렸다는 늣이 조심스럽게 운을 떼었다.

"공사님과 의논할 일이 있습니다. 자료가 거실에 있는데 거실로 가실까요?"

에바를 따라 거실로 들어갔다. 거실 탁자에 놓여 있는 꽃병의 야생화들이 반갑다면서 나를 반겼다. 에바는 보성녹차 샘플의 평가표를 챙겨 나에게 건네며 말했다.

"공사님을 비엔나 티 소믈리에들의 '비밀의 방'으로 초대합니다. 비엔나의 차 전문가들이 한 녹차 시음회의 평가표를 처음으로 외부 인사에게 공개합니다."

마침내 알프스의 이브가 철통처럼 걸어 잠갔던 '비밀의 방'의 문이 열렸다. 보성에서 온 녹차 샘플들의 이름 옆에 손으로 그려 놓은 별이 보였다. 마치 장군의 계급장을 보는 듯했다. 어떤 상품이 좋은 평가를 받았을까 궁금해하면서 별을 보았다. 알프스에서 대낮에 별을 세고 있다니, 윤동주의 '별 헤는 밤'이 아니고 에바의 '별 헤는 낮'이었다. 별의 숫자를 넉넉히 받은 상품들의 견적을 보았다. 가격이 비싸 보이는 것이 있고 수용할 만한 가격대의 녹차도 보였다. 에바는 자신 있는 표정으로 말했다.

"서류에 제가 특별히 선호하는 상품들이 있습니다. 그 상품들은 친구들도 좋다고 했습니다."

에바의 설명을 듣고 다시 서류를 보았다. 별을 많이 받은 품목을 중심으로 살펴보니 몇 개의 품목에 밑줄이 쳐진 것이 보였다.

"이 상품들이 여사님이 선호하시는 건가요?"

"그렇습니다. 제 친구들도 특별하다고 했습니다."

에바가 말한 특별하다는 표현이 궁금해 물었다.

"특별하다고 하셨는데 그게 무슨 뜻인가요?"

에바는 잠시 고민하는 눈빛을 보이더니 작심한 듯 나지막한 음성으로 그 뜻을 풀어주었다. 그 점을 감안해서 보성과 협의해 돌파구를 마련해주기를 바란다며 이번에 알려준 비밀은 절대로 외부에 공개하지 말라고 신신당부했다. 나도 고백자의 비밀을 지킨 성 네포무크 신부처럼 사수할 비밀이 생겼다.

선정된 품목들을 보았다. 장미향에 밤 맛이 나는 녹차, 동전처럼 생긴 떡차, 황금물로 키운 황금녹차, 녹차의 고향에서 실험적으로 만든 홍차, 맛이 뛰어나다는 구절초차가 주력 상품으로 선정되어 있었다. 보성에서 보낸 단가표를 보았더니 황금녹차의 가격은 상상을 초월했다.

"황금녹차의 가격은 워낙 고가군요. 공급가격도 이렇게 비싼데 최종 소비자가격은 얼마로 하실 건가요?"

"황금녹차는 유럽의 황실이나 중동의 부호들이 구입하겠지요. 아무래도 주력 상품은 장미향에 밤 맛이 나는 녹차가 될 겁니다. 떡차는 형태가 특이하고 모양이 아름다워 호기심 많은 비엔나 사람들에게 이야깃거리를 만들어주겠지요. 홍차도 맛이 좋습니다. 그런데 차들이 너무 비싸요. 이 가격으로는 도저히 판매할 수가 없습니다. 공사님께서 보성에 말씀을 잘해주셔서 가격을 조정해주세요. 제가 선정한 품목들은 보성에서도 가격조정이 가능할 것으로 기대합니다."

"여사님의 취지를 보성에 전달해서 여건을 조성토록 하겠습니다. 보성에서도 문제를 해결할 수 있도록 적극적으로 검토하기를 희망합니다."

에바는 다소 안도하는 모습을 보이며 다음 진도를 나갔다. 그녀는 한 땀 한 땀 비단 위에 자수를 놓아 화려한 장미꽃을 새기듯 원하는 것들을 차근차근 챙기려 했다. 에바의 표정이 근엄하게 굳어졌다.

"황금녹차에 황금이 들어 있는지 과학적인 검증이 필요합니다. 녹차에 들어 있는 황금에 어떤 의학적인 효능이 있는지도 궁금하고요. 황금녹차의 성분을 분석해서 황금이 들어 있다는 증거를 연구소의 실험결과로 제출하십시오. 황금이 인체에 의학적 효험이 있다는 주장을 검증한 연구논문도 필요합니다. 비록 황금이 귀하고 비싼 것이지만 금속입니다. 손님들은 황금이 건강에 해롭다고 생각할 수도 있지요. 그렇지 않다는 과학적인 증거를 제시해야 합니다.”

에바는 황금녹차의 증거를 눈으로 보고, 손으로 쥐고 싶어 했다. 나도 그렇다. 그러고 보니 이 산장은 호기심이라는 배를 타고 항해하려는 사람들이 모여 있는 선착장이었다. 에바의 섬세한 상상력이 만드는 주문이 계속됐다.

“떡차는 모양이 예뻐서 비엔나 사람들이 좋아할 것 같습니다. 하지만 중국의 전차와는 어떻게 다른지도 궁금하군요.”

에바는 호기심이 많았다. 여성의 호기심은 위험하다고들 하지만 에바의 호기심은 아름다웠다. 여성의 호기심이 인류의 역사를 바꾸었다는 말이 있다. ‘이브’는 호기심에 선악과를 따서 원죄를 저질렀으며,[6] ‘판도라’는 호기심에 열지 말라는 상자를 열어 인류에게 재앙을 초래했고, ‘롯의 아내’는 소돔과 고모라를 탈출하면서 호기심에 뒤를 돌아봐 소금기둥이 됐지만,[7] ‘에바’는 한국 녹차와 두부조림의 음식 궁합이 궁금하다는 호기심으로 보성녹차를 비엔나의 슈테판 광장으로 인도했다.

🌱 황금독수리의 변신

바이트호펜의 하늘에 먹구름이 몰려왔다. 알프스의 목초지를 감싸주던 숲이 태풍에 거대한 파도가 밀려오는 바다처럼 출렁거렸다. 세월의 풍상을 겪은 산장의 두터운 목재 대문 앞에 세 사람이 서 있었다. 페터는 나와 악수한 손에 힘을 주며 말했다.

"비가 올 것 같으니 조심해서 운전하시고요, 비엔나에서 뵙겠습니다."

그랜저는 한스 홀레인이 로스차일드 성의 망루 위에 꽂아 놓은 유리 도끼를 뒤로하며 달렸다. A1 고속도로를 탔다. 130킬로미터를 감지한 백마는 기분이 좋은지 윙 하는 콧노래를 부르며 속도를 즐겼다. 하늘에 먹장구름이 몰려왔다. 번쩍하며 번개가 치더니 천둥소리가 꽝하고 들렸다. 번갯불과 천둥소리의 간극이 짧은 것을 보니 머리 위에서 천둥과 번개가 극성을 부리는 것 같았다. 후드득하고 떨어지는 빗방울이 백마의 몸을 적셨다.

소나기가 퍼부었다. 마치 지각변동으로 나이아가라 폭포의 물줄기가 오스트리아의 고속도로로 돌려진 것 같았다. 순식간에 고속도로는 물바다가 됐다. 백마의 속도를 늦췄다. 비상등을 켰다. 퍼붓는 물 폭탄에 시야가 가렸다. 시야는 100미터도 확보되지 않았다. 가까워 보이는 앞차는 가물거렸다. 뒤차의 모습도 보이지는 않지만 경광등을 깜빡거리며 따라오는 모습이 유령이 두 눈을 부릅뜨고 쫓아오는 것 같았다. 갓길은 위험하고 근처에는 휴게소도 없었다. 그야말로 백마는 억지 춘향처럼 달릴 수밖에 없었다.

그랜저는 붉은 경광등을 깜빡거리며 빗속을 달렸다. 번갯불이 번쩍번쩍, 천둥소리가 우르릉 쿵쾅하며 하늘을 울렸다. 나는 제우스가 올림포스에서 번개를 손에 쥐고 지상으로 내리꽂을 때 한국에서 온 백마를 표적으로 삼지 않기를 바랐다. 하늘에는 번갯불과 천둥소리가 요란했다. 그래도 그랜저는 포세이돈의 백마처럼 위풍당당하게 물바다를 헤치며 달렸다. 역시 명마다. 그 이름도 담대한 '그랜저'다.

천둥과 번개가 멈췄다. 소나기도 그쳤다. 찬란한 태양이 다시 나타났다. 제우스의 성수聖水로 축복받은 백마의 갈기는 눈부셨다. 백마는 '이히힝' 하고 몸을 추스르더니 비엔나를 향해 힘차게 달렸다. 말발굽소리도 경쾌했다. 그랜저의 튼튼한 심장이 뛰는 소리가 들렸다. 판도라의 상자에서 희망의 심장이 뛰는 소리였다.

포세이돈의 백마는 비엔나로 진격했다. 200년 전에 바이트호펜에 주둔했던 나폴레옹의 군대도 이 길을 따라 비엔나로 돌진했을 것이다. 쇤부른 궁전이 보였다. 중부 유럽의 패자霸者 합스부르크 왕조의 여걸인 마리아 테레지아의 야심작이었다. 마리아 테레지아의 못 말리는 황금 사랑으로 외벽을 온통 황금색으로 칠한 궁전이다.

쇤부른 궁전 정문에 두 개의 오벨리스크가 하늘로 치솟아 있다. 나폴레옹의 전승 기념탑이다. 나폴레옹이 1805년과 1809년에 두 번씩이나 오스트리아 군대를 격파하고 비엔나를 점령한 것을 기념해 세운 것이다. 프랑스가 오스트리아를 접수했다는 자부심이 깃들어 있는 조형물이다. 오벨리스크의 꼭대기에 앉아 있는 독수리는 나폴레옹의 황금독수리다. 비엔나는 치욕의 역사도 역사이며 그것으로 교훈을 삼아야 한다며 나폴레옹의 오벨리스크를 허물지 않았다. 합스부르크 왕조의 사람들은 오벨리스크에 둥지를 튼 나폴레옹의 황금독수리를 합스부르크의 독수리로 여기는 것 같았다.

황금색으로 치장한 쇤부른 궁전 |

합스부르크의 황금궁전을 지키는 황금독수리 두 마리는 나폴레옹이 야심만만하게 세운 오벨리스크를 초라한 소품으로 전락시키고 날갯짓하며 위용을 과시했다. 나폴레옹의 황금독수리 두 마리는 합스부르크의 독수리로 변신하고 오스트리아의 명예는 내가 지키고 있다고 자부하고 있었다.

얼마나 놀라운 변신이며 반전인가? 황금이기 때문이다. 황금은 시대와 공간을 초월한 보물이다. 마리아 테레지아와 나폴레옹은 황금빛이 충만한 쇤부른 궁전에 살았지만, 정작 그들은 황금녹차를 마셔보지 못했다. 그런 황금녹차가 한국의 보성에 있다. 한국 녹차도 황금녹차로 화려한 반전을 꾀하자며 힘차게 그랜저를 몰았다. 백마는 쉬지 않고 비엔나 숲길을 달렸다.

　성 네포무크의 조각상이 보였다. 네포무크 조각상을 울타리로 삼은 포도밭 할아버지의 집 앞뜰에 마을을 지켜온 아름드리 호두나무가 든든했다. 슈만의 가곡 〈호두나무〉를 연상시키는 호두나무의 널찍한 잎사귀들이 푸근하게 나를 반겼다.

비엔나 19구에 있는 성 네포무크 조각상 |

포도밭 할아버지의 퇴색된 붉은 지붕을 배경으로 펼쳐지는 야산에 포도밭이 있다. 300년 전에 지금의 포도밭 한쪽에 성 네포무크 교회가 세워졌었다. 100년 전에 그 교회는 역사 속으로 사라졌다. 비록 교회는 사라졌지만 성 네포무크의 조각상을 울타리에 끼고 살아가는 포도밭 할아버지는 조상이 물려준 뒷산의 포도밭을 돌보는 정성으로 네포무크 성인의 조각상을 보살피며 살아왔다.

보헤미아의 왕 벤체슬라우스 4세 Wenceslas IV에게는 의처증이 있었다. 왕은 항상 왕비의 행실을 의심했다. 왕비가 네포무크 신부에게 고해성사를 한 것을 알게 된 왕은 네포무크 신부를 잡아들여 신문하면서 왕비의 고해성사 내용을 토설하지 않으면 죽

| 체코 프라하에 있는 성 네포무크의 수장을 상징하는 조형물 ⓒ이가영

음을 면치 못할 것이라고 위협했다. 네포무크 신부는 신과의 서약을 지키기 위해 죽음을 선택했고, 프라하의 왕궁 앞에 흐르는 블타바 강에 던져졌다. 네포무크 신부는 순교 후에 성인聖人으로 추대되어 의사와 공증인처럼 손님의 비밀을 지키는 사람들의 수호성인이 됐다.

🌿 그랜저, 두 마리의 토끼를 잡다

포세이돈의 백마는 전용 주차장에 들어갔다. 비엔나 숲을 달려 온 백마는 성 네포무크 조각상을 등지고 휴식을 취했다. 백마는 자기도 네포무크 성인처럼 지킬 비밀이 있다면서 길을 지나가는 사람들에게 침묵으로 경고했다. 내 주인이 바이트호펜에서 무엇을 보고, 무슨 약속을 했는지 궁금해도 묻지 말라고 몸짓으로 말했다.

50대 초반의 부부가 길을 지나가다 남편이 백마에 그윽한 눈길을 주더니 팔짱을 끼고 있는 아내에게 귀엣말했다. 그는 포세이돈의 백마가 마음에 드는지 나에게 정중하게 물었다.

"월드컵 광고에서 본 현대자동차군요. 멋있네요. 가격은 얼마나 되나요? 저기에 '현대. 품질과 착한 가격'이라고 적힌 것을 보니 벤츠보다는 저렴할 것 같은데 어디서 살 수 있나요?"

"그랜저는 벤츠의 세단과 경쟁하는 모델입니다. 성능이 뛰어나지요. 한국이 자동차의 핵심 부품을 잘 만들면서도, 아직은 독일보다 상대적으로 인건비가 저렴해서 가격 경쟁력이 있습니다. 그랜저는 '품질과 가격'이라는 두 마리의 토끼를 잡은 자동차입니다. 덴첼에서 살 수 있지요."

그랜저에 관심이 많은 부부는 고개를 끄덕였다. 그들은 두 마리의 토끼를 잡았다는 내 말에 공감하면서 가던 길을 재촉했다.

얼마 후에 에바는 보성녹차와 녹차 관련 상품들의 목록을 나열하며 본인의 희망가격을 제시해왔다. 보성에서 제출한 가격과 괴리가 커보였다. 에바의 희망사항을 보성으로 보냈다. 황금녹차에서 금이 나온 실험 결과와 황금이 인체에 어떻게 좋은지를 입증하는 연구논문도 빼놓지 말라고 당부했다. 드디어 가격을 조정하는 줄다리기가 시작됐다. 길고도 지루하며 참여자의 체력을 고갈시키는 게임이다. 노정이 계장도 비엔나에서 제시한 가격에 놀란 것 같았다. 대화 도중에 안타까워하는 탄식이 간간이 새나왔다.

"이곳에서 하스앤하스가 너무하는 것이 아니냐고 말씀하시는 분들도 계십니다. 공사님께 일일이 말씀드릴 수는 없지만 이곳의 분위기가 좋은 것만은 아닙니다."

하기야 실망하는 사람들의 숫자는 보성에 더 많을 터였다. 비엔나에서 보성녹차의 가격이 비싸다고 실망하는 사람은 세 사람뿐이겠지만, 보성은 녹차 재배 농가 수가 1,000세대가 넘으니 보성에서 실망할 사람이 많은 것은 당연했다. 하지만 현실은 현실이다. 노정이 계장에게 비엔나의 엄정한 현실을 거론했다.

"보성에서도 비엔나의 제안에 실망하겠지요. 저도 실망이 큽니다. 저도 우리 녹차가 한 푼이라도 더 받고 비엔나로 오도록 고군분투하고 있습니다. 하지만 비엔나에 처음으로 녹차가 들어오는 것이 아닙니다. 차가 이곳에 들어온 지 몇백 년이 흘렀는지 모를 만큼 오래됐고, 이곳의 차 매장에는 전 세계의 녹차가 다 들어와 있을 정도로 포화상태입니다. 상상을 초월할 정도로 저렴한 가격대의 차들도 많습니다. 이런 시장에서 잔뼈가 굵은 사람이 보성녹차의 가격에 놀라는 것은 당연하지요.

하스앤하스는 보성에서 덤핑으로 납품을 받아 폭리를 취하자는 것이 아닙니다. 이곳에서 제대로 경쟁해보자는 것이지요. 우리의 목표는 최고 품질의 보성녹차를 유럽시장에 진출시키는 것이고, 하스앤하스도 최고 품질의 한국 녹차를 비엔나에 소개해서 자사의 브랜드를 관리하자는 것이지요. 이번 사안에서 가격은 수단이지 목표가 아닙니다. 보성에서도 이번 기회에 보성녹차를 유럽시장에 진출시킨다는 목표에 집중했으면 좋겠군요.”

노정이 계장이 냉정을 되찾은 목소리로 말했다.

“다시 조정해보겠습니다. 저희 나름대로 노력하겠지만 상황이 곤혹스럽네요.”

한국 녹차 기획전까지 시간이 많지 않아서 에바는 울며 겨자 먹기가 되는 상황에 처하더라도 보성을 끌어안고 가야겠지만, 만약 그런 상태로 상황이 종료된다면 하스앤하스와 보성이 입을 타격은 예측하기가 어려웠다. 하스 가족은 소중한 경비와 일정을 할애해 보성을 방문했으며, 특집으로 기획한 아시아 차 기획전을 한국 녹차 기획전으로 주제를 바꾸었다.

그들은 언론인의 관심을 끌기 위해 사전에 보도자료를 내며 정성을 들였다. 그런데 막상 보성녹차가 비싸 충분한 전시 품목을 확보하지 못하고 언론인들이 챙겨갈 기삿거리가 없다면 에바는 땅을 치며 후회할 것이다. 그러면 보성녹차는 애물단지가 될 수 있다. 이런 상황이 발생하면 보성녹차는 슈테판 광장에서 퇴출될 수도 있었다. 어떻게 해서든지 최악의 상황은 막아야 한다며 마음을 다잡았다.

보성에서 두 번째 제안이 왔다. 1라운드에서 치열하게 붙었던 선수들이 휴식시간에 전열을 가다듬은 것 같았다. 한바탕 펀치를 교환하며 상대방과 충격을 주고받은 뒤에 이게 아닌데 하며 생각을 바꾼 것 같았다. 인터넷전화기의 단축 다이얼을 눌렀다. 노정이 계장이 나왔다. 그의 음성에 방어 본능이 숨어 있었다.

"비엔나에서 제시한 가격을 맞추기가 어렵군요. 어떤 품목은 가격이 조정됐지만, 특정 품목은 도저히 그 가격으로는 공급할 수 없다고 합니다. 저희도 최선을 다한 가격입니다. 하스앤하스에 말씀을 잘해주시기 바랍니다."

자료를 보니 보성에서 중립지대로 성큼성큼 발을 뗀 흔적이 역력했다. 3라운드를 기대하자. 그런데 경기를 시작한다는 공이 울리지 않는다. 링으로 올라와야 할 선수도 보이지 않았다. 에바가 행여 그리스신화에 나오는 명장 다이달로스Daedalos가 만든 라비린토스Labyrinthos, 미로에서 헤매고 있는 것은 아닌지 걱정됐다.

포세이돈의 백마는 비엔나 성을 향해 달렸다. 드디어 백기사는 백마와 함께 독일기사단의 중정으로 들어갔다. 독일 자동차들이 그랜저를 보고 재는 누구고 여기는 어떻게 들어왔지 하며 눈을 휘둥그레 떴다. 포세이돈의 백마는 하얀 갈기를 곧추세우며 독일 자동차들과 인사했다. 선수는 선수를 알아본다. 그들도 군말 없이 그랜저를 독일기사단 중정의 가족으로 인정했다.

백마를 타고 온 백기사는 이름 그대로 진짜 백기사였다. 대한민국 정부에서 발행한 주민등록증에 그 이름이 나오고, 오스트리아 정부에서 발행한 외교관 신분증에도 그 이름이 담겨 있다. 백기사가 타고 온 포세이돈의 백마는 크레타 섬에 밀려오는 파도소리를 듣고 바다를 찾아가는 길을 알고 있었다. 백기사는 백마에게 말했다.

'냉정하고 침착하게 파도소리를 들어라. 이성Reason의 소리를 들어라. 그 소리를 따라 우리를 인도하라. 그러면 우리는 탐욕을 미끼로 사람을 현혹시키는 이 미로에서 빠져나갈 수 있다.'

암호를 풀다

🍃 '유디트', 칼을 뽑다

에바는 테라스 카페의 등나무 아래 테이블에서 서류를 뒤적거리며 상념에 잠겨 있었다. 그녀는 나를 보더니 보던 자료를 테이블의 한쪽으로 치어놓았다. 무슨 서류이었기에 그렇게 몰입했을까? 곁눈질해 보았다. 에바가 바이트호펜의 '비밀의 방'에서 나에게 공개했던 보성녹차 평가표와 두 차례에 걸쳐 보성과 가격을 조정하며 교환한 서류들이었다.

에바는 내 시선이 서류로 가는 것을 보고 표정을 굳혔다. 그녀의 붉은 입술이 앵두처럼 모이면서 둥그런 안경 너머로 좌우로 흔들렸던 눈동자의 초점이 고정됐다. 에바의 표정에서 유디트^{Judith}가 아시리아의 용맹스러운 장군인 홀로페르네스^{Holofernes}의 목을 베지 못하면 풍전등화와 같은 이스라엘의 운명을 장담하지 못한다며 적진에 들어가 칼을 빼는 것과 같은 결연한 모습이 묻어났다.

"보성녹차는 너무 비쌉니다. 공사님이 말씀하신 것처럼 비싼 이유가 있겠지요. 하지만 여기는 비엔나입니다. 비엔나 손님들은 그런 이유를 감안하지 않아요. 저희 가족은 보성에서 좋은 시간을 보냈습니다. 제 딸 카트린도 한국을 위해 도움을 주어야 한다고 말합니다. 그래서 저는 마음을 정했습니다. 비록 보성녹차가 고가여서 원하는 상품을 넉넉하게 구매하지 못하더라도 한국 녹차 기획전은 강행합니다. 이제 시간이 없습니다. 최종적으로 이 상품들을 주문하니 보성에서 선적할 수 있도록 도와주십시오.”

에바는 주문서를 나에게 건네주었다. 에바가 선정한 품목에는 장미향에 밤 맛이 나는 녹차와 황금녹차가 있고, 상평통보처럼 모양이 예쁜 떡차도 있었다. 여분으로 주문한 한과와 녹차비누의 이름도 보였다. 하지만 실망스러우면서 걱정도 되었다. 주문한 품목이 다양하지 않으며 주문량도 넉넉하지 않다. 이렇게 적은 품목과 물량으로 3개월의 특별기획전을 제대로 치를 수 있을까?

그래도 에바는 자신을 옥죄어 오는 불안과 담대하게 맞서겠다며 결심했다. 클림트의 〈유디트〉가 인간의 원초적 약점인 목을 황금 판 장식으로 보호했던 것처럼, 에바도 보성녹차의 치명적인 약점을 황금녹차로 감싸고 비엔나 손님의 선택을 받겠다고 마음을 정했다. 유디트가 칼로 베어낸 홀로페르네스의 목을 전리품으로 왼손에 들고 조국과 민족을 구했다는 희열에 미소 짓던 것처럼, 에바도 용기의 칼로 불안의 목을 베고 승리의 미소를 날리겠다면서 결연하게 칼을 뽑았다.

에바의 얼굴에 엄정함이 감돌았다. 에바에게 저런 면모가 있었나 의심스러울 정도였다. 에바의 표정에 슈테판 광장에서 30년의 풍상을 겪어온 사업가의 결단력이 엿보였다. 에바는 상황이 어려워도 자기가 할 일은 해야 한다면서 한국 녹차 기획전의 론칭 행사를 거론했다.

"론칭 행사는 9월 6일 저녁 7시가 좋겠습니다. 저희는 언론인을 포함해서 50명 정도의 손님을 초청합니다. 페터도 카페의 메뉴를 선보이며 언론인들과 좋은 시간을 갖고 싶어 하네요."

에바는 조금 전까지만 하더라도 한 푼이라도 손해를 보지 않으려고 치열하게 보성녹차의 가격을 놓고 씨름했다. 그런 사람이 한국 녹차 기획전에 50명을 초대해 한턱을 내겠다고 하니 당혹스러웠다. 경제적 손실이 명백하다는 이유로 보성녹차를 넉넉하게 수입할 수 없다던 사람이 보성녹차를 위한 프로모션은 제대로 하겠다고 했다. 에바는 갈릴레이처럼 "그래도 지구는 돈다"며 자기의 길을 걸어갔다. 에바에게 물었다.

"행사 중간에 작은 문화행사를 넣는 것도 좋을 것 같은데 특별히 준비하시는 것이 있나요?"

페터의 여동생이 비엔나 음대 교수고 그의 부친은 언론사에서 근무했기 때문에 하스 가문은 비엔나의 음악가들과 관계가 좋을 것 같았다. 내 질문에 에바는 난감해했다.

"특별히 준비한 게 없습니다. 지난번에 보성에서 본 다례시연이 인상적이었지요. 비엔나 언론인들이 다례시연에 어떤 반응을 보일까 궁금하군요."

에바의 호기심이 다례시연이라는 새로운 길을 만들려 한다. 에바와 시선을 교환했다. 에바의 눈길에 다례시연을 만들어달라는 기대가 담뿍 담겨 있었다.

"다례시연은 좋은 아이디어입니다. 다례시연과 가야금병창을 하면 론칭 행사가 아름답고 생동감이 있을 것 같군요. 보성에 연락해서 다레시연을 할 수 있는 사람이 올 수 있는지 확인하지요. 보성의 국악인들은 다레시연을 하는 데 어려움이 없을 겁니다.”

“론칭 행사에서 다레시연을 하고 가야금병창을 한다면 언론인들이 관심을 가질 것 같군요. 한복이 아름다워 행사가 돋보일 수 있습니다. 이번에 보성에서 그런 역할을 할 수 있는 사람들이 올 수 있다면 저희는 정말 좋지요.”

이 카드로 반전을 시도해보자고 마음을 다졌다. 비엔나가 어떤 곳인가? 음악인들이 열병을 앓으면서 공연하고 싶어 하는 곳이다. 슈베르트도 비엔나의 카페에서 피아노를 연주하면서 위대한 작곡가의 반열에 올랐다. 지금도 슈베르트의 후배들은 비엔나의 카페에서 피아노 연주를 하면서 선배의 정신을 이어가고 있다.

비엔나의 슈테판 광장에 다레시연과 판소리를 소개하는 무대가 만들어진다면 가격이라는 교차로에서 차들이 엉켜 옴짝달싹도 못하는 병목현상을 시원하게 뚫을 수 있는 돌파구를 마련할 수도 있을 것이다.

에바는 다이달로스가 만든 라비린토스에서 빠져나가는 출구를 본 것 같았다. 유디트가 칼을 뽑아 홀로페르네스의 목을 벤 것처럼, 에바도 불안과 정면으로 맞서겠다면서 칼을 뽑아들고 길을 찾아 나섰다. 하지만 라비린토스가 어떤 곳인가? 미노타우루스^{Minotaurus}가 미로의 가장 깊숙한 곳에서 인간을 공물供物로 기다리는 곳이다. 인간의 몸에 황소의 얼굴을 한 반인반수의 괴물인 미노타우루스는 코를 벌름거리며 씩씩거렸다.

"내가 먹이를 포기할 줄 아느냐? 내 먹이는 인간의 반목과 갈등
이다. 너희들은 나에게 고통을 공물로 바쳐야 한다."

🌿 한계는 직면할 때 극복된다

에바의 희망사항을 보성에 통보했다. 가야금병창을 하는 국악인
이 다례시연을 할 수 있게 방문단에 포함시켜 비엔나에서 작은 문
화행사도 만들자고 했다. 보성에서는 한정하 명창과 문하생인 이유
나, 제샛별, 한시형을 비엔나로 보내는 국악인으로 선발했다. 보성
과 연락하는 일이 잦아지면서 인터넷전화기와 이메일이 든든한 소
통 도구가 됐다. 노정이 계장이 조심스럽게 의견을 제시했다.

"이번에 한정하 명창과 문하생들이 하스앤하스의 론칭 행사를
마치고 비엔나에서 별도로 공연하고 싶어 하네요. 보성이 판소리의
고장이지만 국악인이 해외에서 공연할 기회가 많지 않지요. 비엔나
는 문화와 예술의 도시인데, 비엔나에서 공연하면 보성의 국악인에
게는 좋은 기회가 될 겁니다."

비엔나는 세계적인 공연예술의 도시다. 한국에서도 비엔나에서
공연하고 싶어 하는 사람들이 많다. 클래식 음악을 하는 사람들은
물론이고 국악인들도 비엔나에서 공연하기를 학수고대한다. 2009
년 6월 29일에 한국이 자랑하는 '김덕수 사물놀이패'와 독일의 재
즈 밴드인 '레드선 Red Sun'이 비엔나 시청의 회랑 回廊 에서 "사물놀이
와 재즈의 만남"이라는 주제로 신명나는 공연을 펼쳐 비엔나 시민

의 갈채를 받았다. 2010년 7월 18일에도 한국·오스트리아문화친선

협회가 주관한 '비엔나 한국예술제'에서 장사익 가객歌客이 비엔나

에 와서 우리 교민들의 심금을 울렸다. 하지만 비엔나에서 제대로

된 공연을 하려면 돈이 많이 들어간다. 보성에서는 비엔나의 냉엄

한 현실을 알고 있는 것인가?

"비엔나에서 공연을 하려면 돈이 많이 들어갑니다. 예산은 확보

했나요?"

노정이 계장의 목소리가 움츠러들었다.

"확보하지 못했습니다. 대사관에서 지원이 가능한가요?"

"대사관에 예산이 없습니다. 군수님께 말씀드려서 필요한 예산

을 확보해보시지요."

"저희도 예산이 없습니다. 혹시 비엔나에 한인회관이 있으면 그

곳에서 우리 교민 분들을 모시고 공연하면 될 것 같은데요."

비엔나에 한국 녹차가 없는 것처럼 한인회관도 없었다. 상황을

점검해보니 서편제를 위한 비엔나 공연은 끝을 모르는 늪으로 빨

려 들어가는 것 같았다. 예산을 확보하지 못하면 추가 공연을 하지

못하는 안타깝지만 냉엄한 현실에 부닥친다. 한계는 그것을 직면

할 때 극복할 수 있다. 한계에 제대로 직면한 것 같은데 극복이 되

는 사안일까? 그렇다면 무대는 어디에 만들고 청중은 누구를 타깃

으로 할까?

갑자기 비엔나에 공연 무대를 만드는 일이 현안이 됐다. 그것도

돈 한 푼 없이 무대를 만들어야 하니 부담이 커졌다. 혹시 한인회에

서는 이런 문제를 해결한 선례가 있는지 궁금해져 박종범 한인회장

| 2013 재 유럽 한인차세대 고국 국토대장정 행사에 참석한 박종범 회장

에게 전화했다. 박종범 한인회장은 비엔나에서 '영산'이라는 다국적 기업을 경영하는 사업가로, 러시아와 우크라이나 등 동구권에 기아자동차를 수출하고 있다.

영산그룹은 2008년에 매출 1조 원을 실현해서 유러피언 드림Euuropean Dream을 실현한 다국적 기업이다. 박종범 회장은 슬로바키아의 브라티슬라바와 우크라이나의 키예프 등에서 기업 이윤의 사회적 환원 차원에서 클래식 공연을 주관하기 때문에 비엔나의 예술인들과 네트워크가 좋으며, 유럽에 거주하는 우리 동포들의 네트워크를 강화하는 사업을 후원해 유럽 전역에 탄탄한 인맥을 구축하고 있다.

전화로 박종범 회장에게 보성의 희망사항과 애로사항을 전하며 의견을 물었더니 반응이 화끈했다.

"제가 보성에서 오는 국악인을 위한 공연 무대를 만들겠습니다. 비엔나 시내 중심가에 극장을 예약하고 우리 교민 분들을 모시면 되겠지요."

"공연을 비엔나 시민에게 개방해서 되도록 오스트리아 분들이 많이 오셨으면 좋겠는데요."

박종범 회장의 답변이 기대를 접게 했다.

"이곳에서 우리 국악의 관심이 높지 않아 공연을 무료로 한다고 해도 현지 분들이 많이 참석할 수 있을지 가늠하기가 어렵군요."

박종범 회장의 성원이 든든하지만 사재私財를 들어 공연무대를 만드는 것이 부담이 되었고, 청중이 우리 교민으로 한정되는 것도 아쉬웠다. 어렵겠지만 돈 들이지 않고 무대를 만들어 비엔나 시민을 초청하는 대안代案을 마련해보자!

2009년 비엔나 시청의 회랑에서 이루어졌던 '김덕수 사물놀이패와 레드선'의 공연이 떠올랐다. 원래는 비엔나 시청 앞 광장에 마련된 특설 무대에서 판을 벌이는 야심만만한 사업으로 추진됐던 공연이었다. 하지만 공연 당일 비엔나에 집중호우가 내려 노천극장의 공연은 무산됐다. 김덕수 사물놀이패와 레드선의 멤버들은 비엔나 시청의 특설무대에서 장대비를 바라보며 비가 그치기를 학수고대했다. 무심한 빗줄기는 줄기차게 쏟아졌다. 그들은 분루憤淚를 삼키며 시청 광장의 특설 무대를 떠났다. 공연을 보려고 찾아온 사람들은 꽹과리와 색소폰을 둘러매고 무대를 떠나는 연주자들의 뒤를 따라갔다.

그들은 비엔나 시청의 회랑에 있는 공간을 찾아내 그곳에 자리를 펼치고 한바탕 신명 나는 마당놀이를 공연했다. 청중은 환호했으며 한국의 꽹과리와 독일의 색소폰 소리는 폭우를 뚫고 비엔나 시청의 밤하늘에 울려 퍼졌다. 하늘을 원망하며 분루를 삼킨 뒤에 환희의 송가가 있었다. 한국판 공연인 마당놀이가 청중과의 소통에 탁월하다는 것을 보여준 생생한 사례였다. 그것을 회상하니 내가 문제를 풀어가는 해법을 하나만 보고 있다는 것을 알았다. 새로운 길을 찾아보자. 관점을 바꾸니 비로소 숨어 있는 길이 보였다.

덴첼의 자동차 전시장이 떠올랐다. 그곳에 전시된 자동차를 밖으로 들어내면 200명 정도의 청중은 넉넉히 수용할 수 있는 공간이 마련된다. 그곳에 무대를 만들어 덴첼의 직원과 현대자동차의 손님들을 초대하면 보성녹차가 비엔나에 진출하는 취지를 살리면서 판소리라는 한국의 문화적 코드로 비엔나 시민 속으로 파고들어 갈 수 있다. 비엔나에서 한국 자동차와 한국 녹차가 합작해 작은 문화 사업을 펼칠 수 있다. 가능성을 타진해볼 생각으로 슈미트 본부장에게 전화했더니 수화기에 슈미트의 쩌렁쩌렁한 목소리가 울렸다.

"공사님! 오랜만입니다. 이번 휴가에는 그랜저가 도움이 되겠군요. 유럽의 어느 도시에 가더라도 그랜저에 문제에 있으면 연락 주십시오. 신속하게 처리해드리겠습니다."

슈미트의 시원시원한 목소리는 여전했다. 그랜저의 애프터서비스를 유럽 전역으로 확대해준다니 그것도 고맙지만, 모처럼 전화한 사람에게 자동차 안부부터 물으니 슈미트는 천생이 자동차 세일즈맨이었다. 슈미트는 에바의 근황을 나에게 들려주었다.

"얼마 전에 하스 여사를 만났지요. 한국 녹차를 수입하는 문제로 분주한 것 같더군요. 좋은 결과가 있기를 바랍니다."

"감사합니다. 그렇지 않아도 그 문제로 덴첼과 협력해서 작은 문화 사업을 하고 싶은데 슈미트 본부장님의 의견은 어떤지 궁금해서 전화했습니다."

"저희와 어떤 문화 사업을 하고 싶으신가요? 덴첼도 지역사회 공헌 차원에서 문화 사업을 하고 있습니다."

"슈미트 본부장님이 한국을 여러 번 방문하셨는데 서울에서 판소리나 가야금병창을 하는 공연에 참석하신 적이 있으신지요?"

"아! 여러 번 가 봤습니다. 한국의 전통음악이 비엔나의 정서에 잘 맞더군요. 그런데 저희와 어떤 공연을 하고 싶으신가요?"

슈미트 본부장의 순발력이 돋보였다. 척하면 삼천리라고 했는데 여기서도 그 말이 맞는 것 같았다.

"9월 초순에 슈테판 광장에서 보성녹차 론칭 행사를 합니다. 그때 보성에서 국악인 네 명이 옵니다. 한국 국악인과 덴첼이 합작해서 덴첼의 자동차 전시장에서 공연을 하면 좋을 것 같아서 전화 드린 겁니다. 공연일은 9월 7일 저녁이 좋겠습니다. 덴첼이 한국 자동차를 판매하는데 저희가 작은 보답으로 덴첼의 가족들에게 한국의 전통음악을 선보이고 싶군요."

슈미트의 음성에 당황하는 기색이 묻어나왔다.

"저희 자동차 전시장에서 공연을 하자고요?"

"덴첼의 자동차 전시장이 마당놀이라는 형태의 한국식 공연에 적합할 것 같아서 그런 생각을 했습니다. 혹시 슈미트 본부장님은 '카Car'의 한국말이 무엇인지 아시나요?"

슈미트의 답변이 거침없었다.

"자동차지요. 제가 한국말은 잘 모르지만 'Car'가 '자동차'라는 것은 알고 있습니다. 줄여서 '차'라고 하지요. 현대자동차로 먹고사는 사람이라 그 말은 알아듣습니다."

"그럼 '티Tea'를 한국어로 무엇이라고 하는지 아시나요?"

"그건 모르겠습니다."

"'차'입니다. 한국에서는 'Car'를 '차'라고 부르듯이 'Tea'도 '차'라고 부릅니다."

"그거 재미있군요. 포르투갈에서도 티를 차Chá로 발음하는데 어떻게 한국말과 발음이 같을까요?"

"중국의 차가 세계적인 음료가 되면서 발음이 유사해진 겁니다."

"그런데 한국 자동차와 한국 녹차가 무슨 상관이 있나요?"

슈미트의 질문이 날카로운 것을 보니 역시 상황파악이 뛰어난 사람이다.

"좋은 질문입니다. 텐첼은 오스트리아에서 한국 자동차를 판매하고 하스앤하스는 비엔나에 한국 녹차를 선보입니다. 한국 자동차와 한국 녹차를 묶어 한국의 판소리로 작은 문화 사업을 만들어 봅시다. 주제는 '한국 자동차와 한국 녹차의 만남'으로 하고, 제목은 '비엔나 차차차'로 하면 좋을 것 같군요. '비엔나왈츠'의 고향에서 '비엔나 차차차'를 합시다. 텐첼의 가족과 손님들에게 좋은 가을 선물이 될 겁니다."

수화기에 슈미트의 웃음소리가 쩌렁쩌렁하게 울렸다.

"비엔나 차차차요? 아! 귀에 쏙 들어옵니다. 그런데 저희 전시장에서 공연을 한다면 무대는 어떻게 만드나요?"

"무대를 만드는 일은 크게 걱정하지 않아도 됩니다. 중앙에 넓은 공간만 확보하면 됩니다. 한국에서는 마당놀이라고 하는 공연의 형태가 있는데 로마의 콜로세움을 연상하면 이해가 빠를 겁니다. 원형 경기장의 중앙이 무대가 되는 셈이지요."

슈미트는 무슨 뜻인지 알겠다는 반응을 보였다.

"슈타들러 회장님과 말씀을 나누고 한 시간 안에 연락을 드리겠습니다. 슈타들러 회장님도 가끔 공사님의 안부를 묻곤 하시는데 겸사겸사 공사님의 근황도 전해드리지요."

슈미트의 말을 들으니 덴첼의 경영진에서는 자기들의 실수로 멀쩡한 사람을 애꿎은 신용불량자로 만든 해프닝을 기억하며 부담을 느끼고 있는 것 같았다. 흘러간 물이고 스쳐간 바람이었다. 앞으로는 서로서로 좋은 기억을 회상하기를 바랐다. 핸드폰이 울리면서 슈미트가 반가운 소식을 전해왔다.

"공사님, 좋은 소식을 전합니다. 저희 슈타들러 회장님도 비엔나 차차차에 동의하셨습니다. 비엔나 차차차와 관련해서 만났으면 좋겠군요."

슈타들러 회장은 덴첼의 영업공간을 개조해서 문화행사를 하자는 제안에 위험하거나 번거롭다고 몸을 사리지 않았다. 역시 유럽 대륙의 절반을 경영했던 합스부르크 왕조의 후손답게 통이 컸다.

"슈타들러 회장님과 덴첼의 성원에 감사드립니다. 슈미트 본부장님이 큰 역할을 하셨군요. 아무래도 슈타들러 회장님을 찾아뵙고 고마운 마음을 전하는 것이 예의인 것 같군요. 제가 덴첼의 본사로 가지요. 그곳에서 슈타들러 회장님을 뵌 뒤에 슈미트 본부장님과 비엔나 차차차에 관해 협의하면 되겠지요?”

🌿 큰 나무 사이를 걸어 다녔더니 키가 커졌다

이틀 뒤, 덴첼 본사에 있는 BMW 전시장 앞에서 슈미트를 만났다. 모처럼 만나 반가운 마음으로 악수했지만, 역시 우리 두 사람은 서로 고개를 젖히고 숙여야 시선이 맞았다. 슈미트를 따라 전시장 안으로 들어갔다. BMW 전시장이 예상 외로 커서 진열된 차도 족히 30대는 되는 듯했다. 이곳에서 리셉션을 한다면 1,000명 이상은 넉넉하게 수용할 수 있어 보였다.

비엔나의 인구가 170만 명인데 덴첼이 그런 자동차 시장을 겨냥하면서 대규모의 전시장을 운영하는 것을 보니 이해가 되지 않았다. 자동차 왕국이라는 미국의 수도 워싱턴에서도 보지 못한 초대형 자동차 전시장이 알프스의 산자락 끝에 있다니 믿기지 않았다.

자동차 전시장에는 최신 기종의 BMW 전시 차량들이 번쩍거리고 있었다. 세단형, 해치백형, 승합차, 스포츠카가 종류별로 자태를 뽐냈다. 전시장의 한쪽에는 앙증맞은 크기의 2인승 승용차인 미니 Mini도 보였다. 슈미트는 전시장에 즐비하게 늘어선 BMW 자동차들을 가리키며 말했다.

비엔나 덴첼 본사 BMW 전시장 |

"한국으로 귀국하실 때 자동차를 기념품으로 가지고 가겠다고 하셨는데, 이곳에 오신 김에 저희 차를 구입하시지요. 뒤쪽 건물에 있는 특별전시장에는 슈퍼카 페라리도 여러 대 있습니다. 좋은 가격에 드리겠습니다."

슈미트는 역시 탁월한 자동차 세일즈맨이었다. 만나자마자 자동차를 사라고 하더니 이번에는 슈퍼카 페라리도 있으니 그것도 보라고 권유했다. 정말로 못 말릴 정도로 자동차를 향한 열정이 강한 사나이다. 자동차 전시장이 비엔나 차차차를 위한 공연장의 크기로 적절한지 가늠해보면서 슈미트에게 물었다.

"전시장이 크군요. 미국에서도 이렇게 큰 자동차 전시장은 보지 못했는데 뜻밖이군요. 매장이 이렇게 큰 특별한 사연이 있나요?”

슈미트는 전시장을 둘러보며 호기롭게 말했다.

“저희 자동차 판매장이 유럽에서 제일 큽니다. 유럽 자동차의 각
축장이라는 프랑크푸르트에도 이런 규모의 자동차 판매장은 없지
요. 뮌헨의 BMW 자동차 박물관은 예외가 되겠지만 그곳은 박물
관이지 딜러가 자동차를 판매하는 곳이 아닙니다. 우리는 유럽에
서 가장 큰 자동차 판매장을 가지고 있는 것을 자랑스럽게 생각합
니다. 비엔나 사람들은 스케일이 크지요. 유럽 대륙의 절반을 통치
했던 합스부르크 왕조의 기질이 비엔나 사업가의 유전자에 녹아 있
기 때문입니다.

크리스털의 걸작이라는 ‘스와로브스키Swarovski’와 에너지 음료의
지존이라는 ‘레드불Red Bull’이 그런 과정을 거쳐 세계적인 기업이
됐지요. 저희 회사의 창업주이신 볼프강 덴첼Wolfgang Denzel 회장님
도 그런 원대한 포부를 가지고 계셨지요. 이 건물에 창업주의 정신
이 담겨 있습니다. 이곳 매장 이름도 백만 단위인 ‘메가 덴첼MEGA
Denzel’입니다. 그래서 덩치가 큰 제가 덴첼의 정신에 잘 맞는 것 같
습니다.”

슈미트는 덴첼의 자랑을 한바탕 늘어놓은 뒤에 호탕하게 웃었
다. 슈미트의 말대로 비엔나의 저력이 덴첼 본사의 자동차 전시장
에 담겨 있었다.

큰 나무 사이를 걸어 다녔더니 키가 커졌다는 말이 있듯이 인구
170만 명의 도시이며 한국 교민이 1,500명에 지나지 않는 비엔나에
서 한국인 기업가가 경영하는 ‘영산’이라는 다국적 기업이 태어나

고, 한국 여성의 손으로 열 개가 넘는 프랜차이즈 레스토랑인 '아카키코'가 만들어진 것은 결코 우연이 아니었다. 영산의 박종범 회장과 아카키코의 전미자 사장도 세계시장을 상대로 하는 합스부르크 왕조의 후예들이 각축하는 비엔나의 냉엄한 시장에서 살아남기 위해 현지의 거목들과 치열하게 경쟁하다 보니, 눈높이가 높아지고 키가 커진 것이다.

🌿 유레카! 나도 찾았다

슈타들러 회장을 만났다. 용모와 체격이 슈미트와는 반대였다. 슈미트가 검투사와 같다면 슈타들러 회장은 원로원의 장로와 같았다. 슈타들러 회장의 조금은 휘어 보이는 등과 백발이 성성한 모습에서, 현대자동차의 세일즈맨에서 시작해서 덴첼의 회장에 오른 경륜이 느껴졌다. 슈타들러 회장이 나를 환영하는데 인사말이 뜻밖이었다.

"덴첼에 오신 것을 환영합니다. 제가 덴첼의 회장이 된 뒤로 공사님이 이 방에 들어오신 첫 번째 대한민국 외교관이시군요."

슈타들러 회장의 집무실에 처음으로 대한민국 외교관이 들어왔다고 하니 믿기지 않았다. 덴첼이 한국 기업이 아니기 때문에 한국 대사관에서 덴첼과 접촉하는 일의 우선순위가 밀렸던 것 같았다. 하지만 과거는 흘러갔다. 오늘이 중요하고 내일은 더 중요하다고 생각하면서 비엔나 차차차로 운을 뗐다.

"비엔나 차차차로 덴첼과 함께 일하게 되어 반갑군요. 한국 자동차를 판매하는 덴첼의 가족들이 한국 문화를 이해하는 좋은 기회가 되기를 바랍니다."

슈타들러 회장이 미소를 지었다.

"우리 전시장에서 비엔나왈츠를 공연한다고 하면 큰 호응을 얻기 어렵겠지만, 비엔나 차차차를 한다면 관심을 보일 사람들이 많습니다."

"23구 전시장에서 공연을 한다면 덴첼에서는 몇 분이나 참석할 수 있을까요?"

"한국 대사관에서 원하는 만큼 참석이 가능합니다. 덴첼의 가족은 1,000명이 넘습니다. 자동차 판매장도 오스트리아 전역에 100개가 넘습니다. 우리는 한국 대사관에서 원하는 판매장을 공연장으로 열어드리고, 원하는 숫자의 청중을 초대할 수 있습니다."

슈타들러 회장의 통 큰 결정과 선심이 계속해서 나왔다.

"23구 전시장만 생각하지 마시고 다른 전시장도 염두에 두고 일을 추진하시지요."

"그러면 아래층에 있는 전시장을 개방해줄 수 있는지 궁금합니다. 만약 그렇게 된다면 덴첼에서 1,000명의 청중이 참석할 수 있는지요?"

적잖이 놀랐다는 듯, 슈미트의 눈썹이 위로 치솟아 올라갔다. 그 말에 슈타들러 회장이 잔잔하게 웃었다.

"당연히 본사 전시장도 열어드리고 원하는 숫자의 청중도 저희가 초대할 수 있지요. 그런데 한 가지 제안을 드려도 되겠습니까?"

"무슨 제안인가요?"

슈타들러 회장이 진지한 표정으로 제3의 장소를 추천했다.

"시내 중심가에 현대자동차의 전용 전시장이 있습니다. 그곳이 대중교통이 편합니다. 저희 고객과 한국 교민들이 공연장에 오기도 편하고, 시내 중심가에 있기 때문에 공연을 홍보하는 효과도 뛰어나지요. 거기도 매장 규모가 작지 않은 편이라 200명 이상의 관객을 초대할 수 있습니다. 그곳을 추천 드립니다. 마침 그 전시장의 지배인이 이벤트 기획가 못지않게 행사를 잘합니다. 슈미트 본부장과 함께 현장을 가보시면 만족하실 겁니다."

슈타들러 회장의 추천에 노련함이 배어 나왔다. 그의 발언에 모처럼 비엔나 시내 한복판에서 판을 벌려 현대자동차를 제대로 홍보해보자는 의도가 흠뻑 담겨 있었다.

슈미트 본부장과 함께 6구에 있는 덴첼의 현대자동차 전시장으로 갔다. 자동차 전시장의 구조가 한국 남해안에 있는 다랑이 논을 연상시켰다. 전시장의 4분의 1 정도는 다랑이 논의 2층처럼 테라스 형태로 되어 있어, 그곳의 눈높이는 1미터 이상은 높아 보였다. 거기에는 덴첼의 주력 상품인 산타페가 색상별로 자리를 잡고 있었고, 다랑이 논의 1층 같은 전시공간에는 현대자동차의 승합차와 소형자동차들이 손님을 기다리고 있었다.

마당놀이 형태로 공연하려면 1층 전시장의 중앙에 무대를 만들어야 하는데, 그렇게 한다면 전시장의 규모가 줄어들어 150석의 의자를 깔기도 버거워 보였다. 그런데 슈타들러 회장은 무슨 근거로 이곳에 200명 이상을 수용할 수 있다고 했을까? 다랑이 논의 2층과 같은 산타페의 전시공간을 보았다. 전시장의 한가운데 테라스로 올라가는 계단이 보여 계단을 따라 테라스로 올라갔다.

테라스에서 아래를 내려다보니 아래에 있는 전시공간이 제법 넓어 2미터 거구인 슈미트도 왜소해 보였다. 무대의 위력이 대단하네 하고 생각하니 정신이 번쩍 들었다. 건축가는 테라스에 무대를 숨겨 놓았는데 나는 숨겨진 무대를 보지 못하고 아래층에서 마당놀이를 할 공간만 찾고 있었던 것이었다. 스스로 생각해도 나는 답답한 사람이었다. 처음에는 극장식 무대만 찾던 사람이 마당놀이 형태의 무대를 만들어보자고 비엔나를 뒤지다가, 정작 애타게 찾던 극장식 무대 앞에서 마당놀이를 할 공간만 찾고 있었으니.

비엔나는 넓고 배울 것은 많았다. 아르키메데스가 목욕탕에서 '아르키메데스의 원리'를 착안하고 "유레카 Eureka: 찾았다!"라고 외치며 알몸으로 목욕탕을 박차고 나왔다는 일화가 떠올랐다.

"유레카! 나도 찾았다. 여기가 비엔나 차차차의 무대다."

🌿 알프스에서 온 절망의 편지

이제 한숨을 돌릴 만했다. 에바도 보성녹차의 가격으로 놀란 가슴이 진정된 것 같았고, 론칭 행사의 날짜도 정해졌고, 아쉬움은 있지만 한국 녹차 기획전에 필요한 상품들도 그럭저럭 준비됐다. 보성에서 오는 국악인들도 정해졌고, 에바가 희망하는 대로 다례시연을 할 수 있으며, 슈미트와 슈타들러 회장의 도움으로 비엔나에서 판소리 공연을 할 수 있는 무대도 마련했다. 이제 브레겐츠에서 개최하는 '국제전자선거세미나'에 참석한 뒤에 그곳에서부터 여름 휴가를 보내면 되겠다 생각하고 그랜저를 몰고 비엔나를 떠났다.

오스트리아의 서쪽 끝에 있는 브레겐츠는 스위스와 인접한 국경 도시다. 아름다운 보덴제^{Bodensee} 호수를 끼고 있어 가족 단위의 휴양객이 즐겨 찾으며, 독일·스위스·이탈리아·슬로베니아와 연결되는 길목에 있어 방문객도 많은 도시다. 이곳에서는 축제도 자주 열리지만 압권은 브레겐츠 시내를 감싼 보덴제 호수에서 펼쳐지는 베르디의 오페라 〈아이다^{Aida}〉 공연이다.

보덴제 호수의 오페라 야외극장은 호수에 수상 무대를 설치하고, 무대 배경으로 뉴욕에 있는 '자유의 여신상'의 주요 부분인 횃불을 든 손과 발을 주제로 대규모 조형물을 만들어 배치했다. 압권은 '자유의 여신상'의 머리였다. 오페라 〈아이다〉의 무대감독은 공연 도중에 좌우로 분할한 '자유의 여신상'의 거대한 반쪽 얼굴을 두 대의 기중기^{起重機}로 제각각 들어 올린 다음 공중에서 하나의 거대한 조형물로 합체해 관객에게 놀라운 즐거움을 선사한다.

이곳에서 브레겐츠의 공연기획가들은 어떻게 건설현장의 기중기를 이용해서 예술적인 공연 무대를 만들었는지 현장을 보고 싶었다. 내친김에 알프스도 한 바퀴 돌아볼 생각이었다. 알프스 산자락을 돌아다니면서 열린 세상과 소통하려면 최소한 이메일은 주고받는 통신수단이 필요하다싶어 노트북도 챙겼다. 숙소도 인터넷이 개통되어 있으면서 코코도 손님으로 받아주는 곳으로 정했다.

유럽에는 개를 손님으로 받아주는 호텔이 있지만 그런 호텔은 상대적으로 숙박료가 비싸다. 코코도 보통 하룻밤에 10유로 안팎의 객실요금을 낸다. 개와 함께 여행하면 제약을 많이 받는다. 호텔을 정하는 것도 불편하고, 개를 데리고 박물관이나 성당 등에는 입장하지 못해 볼거리를 제대로 보지 못하는 상황도 생긴다. 그래도 코코가 발산하는 치유Healing의 효과는 대단했다. 야근으로 밤늦게 집에 들어갈 때도 코코는 언제나 문 앞에서 나를 반겼다. 낯선 땅인 비엔나에서 해바라기처럼 충직하게 나를 바라보는 코코를 보면 위안이 됐다. 그래서 의사들은 심약한 환자에게 동물과 교감하라고 조언하는 것이다.

연일 계속되는 폭염에 아스팔트는 뜨겁게 달궈지고 있던 어느 날, 브레겐츠 시내의 간선도로가에 있는 호텔에 도착했다. 성수기라 호숫가에 있는 호텔의 객실은 일치감치 동났다. 시내의 도로변이라 여건도 좋지 않으면서 객실 요금은 비싼 호텔이 늦깎이 여행객의 지갑을 보며 웃고 있었다. 객실에 들어갔다. 어럽쇼! 객실에 에어컨이 없다. 마치 사우나실에 들어온 것처럼 숨이 탁 막혔다. 서둘러 창문을 열었더니 폭주족들이 간선도로를 질주하며 만드는 자동차 엔진의 굉음이 마치 대포를 쏘듯이 쾅쾅 소리를 내며 내 귀를 때렸다. 가만히 있어도 짜증이 절로 나는 호텔이었다.

노트북을 인터넷에 연결했다. 노정이 계장의 이메일이 보였다. 노정이 계장이 가능하면 휴가 중인 사람에게 연락하지 않으려고 했는데, 비엔나에서 주문한 상품의 내용을 다시 한 번 확인해달라고 요청했다. 노정이 계장이 이메일의 말미에 한국 녹차 기획전을 걱정하며 물어왔다.

"비엔나에서 주문한 상품들이 단조로워 보이는데 행사 진행에 문제가 없을까요?"

그 말이 뾰족한 가시가 되어 내 손끝을 찔렀다. 노정이 계장의 말대로 에바가 주문한 물량이 적어 행사에 차질을 줄 수 있다고 생각하니 덜컥 부담이 되었다. 역시 미노타우루스는 현명하게도 그 틈을 놓치지 않고 보덴제 호수에 불안 바이러스를 퍼트렸다. 불안 바이러스는 브레겐츠에서 나를 감염시키고 바이트호펜으로 향했다.

슬로베니아의 수도인 류블랴나에 도착한 뒤에 에바의 이메일을 확인할 수 있었다. 좀처럼 이메일을 보내지 않는 사람에게서 연락이 오니 불길한 예감이 들었다. 아니나 다를까? 좌절^{Desperate} 이라는 표현이 눈에 들어왔다. 라비린토스의 깊은 곳에서 우리를 노리던 미노타우루스가 퍼트린 '불안 바이러스'는 바이트호펜에서 에바를 감염시켰다. 에바는 유디트처럼 용감하게 칼은 뽑았지만 아직도 불안의 목은 베지 못한 것 같았다. 편지에 에바의 불안과 좌절이 구구절절하게 묻어나왔다.

친애하는 공사님에게,

한국 녹차 기획전과 관련해서 '좌절'하는 심정으로 편지를 씁니다. 한국 녹차 기획전에서는 제대로 보여줄 것이 없고 상업적 이윤도 기대할 수가 없군요. 우리는 한국에 차를 구매하러 가서 그곳에서 가능한 많은 종류의 상품을 구입해 한국 녹차 기획전을 준비하려고 했습니다. 우리는 다양한 종류의 차를 넉넉하게 구매하고 도자기로 만든 다완과 차와 관련된 상품도 구입하기를 원했지요. 그러나 우리는 보성에 있을 때 다양한 차들을 충분히 시음하지 못했습니다. 가격에 대해서도 만족할 만한 협의를 하지 못했고요. 우리는 적은 품목의 차 샘플을 맛보았으며, 우리가 선호하는 몇 가지 품목만을 선택할 수밖에 없었습니다. 우리가 보성에서 구매하려는 차의 가격은 다른 나라의 차와 비교할 때 너무 비쌉니다. 녹차, 떡차, 그리고 상상을 초월하게 비싼 황금녹차, 세 가지만으로 한국 녹차 기획전을 강행한다면 저의 명예는 실추될 것 같습니다. 더는 언론인에게 보도자료를 내는 것은 의미가 없어 보이네요. 열 사람의 언론인에게 세 종류의 차를 선보인다는 것이 얼마나 어리석은 일입니까!

공사님께서 세심하게 일정을 주선했고 보성에서도 우리를 환대했지만, 우리도 한국을 다녀오느라 적지 않은 경비를 들였습니다. 한국 녹차의 가격이 비싸서 손실이 예상되는 상품들은 구매하기가 어렵군요. 시간에 여유가 있다면 한국 녹차 기획전을 위해 한과나 다른 차들을 추가로 구매하고 싶습니다. 지난번 샘플에 있던 한과 네 종류를 긴급히 공수해주시면 전시회에 도움이 되겠지요. 둥굴레차나 인삼차 같은 한국의 전통차를 경쟁력 있는 가격에 구매할 수 있다면 그것들도 전시회에 도움이 될 겁니다. 공사님이 휴가를 마치고 비엔나로 돌아오시면 이 문제로 대화하고 싶군요. 소식을 기다리겠습니다.

에바로부터

🌿 코코와 미노타우루스의 대결

어쩌다 상황이 이렇게 됐나? 에바가 의욕적으로 추진한 한국 녹차 기획전이 실패로 끝난다면 후유증이 클 것이다. 명성을 쌓기는 어렵지만 무너지는 것은 한순간이기 때문이다. 남이 멀쩡하게 잘하는 사업에 끼어들어 그들에게 경제적 손실을 초래하면서 명예가 실추되도록 방관해서는 안 된다.

에바의 절박한 심정과 희망사항을 보성에 알려 적극적으로 해결방안을 마련할 때였다. 노정이 계장에게 비엔나의 위기를 알리는 이메일을 보냈다. 보험 삼아 대나무잎차·국화차·감잎차·뽕잎차 등 기억나는 한국 전통차의 가격도 알아봐 달라는 당부도 잊지 않았다.

열흘 가까운 여행을 마치고 비엔나에 돌아왔다. 앞산의 포도밭도 반갑고 성 네포무크 조각상도 반가웠다. 에바는 안정을 되찾았을까? 누가 치유 능력을 갖고 있을까 하며 고심하는데 코코가 다가왔다. 코코는 나에게 꼬리를 치며 무슨 고민을 그렇게 심각하게 하는지 물었다. 코코의 모습을 보니 위안이 됐다. 불안 바이러스를 퇴치하는 백신은 다른 어디에 있는 것이 아니라 코코에게 있다는 생각이 들었다. 그래! 코코는 불안 바이러스를 퇴치하기 위해 한국에서 날아온 치유의 검투사였다!

불안 바이러스로 고통 받는 에바에게 코코가 발산하는 치유 능력을 나눠주자면서 코코를 데리고 슈테판 광장으로 나섰다. 코코를 앞세우고 하스앤하스의 카페로 향했다. 테라스 카페를 덮은 포도나무에 달린 포도알이 제법 굵어졌다. 에바는 차 세일즈맨으로 보이는 30대 중반의 남성과 대화를 나누고 있었다. 테이블에는 차 샘플들이 놓여 있었다. 차 세일즈맨은 테이블에 널린 상품들을 주섬주섬 챙겨 가방에 담고 자리에서 일어났다. 그는 에바로부터 원하는 것을 얻지 못했는지 욕구불만에 찬 표정으로 얼굴을 실룩거리며 테라스 카페를 떠났다.

코코는 레스토랑에서 풍기는 음식 냄새를 맡고 테라스 카페 안으로 들어가자며 보챘다. 에바가 코코를 봤다. 그녀는 환영의 인사로 코코에게 손등을 내밀었다. 코코는 그 손등을 외면했다. 그 모습에 에바는 적잖이 실망하는 표정이었다.

"코코가 도도하군요. 숙녀는 도도해야 합니다. 코코는 매력이 있군요."

이 말을 들었는지 코코는 고개를 돌려 에바의 손등에 코를 가까이대고 킁킁거렸다. 코코는 에바의 손등에 집중하더니 그 손등을 가볍게 핥았다. 마치 에바에게 우리가 힘을 합해 미노타우루스의 불안 바이러스와 싸우자고 제안하는 것 같았다. 에바의 얼굴에 미소가 번졌다. 그녀는 페터가 키우는 고양이들 때문에 좋아하는 개를 키우지 못했다. 에바는 코코를 통해 개를 키우는 기쁨을 대리만족한 것이다. 코코는 황소머리의 미노타우루스가 퍼뜨려서 기승을 부리는 '불안 바이러스'를 퇴치하려고 비엔나의 슈테판 광장에 출동한, 작지만 야무진 한국의 전사戰士였다.

코코의 치유 백신이 효력을 발휘했다. 코코의 헐떡거리는 숨결에 '불안 바이러스'는 코코의 눈빛을 외면하며 크레타 섬의 라비린토스로 향했다. 미노타우루스는 코를 벌름거리며 '불안 바이러스'를 질책하며 물러서지 말라고 호통쳤다. 하지만 어쩌겠는가? 슈테판 광장의 유디트는 '불안 바이러스'를 퇴치하는 백신을 구했다. 에바는 불안 바이러스에서 벗어나며 미소를 지었다. 나는 에바에게 '희망의 나라'에서 온 '긍정의 힘'이 담긴 메시지를 전해주었다.

"보성에 연락해서 한과를 탁송하라고 요청했고 추가로 희망하신 차들을 보내달라고 했습니다. 여사님이 말씀하신 차 외에도 한국에는 국화차·대나무잎차·감잎차·뽕잎차 등 많은 전통차가 있습니다. 보성에서 그 차들을 챙기고 있습니다. 한국에서 다양한 종류의 차들이 오면 그중에 전시할 만한 상품이 있을 겁니다.

4인조 국악 팀도 비엔나에 옵니다. 비엔나 언론인들에게 충분한 화젯거리가 될 겁니다. 다례시연도 쓸 만한 기삿거리가 되겠지요. 언론인들은 특종을 잡으려고 한 방을 찾습니다. 우리에게는 확실한 한 방이 있습니다. 황금녹차는 그 역할을 톡톡히 할 겁니다. 우리는 결코 만만한 팀이 아닙니다. 반드시 승리합니다. 긍정의 힘을 믿으세요."

에바는 다례시연과 판소리 공연에 언론인들이 관심을 보일 것이라는 나의 지적에 공감하며 고개를 끄덕였다. 에바는 코코를 보며 미소를 지었다. 역시 코코가 발산하는 감정적 치유의 힘은 강했다. 등 뒤에서 인기척이 났다. 페터였다. 그는 오른쪽 옆구리에 무언가를 끼고 서 있었다. 한국 녹차 기획전에 사용할 포스터였다. 페터는 에바의 옆자리에 앉으며 조심스럽게 운을 뗐다.

"그래픽 디자이너가 작업한 시안이 나왔습니다."

페터는 수줍어하는 모습으로 포스터를 펼쳤다. 한국의 정겨운 토담이 돋보이는 보성의 아담한 기와집, 둥글둥글한 장독대, 푸른 차밭 등 대한민국 전라남도 보성의 아이콘이 비엔나에 있는 독일기사단의 중정에 불쑥 튀어나왔다. 포스터를 한 장 한 장 넘겼다. 바이트호펜에서 보던 사진첩과는 달랐다. 대형 포스터가 주는 보성의 이미지가 아름답고 강력했다.

포스터 하단에는 하스앤하스의 로고인 "Haas & Haas Wien"의 화려한 글씨가 심미주의자인 페터의 미적 감각을 한껏 과시하고 있었다. 하지만 정작 포스터의 주인공인 "KOREA"는 보이지 않아 이게 무슨 일인가 하는 심정으로 포스터를 내려다보며 페터에게 물었다.

"여기에 'KOREA'가 들어가야 하는데 시안이라 빠진 건가요?"

페터는 고개를 가로저었는데 그 모습에서 호두알같이 단단한 심미주의자의 신념이 살아 나왔다.

"사진만 봐도 한국이라는 것을 바로 알 수 있습니다. 토담과 기와집은 한국의 전형적인 아름다움을 잘 보여주고 있습니다."

심미주의자의 관점에서는 그렇게 해석할 수도 있는 듯했지만 여기에서 밀리면 "KOREA"는 슈테판 광장에 선도 보이지 못하고 퇴출될 것 같았다. 아차하고 방심하면 한 방에 날아간다고 생각하니 마음이 바빠졌다.

"저희는 한국을 홍보해야 하는데 비엔나 손님들은 사진만 봐서는 저 기와집이 중국에 있는 것인지, 일본에 있는 것인지 알지 못할 겁니다. 'KOREA'를 넣어야 차별화가 되어서 한국을 제대로 홍보할 수 있지요."

페터의 표정을 보니 한 치도 물러서지 않을 기세였지만, 에바는 조정이 가능한 사안이라는 뉘앙스를 풍기며 나에게 말했다.

"다시 검토를 해보지요."

홀로페르네스의 목을 베다

보성에서 연락이 왔는데 노정이 계장이 고군분투한 모습이 보였다. 보성 차밭을 계절별로 찍은 사진과 다례시연을 하는 좋은 영상 파일을 찾았고, 비엔나에서 주문한 상품을 항공편으로 탁송했으며, 긴급 요청한 한국 전통차를 수집해 탁송을 준비 중이라고 했다. 보향다원의 최영기 사장은 황금녹차에서 황금이 나오는 것을 증명하기 위해 서울에 있는 대학의 연구소에 시료를 보냈고, 황금이 몸에 좋다는 의학적 소견이 들어간 연구논문도 챙겼으며, 떡차에 대한 설명도 준비했다고 전해왔다.

핸드폰이 울렸다. 페터였다. 그는 한국 녹차 기획전에 사용할 포스터와 보성녹차의 라벨을 완성했다면서 내가 언제 슈테판 광장에 나올 수 있느냐고 물었다. 쇠뿔도 단김에 빼라고, 당장 슈테판 광장으로 뛰쳐나갔다.

테라스 카페에 하스 부부가 보였다. 테이블 위에 대형 포스터들이 놓여 있었다. 페터의 작품이다. 에바는 테이블에 놓인 포스터 하나를 펼쳐 보였다.

"한국을 위한 깜짝 선물을 준비했습니다. 포스터의 가운데를 보세요."

에바가 펼친 포스터 한가운데 타조 알만 한 크기의 다섯 글자가 담겨 있었다.

KOREA

ⓒ 하스앤하스와 보성군청

에바는 테이블에 놓인 보성의 가을 차밭이 담긴 포스터를 두 손으로 들어 올리면서 나에게 정면으로 포스터의 한가운데에 있는 'KOREA'를 보라는 듯이 자기의 몸을 왼쪽으로 틀었다. 에바의 손에 들린 포스터가 출렁거리면서 그녀의 두 손이 머리 위로 올라갔다. 포스터에 담긴 'KOREA'가 마치 카메라의 줌으로 피사체를 잡아 당겨 확대되듯이 내 눈에 확 하고 들어왔다.

에바는 황금빛으로 물들어가는 보성 차밭의 사진을 올려다보면서 이제는 정말로 내가 할 일을 다했다며 자부심이 넘치는 몽환적인 미소를 지었다. 그 미소는 클림트의 〈키스〉에 그려진 여인의 희열에 찬 미소만큼이나 행복해 보였다. 페터도 흐뭇한 표정으로 에바를 바라보고 있었다. 그 모습을 보니 페터는 마치 〈키스〉의 남자 주인공 같았다. 〈키스〉의 남자 주인공이 듬직한 목덜미를 노출하고 우직스럽고 투박한 두 손으로 사랑하는 여인을 감싼 것처럼, 페터도 바이트호펜에서 보여주었던 프로 레슬러와 같은 육중한 체격으로 사랑하는 여인을 감싸주는 넉넉한 인간 울타리였다.

나는 그 모습에서 율리우스 마이늘 2세를 떠올렸다. 그가 미치코 마이늘의 아낌없는 후원자가 되어 그라벤에 일본 녹차의 수호천사와 같은 미치코 마이늘을 탄생시킨 것처럼, 페터도 에바의 아낌없는 후원자가 되어 슈테판 광장에 한국 녹차의 수호천사와 같은 에바 하스를 탄생시켰다.

슈테판 광장에 있는 독일기사단의 중정에 보성의 여름과 가을 차밭이 화려하게 펼쳐졌다. 알라딘의 등잔 속에 살고 있는 마법사 지니 Genie가 보성 차밭을 통째로 비엔나의 슈테판 광장으로 옮겨온 것 같았다. 슈테판 광장에서 산책했던 모차르트도 보성 차밭의 아름다운 자태에 감탄하면서 보성녹차를 위해 곡을 만들려고 오선지를 펼칠 것 같았다. 독일기사단의 기사들도 칼을 뽑아 하늘로 높이 쳐들고 보성 차밭에 경의를 표하지 않았을까? 페터의 사진을 선정하고 글자를 배열하는 미적 감각과 갈무리 솜씨가 깔끔했다.

"이렇게 멋진 작품을 보니 행복합니다. 'KOREA'라는 글자도 너무 잘 어울리고요. 이제 슈테판 광장을 찾아오는 사람들은 저 차밭이 한국에 있다는 것을 확실하게 알겠군요. 그리고 하스앤하스가 한국의 명품녹차를 비엔나에 소개한다는 것도 알 겁니다."

에바는 포스터를 한 장 한 장 넘겼다. 작은 규격의 사진이 나왔다. 보성녹차의 상품 라벨이었다. 라벨은 대형 포스터에 사용한 보성 차밭의 사진을 활용해 만들었다. 차밭 사진의 좌측에 수직으로 시원하게 여백을 만들고 그곳에 "KOREA BOSEONG GRUNER TEE 한국 보성녹차"의 문구를 새겼다. 라벨의 하단에는 수평으로 여백을 만들고 "Haas & Haas Wien"의 로고를 담았다.

보성녹차의 유럽 진출 제1호 제품의 라벨 시안이 나왔다. 라벨에 펼쳐지는 보성 차밭이 아름답고 신비로웠다. 그런데 무언가 아쉬웠다. 보성군을 상징하는 마름모 모양의 보성 로고가 보이지 않았다. 그것이 들어가면 금상첨화다. 첫 단추가 중요하다. 비록 이곳에서 시작하는 일이 크지는 않지만 한국 녹차가 유럽에서 현지법인과 협력사업의 형태로 첫발을 떼는 소중한 선례가 된다. 걸어가는 만큼 길이 생긴다. 보성의 로고를 라벨에 넣자. 그래야 슈베르트의 〈미완성교향곡〉 제4악장의 피날레가 완성된다고 생각하면서 어떻게 운을 뗄까 주저하는데 페터가 웃으며 나에게 물었다.

"공사님 표정을 보니 무언가 하고 싶은 말씀이 있으신 것 같은데, 이번에는 무엇을 넣고 싶으신가요?"

"라벨이 잘 나왔습니다. 거기에 보성군의 로고를 넣으면 완성도가 높을 것 같습니다. 라벨의 왼쪽에 있는 여백에 보성군의 로고를 넣으면 어떨까 하고 생각해봤습니다."

에바는 고개를 가로저으며 강하게 반대했다.

"거기에 보성군의 로고를 넣을 여유가 없습니다. 로고를 넣으려면 활자의 크기를 줄여야 하는데 그러면 전체 균형이 무너집니다."

예상 밖이었다. 에바는 조용하지만 확실하게 반대를 표했다. 그동안 수차에 걸쳐 호두알 같은 신념을 가진 페터를 설득해온 에바였다. 이번에 페터는 반대하지 않을 것 같아서 마음을 놓았는데 믿었던 사람이 배반의 장미를 던졌다. 라벨을 보았다. 에바의 지적대로 내가 원하는 곳에 보성군의 로고를 넣는 것이 적절치 않아 보였다. 로고를 라벨의 하단 여백에 넣을 수도 없다. 그곳은 "Haas & Haas Wien"을 위한 공간이었다.

라벨에 있는 보성 차밭을 보았다. 붉은 단풍에 황금색으로 물드는 차밭의 오른쪽 하단에 부채를 펼친 모양의 어두운 부분이 보였다. 자세히 보니 차밭의 고랑에 그늘이 진 곳이다. '여기에 해답이 있데' 하는 심정을 담아 페터에게 물었다.

"이 공간에 보성군의 로고를 넣으면 구도를 안정적으로 잡아주면서 전체적으로 밝은 느낌을 줄 수 있습니다. 다이아몬드 형상의 예리한 느낌이 생동감을 줄 것 같은데 어떻게 생각하시나요?"

페터는 보성녹차 라벨을 보며 고개를 끄덕였다.

"시안을 만들어서 에바와 의견을 나눠보지요. 저에게 보성군 로고의 이미지 파일을 보내주십시오. 시안이 마련되면 연락 드리겠습니다. 저녁식사 시간이 되었군요. 저에게 특석 메뉴가 있습니다."

페터는 메모지를 나에게 건네주며 의미 있는 미소를 지었다.

"만찬의 메뉴입니다. 이걸 다 드시려면 시간이 걸릴 겁니다."

페터가 건네준 메모지에는 열 가지가 넘는 음식과 음료가 적혀 있었다. 메뉴의 순서를 따라가며 음식을 상상하면서 흐뭇해하는데 에바는 오른손으로 입을 가리며 웃었다.

"공사님! 페터가 준 메뉴는 다음 달 론칭 행사에서 사용할 메뉴입니다. 오늘 저녁메뉴는 아니지요."

그 말에 쑥스러운 미소를 지었지만, 페터의 유머감각은 마치 솟아오르는 샘물같이 신선했다.

페터는 나에게 보성녹차의 라벨을 보냈다. 라벨 속에서 보성군의 로고가 동해 바다에서 태양이 떠오르듯이 차밭의 어둠 속에서 솟아오르는 것이 보였다. 보성군을 상징하는 연두색 다이아몬드가 "HAAS & HAAS WIEN"을 든든한 디딤 목으로 받치고, "KOREA BOSEONG한국보성"의 굳건한 기둥을 잡으며 몸을 일으켰다. 찬란한 태양에서 퍼붓는 하얀 광선이 만드는 백금 가루가 보성 차밭에 소록소록 쌓였다. 햇살이 보성녹차에게 말했다.

"어둠을 떨치고 일어나라. 높은 하늘로 솟아라. 넓은 세상으로 가라!"

보성을 상징하는 연두색 다이아몬드가 그 말을 들었다. 몸을 일

비엔나에 진출한 보성녹차 라벨 ⓒ하스앤하스와 보성군청 |

으켰다. 날카로운 모서리로 어둠을 뚫었다. 차밭이 희망의 녹색으로 변했다. 연두색 다이아몬드가 열기구처럼 솟아올랐다. 보성녹차가 넓은 세상으로 가기 위해, 높은 하늘로 향했다.

🌿 합스부르크 왕조의 비밀을 간직한 초상화

노정이 계장에게 비엔나 버전 보성녹차 라벨을 보냈더니 보성에서도 만족하는 것 같았다. 노정이 계장의 목소리에 힘이 실려 있었다.

"라벨이 잘 나왔습니다. 보성녹차가 비엔나에서 각광받기를 바랍니다."

"하스앤하스의 역할에 기대합니다. 일단 진입이 어려운 유럽시장에 들어온 것에 의미를 두면서 한 발 한 발 가다보면 언젠가는 결승 테이프를 끊겠지요."

전화를 끊으며 한국 녹차가 결승 테이프를 끊는 것은, 결국 시간이 말해준다고 생각하니 정신이 버쩍 들었다. 과연 보성녹차가 경쟁이 치열한 비엔나의 차 시장에서 살아남을 수 있을까? 보성녹차가 슈테판 광장에 생존공간을 마련하려면 하스앤하스와 보성이 금전적인 손익계산으로만 이루어지는 관계가 아닌 끈끈한 관계로 발전해야 한다는 생각이 들었다. 과연 어떻게 그런 관계를 맺을 수 있을까?

비엔나 역사박물관Kunsthistorisches Museum Wien에서 막시밀리안 황제의 가족 초상화를 보았다. 초상화 속에서 막시밀리안 황제가 아들인 필리프Phillip 왕자에게 혼인정책으로 합스부르크 가문의 영토를 에스파냐로 확장한 것이 얼마나 중요한가를 눈으로 말하는 것이 보였다.

"다른 나라들은 싸우게 하라, 그대 행복한 오스트리아는 결혼하라Bella gerant alii, tu felix Austria nube." 1)

전쟁의 전략이나 재테크 못지않게 일명 '혼婚테크'의 중요성을 보여주는 초상화였다. 막시밀리안 황제가 후손에게 전해준 합스부르크크 왕조가 자랑하는 혼인정책으로 유럽대륙의 절반을 통치했던 비전秘典이 담긴 말이다. 바로 이거다! 드디어 합스부르크 왕조의 비밀을 간직한 초상화의 암호를 풀었다. 그것은 혼인정책이었다. 막시밀리안 황제의 혼인정책을 현대판으로 활용해보자면서 보성녹차 홍보대사 제도를 떠올렸다.

하스 부부를 보성녹차 홍보대사로 임명한다면 그들은 한국에 보다 더 많은 관심과 애정을 쏟을 것이며, 하스앤하스와 보성군은 경제적 이해관계를 뛰어넘는 끈끈한 관계로 발전할 수 있을 것이다. 제법 쓸 만한 대안이 되기를 바라며 노정이 계장에게 가능성을 타진하니 보성에서도 긍정적으로 응답했다.

"그분들이 보성녹차 홍보대사를 수락하신다면 저희는 좋지요. 그런데 그것이 가능할까요?"

"보성에서 동의하면 이곳에서 가능성을 타진해보겠습니다. 이 사항을 군수님께 말씀드리고 결과를 알려주시지요."

정종해 군수는 하스 부부를 보성녹차 홍보대사로 임명하는 안건에 동의했다. 드디어 보성군이 하스앤하스에게 우리도 합스부르크 왕조의 혼인동맹 못지않은 끈끈한 관계를 맺자면서 보성녹차 홍보대사라는 비장의 카드를 뽑았다.

보성녹차, 시장에 맞서지 마라

며칠 뒤, 다시 하스앤하스 테라스 카페를 찾았다. 비엔나 시내 한복판에서도 계절의 변화를 알 수 있는 테라스 카페의 포도알이 튼실하게 익어갔다. 페터는 궁금해하며 나에게 물었다.

"갑자기 무슨 급한 용무가 있어서 우리 부부를 만나자고 하셨나요?"

"하스 사장님 내외분에게 보성녹차 홍보대사 지위를 권유하려합니다. 두 분께서는 차 사업을 시작하신 지 30년이 넘으셨는데 혹시 다른 나라에서 이런 제안을 받으신 적이 있으신지요?"

페터는 그런 일은 없었다는 의미로 고개를 가로저었다.

"처음입니다. 그런데 왜 우리가 보성녹차 홍보대사가 되어야 하나요?"

"우리는 비엔나의 차 시장에 진출하면서 보성녹차의 가격만으로 유럽시장에 접근한다는 것이 얼마나 어려운지 잘 알았습니다. 그래서 비엔나의 파트너와 신뢰에 기반을 두는 관계를 유지해야 비엔나 성문이 열린다는 결론에 도달했지요. 하스앤하스와 보성이 동맹을 맺으시지요. 그리고 협력의 상징으로 두 분이 보성녹차 홍보대사가 되셔서 비엔나에서 보성녹차를 홍보해주시기 바랍니다. 그러면 보성에서는 비엔나에 계신 홍보대사에게 특별한 배려를 할 겁니다."

에바는 예상치 못한 제안에 놀라는 표정을 지었지만 입가에는 미소가 번져 있었다.

"어떻게 그런 생각을 하셨나요? 우리는 지난 30년간 차 사업을 해왔지만 어느 누구도 이런 제안을 해온 적이 없었습니다. 제 친구들 중에 어느 누구도 홍보대사라는 직함을 갖고 있지 않습니다."

에바는 목소리를 낮추어 페터에게 독일어로 귀엣말을 나누었다.

에바 하스 보성녹차 홍보대사 | 페터 하스 보성녹차 홍보대사 |

페터는 에바의 속삭임에 고개를 끄덕이더니 나에게 악수하자며 손을 내밀었다.

"보성의 제안을 받아들이겠습니다. 우리도 보성녹차가 유럽시장에 진출하도록 도와드리지요. 정종해 군수께도 고맙다는 말씀을 전해주십시오. 이제 저희 부부가 보성녹차 홍보대사가 되었으니 한국을 위해 일해야겠군요."

페터는 웨이터에게 샴페인을 내오게 한 뒤에 조심스럽게 말했다.

"비엔나에서 한국 자동차가 잘 팔리는 건 독일 자동차보다 저렴하면서도 성능이 좋기 때문입니다. 한국 자동차가 품질이 좋다고는 하지만 비엔나 사람들은 아직은 그것을 잘 모르지요. 독일어를 쓰는 사람들이 독일 자동차를 선호하는 것은 당연합니다. 현대자동차가 그런 비엔나 시장을 개척하는 데 20년이 걸렸지요. 처음에는 저렴한 가격으로 접근해서 신뢰와 명성을 축적해야 합니다. 현대자동차가 벤츠보다 비싸다면 누가 선뜻 현대자동차를 살까요?

녹차도 마찬가지지요. 보성녹차가 비엔나에서 제대로 자리를 잡으려면 가격 경쟁력을 갖추어야 합니다. 보성녹차가 가격 경쟁력을 갖추었는지 의문이군요. 저희가 보성녹차 홍보대사가 되었으니 보성녹차에게 쓴소리 한마디를 하겠습니다. 보성녹차! 시장에 맞서지 마세요.”

🍃 얼굴이 두 조각 난 자유의 여신상

며칠 뒤, 노정이 계장이 조심스럽게 비엔나에서 영화를 찍는 문제를 타진해왔다.

“비엔나 방문단원이 추가될 수 있습니다. 보성에서 녹차를 주제로 방송용 다큐멘터리를 찍는 영화감독이 보성녹차가 비엔나에 진출한다는 것을 알고 비엔나 론칭 행사와 덴첼의 공연에 관심을 보이네요. 그 팀이 비엔나 방문단에 합류해서 두 개의 행사를 영화로 찍고 싶어 합니다.”

갑자기 녹차를 주제로 무슨 영화를 찍는가?

“어떻게 영화감독이 비엔나 행사에 관심을 갖게 되었나요?”

“지금 영화제작사에서 추석 특집 텔레비전 방송용으로 녹차를 주제로 다큐멘터리 영화를 촬영하고 있습니다. 촬영 팀이 보성에 와서 차밭을 촬영하고 있는데 보성녹차가 비엔나에 진출한다는 말을 듣고 비엔나 행사에 관심을 보이네요.”

“그 팀이 비엔나에 오는 것은 좋은 일인 것 같은데 무슨 문제가 있나요?”

“다큐멘터리 제작팀이 제작비가 넉넉하지 않아 독자적으로 비엔나로 출장 가는 것이 여의치 않아 보입니다. 저희도 보성녹차를 홍보할 수 있는 좋은 기회인데 제작사와 합작해 촬영 팀을 방문단에 합류시키는 일이 조심스럽습니다.”

“무슨 문제가 있나요?”

“만약 보성군에서 촬영 팀의 경비를 지원하면 공직선거법에 저촉될 것 같습니다. 그 건에 대해서는 중앙선거관리위원회^{선관위}에 유권해석을 의뢰했습니다. 그래서 말씀드리기가 조심스럽네요.”

그렇다면 그 문제는 선관위의 답변이 나와야 결정될 사안으로 보였다. 며칠 뒤에 노정이 계장의 연락이 왔는데 음성엔 실망스러워하는 기색이 역력했다.

“다큐멘터리 촬영 팀이 방문단에 합류할 수 없다는 선관위의 유권해석이 나왔습니다. 이 사안은 포기해야겠습니다.”

노정이 계장의 말을 듣고 보니 사안은 물 건너 간 것 같았다. 다큐멘터리 영화 촬영을 위한 카메라가 알프스를 넘어오다 보덴제 호수에 빠져버린 모양새가 되었다. 호수에 빠진 카메라를 어떻게 건질 수 있을까? 보덴제 호수의 아이다 공연 무대를 회상했다. 거대한 기중기 두 대가 자유의 여신상의 조각난 얼굴을 들어 올려 공중에서 합체했던 모습이 떠올랐다.

비엔나에 있는 영화감독이 촬영을 할 수 있을까? 그렇게만 할 수 있다면 두 개의 조각난 자유의 여신상의 얼굴을 공중에서 합체하듯이 비엔나에서 찍은 영상을 한국으로 보내 한국에 있는 영상과 합체해 사용할 수 있다. 그러면 굳이 한국에서 다큐멘터리 촬영감독이 비엔나에 오지 않아도 원하는 영상을 확보할 수 있다. 보너스로 보성은 비엔나에서 촬영한 영화의 저작권도 단독으로 행사할 수 있다.

그래! 얼굴이 두 조각이 났던 자유의 여신상이 고마울 때도 있구나 하면서 보성에 메시지를 보냈다. 비엔나에 있는 영화감독이 다큐멘터리 영화를 찍는 방안이 있는데 보성의 의견은 어떠냐고 물었다. 보성에서 화답하면서 비엔나에서 촬영하는 영화의 제작비가 한국의 다큐멘터리를 제작하는 영화사와 합작하는 경비보다 적게 들어간다면 사업을 추진할 수 있다고 했다. 목마른 사람이 샘을 판다고 했으니 제대로 된 영화를 저렴한 가격에 찍을 수 있는 적임자를 찾자면서 전문가를 수소문했다.

며칠 뒤, 하스앤하스의 테라스 카페에서 30대 초반의 젊은 예술가인 스테판 페스투카 Stefan Pestuka 와 마주 앉았다. 그는 보성녹차를 위한 기록영화의 촬영을 위해 어렵게 찾아낸 사람으로서, 비엔나왈츠와 결혼을 주제로 좋은 영상을 만들고 싶어 하는 비엔나 영상산업의 젊은 피였다. 그로부터 영화 촬영을 위한 견적을 받았더니 제작비가 만만한 금액이 아니었다. 가격을 놓고 전화로 밀고 당기기를 거듭하다가 촬영 현장인 하스앤하스에서 만나자고 제안했다. 젊은 예술가에게 보성의 '한국 차 박물관'의 사진을 건넸다.

젊은 예술가가 사진을 찬찬히 살피며 나에게 물었다.

"그런데 이 사진은 무엇인가요?"

보성에 있는 한국 차 박물관 ⓒ보성군청

"보성의 한국 차 박물관입니다."

젊은 예술가의 궁금증이 계속됐다.

"그런데 이 사진하고 제가 찍을 행사와 무슨 관계가 있나요?"

"젊은 사장님이 찍으신 영화가 한국의 텔레비전에 나올 수도 있고, 이 사진에 있는 한국의 차 박물관에서 상영될 수도 있습니다. 사장님은 사업을 시작한 지 얼마 되지 않았지만 비엔나에서 차근차근 명성을 쌓아가고 있다고 들었지요. 명성을 한국으로 넓히기 바랍니다.

한국은 인구가 5,000만 명이나 됩니다. 한국의 텔레비전 방송에 사장님 작품이 나온다고 생각해보세요. 적어도 500만 명 이상의 시청자가 사장님 작품을 감상할 겁니다. 그리고 이렇게 아름다운 차 박물관에서 사장님이 촬영한 영상이 상영될 수도 있겠지요. 얼마나 좋은 기회입니까? 젊은 예술가님! 미래에 투자하시지요. 이번 행사로 비록 원하는 만큼의 금전은 손에 쥐지 못하지만 그것을 뛰어넘는 경험과 자부심을 얻을 수 있습니다.”

젊은 예술가가 보성의 한국 차 박물관의 사진을 찬찬히 살피며 물었다.

“우리에게 제시한 가격이 최종 가격인가요?”

“그렇습니다. 하지만 한국의 판소리 공연을 보시면 본인의 돈을 들여서라도 제작하고 싶은 가치가 있다는 것을 알 것입니다. 비록 원하는 만큼의 돈은 아니지만 자신이 원하는 작품을 남의 돈을 받아 제작할 수 있습니다. 얼마나 좋은 기회입니까? 기회를 놓치지 마시고 한번 결심하시지요!”

젊은 예술가는 수첩을 꺼내 일정표를 살피면서 아랫입술을 지그시 깨물었다.

“제시한 가격에 촬영해드리겠습니다. 먼저 이곳 현장부터 살펴볼까요?”

🍃 뚝심 있는 외교관

2010년 9월 초순, 하스앤하스 카페에서 한 여성과 마주 앉았다. 달걀을 연상시키는 갸름한 선이 돋보이는 얼굴에 시원시원한 두 눈은 마치 박물관에 진열된 사파이어가 밝은 조명 아래 푸른빛을 발산하는 것 같았다. 안나 부르크하르트^{Anna Burghardt}였다. 그녀는 《디프레세》의 문화 담당 기자로 지난해에 에바와 인터뷰를 하고 비엔나에 한국 녹차가 없다는 기사를 쓴, 보성녹차를 비엔나로 초대한 당사자였다. 먼저 운을 뗐다.

"비엔나에 한국 녹차는 없다는 기사 덕분에 보성녹차가 비엔나에 왔습니다. 저희도 비엔나의 중심지에서 보성녹차를 선보이게 되어서 기쁘군요. 한국 녹차 기획전으로 한국과 오스트리아의 문화교류가 활발하게 이루어지기를 기대합니다."

부르크하르트는 오른손을 들어 카페의 창문에 길게 걸린 보성 차밭의 사진을 가리켰다.

"저 사진을 보니 한국 녹차가 비엔나에 온 것이 실감이 나네요. 보성 차밭이 아름답군요. 제 탓입니다. 한국 녹차가 비엔나의 사랑을 받기를 바랍니다."

사파이어 빛 눈동자의 여성이 보성녹차가 비엔나에 온 것이 자기 탓이라며, 마치 잘못을 저지른 어린아이가 후회하는 어법으로 말했다. 언어를 틀어서 반어법으로 표현하는 능력이 독자의 감성을 자극하는 기사를 쓰는 데 도움이 될 것 같았다. 그녀는 나를 보며 잔잔하게 미소를 지었다.

"하스 여사와 인터뷰한 뒤에 일어난 일에 대해 후속 기사를 쓰려고 합니다. 이번 하스앤하스의 가을 기획전에는 이야깃거리가 제법 있을 것 같군요. 하스 여사는 공사님을 보고 끈기 있고 뚝심 있는 외교관이라고 하던데요."

“하스 여사께서 무슨 뜻으로 그런 표현을 하셨는지요?”

“제가 쓴 기사가 신문에 나오자마자 한국 대사관에서 한국 녹차가 최고라고 하면서 끈기 있게 자기를 설득해서 결국은 한국의 보성까지 가게 됐다고 하더군요. 그것이 계기가 되어 한국 녹차가 슈테판 광장에 오게 됐다고 합니다.”

🍃 정말, 너무 합니다!

2010년 9월 6일, 저녁 6시의 하스앤하스 차 매장과 카페는 온통 한국 풍으로 치장되어 있었다. 슈테판 성당을 마주보는 네 개의 쇼룸은 한국의 미와 보성 차밭의 아름다운 자태로 화려하게 장식하고 슈테판 동쪽 광장을 오가는 사람들과 대화했다.

쇼룸의 중앙 전시대에는 알프스를 넘어온 황금녹차·보성녹차·떡차·국화차·구절초차·쑥차·한과·녹차비누 등이 페터의 미적 감각으로 맵시를 차리고 진열되어 손님을 기다리고 있었다.

비단상자에 담긴 황금녹차 앞에는 840유로라는 가격표가 놓여 있었다. 녹차 80그램에 한국 돈으로 120만 원이 넘는 가격이었다. 840유로라는 황금녹차의 가격표는 에바가 비싸다고 푸념했던 장미향에 밤 맛이 나는 보성녹차의 가격표에 적혀 있는 31유로를 초라하게 만들었다.

정종해 군수와 박형호 보성군 의원이 보성녹차를 바라보며 흐뭇해하면서도 걱정스러운 듯했다. 보성녹차가 비엔나에 진출한 것을 현장에서 확인하는 것이 기쁘면서도, 매장의 벽을 가득 채운 세계 각지에서 온 차들의 가격을 살펴보며 과연 보성녹차가 이렇게 경쟁이 치열한 비엔나에서 제대로 자리를 잡을 수 있을까 염려하는 것 같았다. 송인석 보성군 녹차판촉계장도 하스앤하스에서 판매되는 차들의 가격을 꼼꼼히 살피며 비엔나 차 시장의 현황을 파악하고 있었다.

차 매장의 한쪽에 화려한 꽃 그림과 탐스러운 포도송이가 돋보이는 병풍이 놓여 있었다. 병풍 앞에는 강화도 화문석으로 만든 돗자리가 사라센의 카펫처럼 펼쳐져 있었다. 병풍의 좌우에 설치된 스탠드의 할로겐전구에서 내뿜는 광선이 병풍에 새겨진 꽃과 포도송이에 생동감을 불어넣었다. 모두 다례시연과 판소리를 선보이기 위해 마련된 소품들이었다. 박인숙 보성군 문화관광과장이 노정이 계장과 귀엣말을 나누며 다례시연과 판소리 공연 준비로 분주하게 움직였다.

내빈들이 몰려왔다. 페터와 에바는 주인공이 되어 손님을 맞았다. 페터는 검정색 콤비 재킷을 걸쳤고, 에바는 아프리카 초원을 활보하는 표범의 얼룩 문양이 들어간 이브닝드레스를 입고 한껏 맵시를 차렸다.

에바는 댕기머리를 한 중년 여성을 나에게 소개했다. 비엔나 여성잡지의 지존이라는 《비네린Wienerin》의 편집자였다. 그녀는 한국 녹차의 론칭 현장을 취재하기 위해 슈테판 광장을 찾아온 언론인이었다. 에바는 최소한 열 명의 언론인이 론칭 행사에 참석할 것이라고 장담했었다. 과연 언론인들이 한국 녹차에 얼마나 관심을 가질 것인가 궁금해하며 에바에게 물었다.

"언론인들이 많이 왔나요?"

에바의 표정이 밝은 것을 보니 일이 잘 풀린 것 같았다.

"벌써 여러 명이 다녀갔습니다. 주말에 관련기사가 나올 것 같군요. 보도자료를 냈는데 언론인의 반응이 좋아 저희도 많이 기대하고 있습니다."

심윤조 대사는 차 매장으로 들어와서 하스 부부와 인사를 나누며 덕담을 건넸다.

"축하합니다. 오늘이 보성녹차가 론칭하는 첫날이군요."

에바는 미소를 지으며 심윤조 대사를 맞이했다.

"바쁘신데도 참석해주셔서 감사합니다."

심윤조 대사는 하스 부부에게 손광웅과 김종기 전 비엔나 한인회장들을 소개했다. 모두 비엔나에서 한인회를 위해 헌신한 사람들이었다. 민자규 영사도 행사에 참석한 교민들과 인사를 나누고 있었다. 이 작은 행사 하나에도 보이지 않는 곳에서 수고를 한 사람들의 정성이 구석구석에 숨어 있었다.

차 매장의 중앙에 현판이 높이 걸려 있었다. 현판에는 화려한 단청이 돋보이는 한국 기와집의 처마에서 돌출된 서까래가 높은 천정을 향해 뻗어 나갔다. 현판의 한쪽에 큼직하게 자리를 잡은 "KO-REA"라는 글자가 선명했다. 심윤조 대사는 눈을 들어 코리아를 보았다. 수도사들의 신을 향한 염원이 하늘로 향하던 아치형 천정에는 KOREA의 기상이 솟구치고 있었다.

드디어 기다렸던 시간이 왔다. 에바는 열주列柱에 등을 기대며 카

하스앤하스에 걸린 현판 ⓒ 페터 하스 |

메라의 촬영 각도를 염두에 두고 있었다. 운집한 청중의 시선이 에바에게 쏠렸다. 에바는 그들에게 보성녹차가 비엔나에 오게 된 사연을 나근나근하게 들려주었다.

"1년 전 ≪디 프레세≫의 주말 특집판에 제가 인터뷰를 한 기사가 실렸습니다. 인터뷰에서 저는 한국 녹차를 구하려고 애를 썼는데 구하지 못해 안타까웠다고 말했지요. 그날 오후에 한국 대사관에서 한국 녹차를 수입하라고 권유하는 전화가 왔습니다. 저희는 한국 대사관의 권유로 지난 4월 보성에 가서 그곳에 좋은 녹차가 있는 것을 확인했습니다.

하스앤하스 차 매장에는 세계적으로 유명한 차들이 많이 있는데 과연 보성에 새로운 차가 있을까 걱정했지요. 저희는 보성에서 활짝 피어난 장미꽃 향이 나는 녹차를 발견하고 바닷가의 좋은 기후와 조화를 이루는 뛰어난 토양에서 자란 보성녹차를 사랑하게 됐습니다.”

에바는 잠시 숨을 고르더니 중앙 전시대로 걸어가서 오른손으로 떡차를 들어 올리면서 내빈들을 둘러보았다.

“떡차는 프랑스의 보르도 와인을 연상시킵니다. 3년 정도 숙성을 시켜야 제맛이 나지요. 떡차는 찻잎을 짓이겨서 틀 안에 넣어 모양을 찍은 뒤에 손으로 다듬어 꽃 모양으로 맵시를 내고 처마 밑에 매달아 바닷가의 신선하고 청결한 바람으로 말립니다.”

에바는 의미 있는 미소로 사람들의 호기심을 자극했다.

“차는 색깔에 따라 백차·녹차·황차·홍차 등이 있습니다. 프랑스에서는 우롱차를 청차Blue Tea라고 부르는데, 한국에 갔을 때 이런 차들과는 다른 색깔이 나는 차가 있냐고 물었더니 보성에는 황금녹차가 있다고 하더군요. 세상에! 한국에는 황금녹차도 있었습니다. 황금녹차는 황금 콜로이드Colloid를 탄 물을 차나무에 줘서 만든 것으로, 차나무는 뿌리에서 황금 성분을 빨아들여 찻잎으로 보내지요. 그 찻잎으로 황금녹차를 만드는 것입니다. 찻잎에 황금이 들어 있어 녹차를 우리면 황금 성분이 차에서 우러나오지요. 황금이 건강에 좋다는 의학적인 증거도 있습니다. 하스앤하스는 금년도 신상품으로 한국의 녹차들을 소개합니다. 여러분은 ‘다례’라고 하는 한국의 티 세리모니에서 황금녹차를 맛보실 수 있습니다.”

에바는 발언을 마치고 내빈들에게 심윤조 대사를 소개했다. 심

윤조 대사는 아치형 공간에 치솟은 "KOREA" 현판을 올려다본 뒤
에 천천히 운을 떼었다.

"비엔나의 아름답고 유명한 카페인 하스앤하스에서 보성녹차를
론칭하는 것을 축하합니다. 하스 부부는 오늘 행사를 오랫동안 준
비했고, 이 행사를 위해 한국의 아름다운 보성 차밭도 다녀왔습니
다."

심윤조 대사는 고개를 돌려 페터와 시선을 맞추었다.

"저분들은 진정한 의미의 개척자Pioneer입니다. 저분들이 한국 녹
차의 뛰어난 맛과 향을 처음으로 오스트리아에 선보이네요. 한국인
에게 차는 단순한 음료가 아닙니다. 차는 한국 문화와 뗄 수 없는
존재지요. 차는 천년의 역사를 통해 한국인의 철학과 생활 속에 녹
아 있습니다. 그것은 '다례'라는 차를 마시는 한국의 전통의식 속
에 담겨 있지요."

심윤조 대사는 '다례'라고 말하면서 표정이 굳어졌다. 그는 외교
관 생활을 하면서 헤아릴 수 없을 만큼 목격했던 일본의 '다도'를 떠
올린 것 같았다. 심윤조 대사는 론칭 행사에 참석한 비엔나 사람들
에게 '다도'와는 다른 '다례'의 뜻을 풀어주었다.

"다례는 '차의 예절'이며 '차의 문화'입니다. 그 안에 정중함Dig-
nity, 조화로운 마음Harmony, 일상의 안정을 추구하는 반복Routine이 담
겨 있지요.

오늘 보성녹차는 오스트리아의 심장인 슈테판 광장에 있는 아름
다운 카페, 하스앤하스에 입점했습니다. 보성녹차가 오스트리아와
유럽을 거쳐 전 세계로 진출하기를 바랍니다. 내년은 한국과 오스

트리아의 수교 120주년이 되지요. 보성녹차로 양국 간 문화 교류의 창이 활짝 열리기를 바랍니다.”

율리우스 마이늘의 2층 천정화에 있는 미치코 마이늘이 슈테판 광장을 바라보며 앙칼지게 말했다.

“한국 속담에 굴러온 돌이 박힌 돌을 빼낸다는 말이 있는데 올해는 우리 시즈오카 녹차가 거기에 당했군요. 그런데 이번에는 ‘한국의 다례’까지 슈테판 광장에 선보이다니! 더구나 현판에 걸린 한국 기와집의 서까래가 수도원 천정으로 뻗어나가면서 우리 욱일승천기의 위용에 도전하는군요. 정말, 너무합니다!”

자기 일에 바쁜 에바는 미치코 마이늘의 볼멘소리를 듣지 못한 것 같았다. 에바는 밀린 진도를 나가려는 듯 내빈들에게 정종해 군수를 소개했다. 정종해 군수는 보성녹차의 야전사령관이 되어 비엔나 전투의 선봉에 나섰다. 마치 폴란드의 왕 얀 3세 소비에스키가 칼렌베르크 산에서 백마를 타고 적진을 향해 돌진하는 것 같았다.

“세계에서 제일 살기 좋다는 아름다운 도시인 비엔나에서 보성녹차를 선보일 수 있는 기회를 주서서 감사합니다. 보성은 한국에서 차를 가장 많이 생산하며, 좋은 차가 나는 한국의 녹차 수도입니다. 그만큼 자부심도 있지요. 우리는 중국과 일본의 녹차를 상대로 가격으로 경쟁하기 어렵기 때문에 품질로 승부하기 위해 최고의 차를 생산하는 데 역점을 두고 있지요. 그런 노력으로 보성녹차의 품질이 많이 향상됐습니다. 보성군수인 제가 보성녹차의 품질을 보증하지요. 우리는 보성녹차를 세계인이 사랑하는 녹차로 만들기 위해 최선을 다하고 있습니다.

보성은 한국의 전통음악인 판소리의 고장입니다. 오늘 문화와 예술의 도시인 비엔나에서 보성의 '판소리'와 한국의 전통 '다례'를 선보입니다. 보성녹차와 판소리를 사랑하고 기억해주십시오."

정종해 군수는 페터와 에바에게 '보성녹차 홍보대사' 위촉 패를 건넸다. 드디어 비엔나의 슈테판 광장에 보성녹차 홍보대사가 탄생했다. 다례시연을 하는 보성 예술인의 손에 들린 황금녹차가 비엔나 시민들에게 건네졌다. 그 모습을 지켜보던 치통의 그리스도가 보성녹차에게 말했다.

"이제 비엔나에 한국 녹차도 있군요. 당신이 여기에 오느라고 곤혹을 치른 것처럼, 나도 당신이 오는 것을 지켜보는 것이 곤혹스러웠지요. 여기에서 알프스의 정상을 향하는 카라반이 시작됩니다. '긍정의 힘'을 믿으세요. 당신은 알프스의 정상에 오를 자격이 있습니다."

가야금과 장구소리가 슈테판 광장에 울려 퍼졌다. 슈테판 성당의 지붕에 자리를 잡고 있는 쌍두독수리는 독일기사단의 수도원 건물에서 울려 퍼지는 음악소리에 귀를 기울이며 날개를 활짝 펼쳤다.

"보성녹차의 비엔나 입성을 환영합니다. 이곳은 모험가를 환영하는 기회의 땅입니다. 모차르트와 베토벤도 여기서 날개를 달았지요. 터키의 커피와 프랑스의 샴페인도 비엔나에서 세계적인 명성을 얻었습니다. 당신도 여기에서 도약하세요. 나도 하늘 높이 날아 당신이 어느 길로 가야 할지 알려드리지요."

다음 날 정오, 페터는 보성에서 온 손님들을 하스앤하스 카페로 초대했다. 그는 오찬에 앞서 오스트리아의 백포도주가 출렁거리는 잔을 들고 손님들에게 환영의 인사를 건넸다.

"보성녹차의 비엔나 입성을 축하합니다. 보성녹차가 비엔나에서 순항하기를 바랍니다."

정종해 군수도 페터에게 덕담을 건넸다.

"보성녹차를 비엔나로 초대해주셔서 감사합니다. 비엔나의 카페 명가에 보성녹차가 입점해 기쁘군요. 보성녹차 홍보대사님의 역할을 기대합니다."

그 말에 페터는 안경을 고쳐 쓰면서 정색했다.

"저희도 보성녹차가 유럽으로 진출하도록 돕겠습니다. 보성녹차의 가격이 비싼데 비엔나의 손님들이 과연 그 가격이 적정하다고 인정할지 걱정이 됩니다. 보성녹차와 저희 매장에 있는 차들과 블라인드 테스트를 한번 해보시지요. 그러면 이곳에서 보성녹차의 위상을 파악하는 데 도움이 될 겁니다."

페터는 바이트호펜에서 제안했던 보성녹차와 하스앤하스에 있는 차들과의 블라인드 테스트를 수면 위로 떠올렸다. 정종해 군수는 보성에서 다향제를 주관하면서 보성녹차의 블라인드 테스트에 참석했었기 때문에 블라인드 테스트의 잔인함을 익히 알고 있는 사람이다.

그런데 페터가 주장하는 블라인드 테스트를 한다면 누구를 상대로 할 것인가? 보성 사람들을 상대로 한다면 결과는 불을 보듯 훤하다. 당연히 보성녹차가 이긴다. 평생 보성녹차를 마신 사람들은 눈을 감고 마셔도 보성녹차의 맛을 알고 보성녹차가 좋다면서 찬성표를 던질 것이다.

하지만 지혜로운 페터는 그런 어수룩한 제안은 하지 않을 것이다. 비엔나 고객의 반응이 중요하다면서 카페에 있는 손님을 상대로 블라인드 테스트를 하자고 제안한다면 결과는 그야말로 예측 불허다. 행여 보성녹차가 블라인드 테스트에서 지기라도 한다면 보성녹차가 비싼 것은 거품이라는 결론이 나온다.

'보성녹차! 시장에 맞서지 말라'고 경고했던 페터의 말이 환청이 되어 카페의 천정에서 울려 퍼졌다. 정종해 군수는 과연 이 도전에 어떻게 응할 것인가? 조심스럽게 그의 모습을 살폈다. 하지만 정종해 군수는 그게 무슨 대수로운 일이냐는 듯이 평상심을 유지한 태연한 모습이었다.

"제가 여기 와서 보니 보성녹차의 품질은 뛰어나지만 가격 경쟁력에 개선의 여지가 있다는 것을 알았습니다. 한국에 돌아가서 그런 부분에 유념하면서 어떻게 가격 경쟁력을 키울까 고민하겠습니다. 굳이 블라인드 테스트를 하지 않아도 하스 사장님께서 심려하시는 내용이 무엇인지 알겠습니다. 저희가 비엔나 보성녹차 홍보대사님의 기대에 부응할 테니 너무 걱정하지 마십시오."

정종해 군수는 페터의 제안을 정중하게 거절했다. 그 말에 페터의 미간이 순간적으로 찌그러졌다. 그는 어떻게 해서든지 보성 사람들에게 넓은 세상의 다양한 차 맛을 보여주고 싶었는데 뜻대로 되지 않자 마음이 편치 않아 보였다. 나는 블라인드 테스트로 야기된 냉각된 분위기를 풀어보자는 차원에서 페터와 정종해 군수에게 타협안을 제시했다.

"보성녹차는 가격 경쟁력을 갖춰야 한다는 하스 사장님의 말씀에 공감합니다. 보성에서 오신 분들이 카페에서 인기 있는 차들을 시음할 수 있도록 하스 사장님이 추천해주시지요. 보성에서 오신 분들에게는 굳이 보성녹차를 드리지 않아도 되겠지요."

페터는 나의 제안이 무슨 뜻인지 알겠다는 뜻으로 고개를 끄덕였다. 그는 비록 보성녹차와의 블라인드 테스트는 무산되었지만 자기가 야심차게 준비한 하스앤하스의 차 맛을 손님들에게 보여줄 수 있게 된 것을 그나마 다행으로 생각하는 눈치였다. 웨이터들이 네 개의 다완을 내왔다. 순백색의 다완에는 인도의 다르질링·아삼 홍차, 베트남 홍차, 네팔 홍차가 보성 사람들의 평가를 기다리고 있었다. 최영기 사장이 보성을 대표하는 선수로 나섰다. 그는 네 종류의 차를 번갈아 맛본 후에 감탄하며 나에게 조심스럽게 물었다.

"차 맛이 좋군요. 향이 탁월합니다. 그런데 이 차들의 가격은 얼마나 되나요?"

최영기 사장의 말속에는 비엔나 최고의 티 소믈리에로 명성이 높은 에바는 당연히 비싼 차를 샘플로 냈을 것이라는 전제가 깔려 있었다. 하지만 그 말을 전해들은 페터의 답변은 마치 창으로 질그릇을 깨듯이 최영기 사장의 기대를 산산이 부서버렸다.

"지금 맛보신 차들은 보성녹차 가격의 절반도 되지 않습니다. 다르질링 홍차는 첫 번째 수확한 것이고, 아삼 홍차는 두 번째 수확한 차지요. 일일이 사람의 손으로 수확한 유기농 차들입니다. 보성녹차는 비엔나에서 이런 차들과 경쟁을 해야 합니다. 제가 무엇을 걱정하는지 이해가 되시겠지요?”

최영기 사장이 놀라며 페터에게 물었다.

“이 차들의 가격이 보성녹차의 절반도 되지 않는다고 하셨나요?”

페터는 득의만만한 표정을 지었다.

“믿어지지 않으면 차 매장에서 가격을 확인하고 샘플을 가져와서 여기서 차를 우려 시음해보시지요.”

페터의 논리는 치밀해서 듣는 사람이 빠져나갈 구석이 없어 보였다. 최영기 사장이 나지막한 목소리로 나에게 귀엣말했다.

“하스 여사가 좋은 차를 찾아내는 능력이 탁월하군요. 차들의 맛과 향이 뛰어납니다. 그런데도 가격은 우리 보성녹차의 절반도 되지 않는다고 하니 정말 걱정되네요.”

🍃 비엔나 차차차

같은 날 저녁, 성 네포무크의 조각상이 보이는 집에서 아내와 함께 집을 나서는데 1층에 살고 있는 오스트리아 육군인 볼프강 라이트슈미트 Wolfgang Reitschmied 대령과 마주쳤다. 라이트슈미트는 비엔나 차차차에 초대받은 것을 화제로 삼았다.

“오늘 밤 한국 음악회에 초대해주셔서 감사합니다. 공연시간에 늦지 않으려고 서둘러 퇴근했지요. 그런데 벌써 공연장으로 가시

| 알프레드 슈타들러 덴첼 회장 ⓒ덴첼

| 정종해 보성군수 ⓒ덴첼

심윤조 주오스트리아 대사 ⓒ덴첼 |

나요?”

“행사 준비로 일찍 갑니다. 공연장에서 뵙지요.”

덴첼의 현대자동차 전시장은 아담하고 멋진 콘서트홀이 되어 있었다. 테라스에 있던 자동차 전시 공간은 ‘비엔나 차차차’를 위한 무대로 변신했다. 공연장 한쪽에는 보성녹차 시음코너가 마련되어 있었다. 슈미트는 예상보다 일찍 나타났다. 그와 사흘 전에 만나 비엔나 차차차를 위한 최종 점검을 했는데, 현장에 미리 나타나는 것을 보니 슈미트가 일을 갈무리하는 정성이 커 보였다. 슈미트에게 고마운 마음을 전했다.

“보성녹차가 덴첼과 한국 대사관이 협력하는 문화 사업을 만들

| 보성 판소리와 현대자동차가 비엔나에서 만났다 ⓒ덴첼

어주네요. 슈미트 본부장님의 결심이 큰 도움이 됐습니다.”

　슈미트는 호탕하게 웃었다.

　“이번 기회에 공사님에게 진 빚을 갚고 머피의 법칙을 깨트리겠습니다. 슈타들러 회장님도 공사님이 심윤조 대사님을 모시고 덴첼의 본사를 방문하신 것을 고맙게 생각하시던데요. 슈타들러 회장님이 비엔나 차차차를 환영하는 말씀을 하신 뒤에 심윤조 대사님과 정종해 군수님이 인사를 하시면 되겠군요.”

　공연 시간이 다가오자 내빈들이 몰려왔다. 내빈들은 자동차 전시장이 콘서트 홀로 변신한 것을 보며 신기해했다. 손님들이 삼삼오오 모여 전시장의 한쪽에 있는 보성녹차 시음코너에서 녹차를 맛보며 기념 촬영을 했다. 덴첼의 가족들이 모처럼 즐거운 시간을 보낸다. 보성녹차는 비엔나 시민들과 덴첼의 가족들에게 소통의 시간과 공간을 만들어주고 있다.

전시장에 한정하 명창과 문하생인 이유나, 제샛별, 한시형이 가야금을 들고 나타났다. 신비로운 동양 악기를 든 여성들이 쇼룸에 전시되어 있는 현대자동차를 향해 걸어갔다. 덴첼에서 투입한 사진작가가 카메라 셔터를 눌렀다. 마치 현대자동차의 화보를 찍는 것 같았다.

슈미트는 비엔나 차차차의 막을 올리는 사회자로 나섰다. 2미터 거구의 덩치에서 뿜어 나오는 위용이 청중을 압도했다. 내빈석에 앉은 슈타들러 회장, 심윤조 대사, 정종해 군수, 에바 하스는 무대를 응시했다. 세 사람의 선녀가 무대에 등장했다. 드디어 한국의 전통 다례시연이 시작됐다. 에바의 호기심이 만든 행사였다.

다례시연이 끝나자 슈타들러 회장이 환영의 인사말로 비엔나 차차차의 막을 올렸다.

"여러분은 고요함과 여유로움이 돋보이는 다례시연을 보았습니다. 오스트리아에서는 느끼지 못했던 정취지요. 오늘 제 넥타이는 녹색입니다. 한국 녹차를 상징하지요."

슈타들러 회장은 오른손으로 녹색 넥타이를 잡아 보였다. 객석에서 고개를 끄덕이며 공감하는 사람들이 많았다. 슈타들러 회장은 내빈들에게 '차'에 담긴 한국어 뜻을 풀어주었다.

"한국에서는 자동차를 '차'라고 하고, 녹차도 '차'라고 합니다. 한국어를 모르면 한국에서 '차'라는 말을 들어도 그 뜻이 자동차인지 녹차인지 구별하지 못하지요.”

슈타들러 회장이 확신에 찬 어조로 말했다.

“현대자동차가 품질이 좋은 것 같이, 한국 녹차도 품질이 좋습니다. 보성녹차는 러시아의 우주선에서 마시는 음료로 세계적인 명성을 얻고 있지요. 현대자동차도 독일의 자동차평가에서 품질이 제일 좋은 차로 선정됐습니다. 우리는 20년간 현대자동차를 수입하면서 한국 자동차는 품질이 좋다는 것을 익히 알고 있습니다.

덴첼은 한국의 친구들과 좋은 관계를 유지하고 있습니다. 오스트리아와 한국은 모두 음악을 사랑하지요. 오늘 공연에서 한국의 전통음악과 무용을 감상하시면서, 한국의 녹차 맛을 즐기시기를 바랍니다.”

한정하 명창이 왼손을 장구에 올리고 제자들을 바라보았다. 보성 예술인들의 손길이 가야금 줄을 뜯었다. 쿵더쿵 장구소리는 가야금 소리와 어울렸다. 세 박자가 콘서트홀에 울려 퍼졌다. 요한 슈트라우스의 왈츠가 아니라 영화 〈사운드 오브 뮤직Sound of Music〉의 하이라이트인 「에델바이스」였다.

오스트리아가 나치에 국권을 침탈당한 뒤 자유를 열망한 게오르그 트라프Georg Ludwig Ritter von Trap 대령의 가족이 잘츠부르크의 유서 깊은 노천극장에서 자유와 평화를 갈망하며 불렀던 노래였다. 오스트리아의 트라프 해군 대령이 사랑했던 알프스의 꽃 ‘에델바이스’는 시공을 초월한 후배인 라이트슈미트 오스트리아 육군 대령에게 말했다.

“자유를 향한 염원은 끝이 없습니다. 우리는 자유를 찾아 알프스

가야금병창(오른쪽부터 한정하 명창, 이유나, 한시형, 제샛별) ⓒ덴첼 |

를 넘는 트라프 가족을 보았지요. 한국 녹차가 천년의 잠에서 깨어나 넓은 세상을 찾아 알프스를 넘어 오는 것도 목격했습니다. 비엔나왈츠와 보성 판소리가 만나 더 좋은 세상을 만들자는 염원을 담아 노래하는군요. 당신은 알프스의 평화를 위해 푸른색의 군복을 입고 청춘을 바쳤습니다. 당신은 자유와 평화를 사랑하는 사람들이 부르는 희망의 노래를 들을 자격이 있습니다."

비엔나왈츠의 장단과 가야금의 선율이 「에델바이스」의 삼중창과 함께 세 박자로 콘서트홀에 울려 퍼졌다. 한국의 한이 서린 서편제의 가락이 음악의 도시를 관통하는 도나우 강의 물결을 따라 흘러갔다. 청중이 무대에 몰입했다. 홍학 같은 자태의 연주자들도 객

| 비엔나 차차차 기념사진_ 왼쪽부터 정종해 보성군수, 알프레드 슈타들러 회장 내외, 에바 하스, 필자, 토마스 슈미트 덴첼 본부장 ⓒ덴첼

석의 열기에 신명이 났다. 무아지경에 빠져들며 가야금 줄을 뜯었다. 쿵더쿵 쿵쿵더쿵 울리는 장구소리에 실린 가야금 소리는 음악적 자부심이 충만한 비엔나 청중에게 신선한 충격을 주는 아름다운 선율로 다가갔다.[2]

비엔나 차차차가 끝났다. 슈미트는 두툼한 손을 내밀며 나에게 악수를 청했다.

"오늘 공연은 기대했던 것보다 훨씬 좋습니다. 판소리의 가락들이 흥겨우면서도 애잔한 것이 비엔나의 정서에 맞네요."

2미터 거구인 슈미트의 솥뚜껑 같은 손에서 호두까기 인형으로 호두를 깰 듯한 압력이 느껴졌다. 거인의 장악력掌握力에 질 수 없다며 나도 손아귀에 힘을 주었다. 합쳐진 두 손의 압력으로 호두가 깨지듯 끈덕지게 우리를 따라다니며 갈등과 반목의 원인을 제공했던 머피의 법칙도 깨졌다.

슈미트는 사진작가에게 기념 촬영을 해달라고 손짓했다. 번쩍하는 카메라의 섬광과 함께 비엔나 차차차를 만든 사람들의 모습이 기록으로 남았다.

에바는 페터가 비엔나 차차차에 참석하지 못한 것을 못내 아쉬워했다.

“페터와 함께 오지 못한 것이 아쉽군요. 페터는 많이 바쁩니다. 어제는 론칭 행사로 경황이 없어서 잘 몰랐는데 다례시연이 아름답고 한국 음악과 무용이 인상적이군요.”

에바의 끝이 없는 호기심은 비엔나에 작지만 아름다운 오솔길을 만들어왔다. 한국 녹차와 두부조림의 음식궁합이 궁금하다는 호기심이 보성녹차를 비엔나로 인도하는 길을 만들었고, 다례시연이 언론인들에게 어떤 반향을 일으킬까 궁금해했던 것이 보성의 판소리를 비엔나로 오게 했다.

다음에는 비엔나에 있는 어떤 사람의 호기심이 한국에 있는 그 무엇을 비엔나로 오게 할까 궁금해졌다.

🌿 암호를 풀다

2010년 9월 10일, 성 네포무크의 조각상이 보이는 집의 거실에 있는 뻐꾸기가 아침 인사를 한다면서 일곱 번 울었다. 창문을 열었다. 성 네포무크 조각상의 뒤에 고목이 된 호두나무에 달린 열매들이 탐스러웠다. 슈만이 '호두나무'를 주제로 노래를 만들어 클라라 Clara Schumann 에게 바쳐 사랑의 결실을 맺은 것처럼 보성녹차와 현대자동차도 비엔나에서 알찬 열매를 맺기를 바라며 호두나무를 내려다보았다.

까치가 호두나무로 날아오며 깍깍 소리와 함께 아침 인사를 건넸다. 핸드폰이 울렸다. 에바는 아침에 까치가 울면 반가운 손님이 온다는 한국 속담을 입증하는 소식을 전해왔다.

"오늘 《디 프레세》에 부르크하르트의 기사가 실렸습니다. 그녀가 기사를 잘 썼네요. 꼭 챙겨 보세요."

역시 아침 까치는 좋은 소식을 가지고 왔다. 서둘러 신문 가판대로 갔다. 《디 프레세》를 챙겼다. 신문에 보성녹차가 비엔나에 진출했다는 기사가 나온 것을 확인했다. 기사의 양도 넉넉하며 내용도 감칠맛이 났다.

TÊTE-À-TEE 차와 친근하게 대화하며

황금녹차는 《디 프레세》의 '샤우펜슈터 Schaufenster' 탓

오스트리아는 한국 외에 황금녹차를 판매하는 유일한 나라가 됐다.

동아시아에서 오스트리아로 돌아올 때 빈손은 아니었던 것이다.

"한국 녹차를 구하려고 얼마나 많은 전화를 했는지 안다면……"이라는 기사가 일 년 전 어제 날짜에 이 칼럼에 실렸다. 《디 프레세》 샤우펜슈터의 기사

가 나간 지 세 시간 만에 하스앤하스로 "당신에게 흥미로운 것이 있다"는 주오스트리아 대한민국 대사관의 전화가 왔다. 그날 이후로 에바 하스 여사는 한국 대사관에서 연락을 받지 않은 날이 하루도 없었다. 유럽에는 알려지지 않은 맛과 향이 뛰어난 한국 녹차와 유서 깊은 한국의 다례 문화를 수입하라는 것이었다. 헤아릴 수 없을 만큼 많은 상담과 만찬은 물론이며 국빈 수준의 정성이 담긴 한국 방문과 한국 언론의 관심으로 슈테판 광장의 하스앤하스에서 한국 녹차를 구입할 수 있게 됐다. 이를 위한 론칭 행사에는 한국을 대표해 열다섯 명 이상의 한국인들이 참석했다.

기대 이상의 놀라움

"비교적 잘 알려지지 않은 차 생산국인 네팔과 베트남에서 차를 수입한 지 얼마 되지 않았다"는 하스 여사는 "한국에서는 새로운 것을 크게 기대하지 않았는데 한국 대사관의 백 공사는 끈기가 있었다"라고 말했다. 결국 백 공사가 옳았다. 한반도의 녹차와 홍차는 비엔나의 노련한 차 감식가들을 놀라게 했다. 하스 여사는 프랑스의 보르도 와인처럼 시간이 흐를수록 숙성되면서 맛이 더욱 섬세해져서 적어도 3년은 건조·숙성시켜야 하는 '한국의 떡차'를 선택했다. 떡차는 어린 찻잎을 으깨어 꽃 모양의 틀에 찍어 말린 뒤에, 차를 조각내서 이를 작게 부셔 따끈한 물에 우려 마신다. 또한 하스 여사는 끝에는 밤 맛이 나는 진귀한 보성녹차와 장미향과 흙 향이 순차적으로 입안에서 교차하는 한국 홍차도 선택했다.

하스 여사를 놀라게 했던 것은 서울에서 품격 있는 찻집을 방문했을 때다. 한국 사람들은 차의 뛰어난 향이나 진귀함을 찬미하기보다는(오스트리아에서는 이상하게 보일 수 있는) 건강을 위한 차의 효능만을 강조한다는 것이었다. "오스트리아에서는 진귀한 차를 구하려고 치열하게 경쟁하지만, 한국에서는 그런 차들이 눈이나 신장을 위한 약으로 쓰인다"라면서 한국 사람들의 각별한 건강 의식에 놀랐다고 했다.

문화가 다른 사회와 만날 때의 행동 요령

녹차로 교류 사업을 하는 와중에도 문화 간의 충돌은 있었다. 한국의 엄격한 상하관계를 잘 이해하고 체득해야 할 뿐만 아니라 선물을 주고받을 때도 정확한 격식에 따라야 했다. 하스 여사는 다례를 포함해 명함을 주고받는 예의도 알게 됐다. 한국에서 명함을 교환할 때에는 두 손으로 받아 여유롭게 예의를 갖춰 읽어야 하고, 어떤 경우에도 명함을 바지 주머니에 넣어서는 안 되며, 명함은 테이블 위에 잘 보이도록 놓고, 대화 중에도 명함에 자주 시선을 줘야 한다는 것이었다.

하스 여사는 이런 것들을 터득하면서 다른 나라의 어디에도 없는 한국 차를 수입하게 되었다고 했다. 160그램에 840유로나 하는 황금 성분이 들어 있는 황금홍차와 황금녹차가 바로 그것이었다. 세계적으로 유일한 콜로이드 황금이 들어간 황금녹차는 한국의 남쪽 지방인 보성의 소담한 유기농 차밭에서 수확하는 최상품의 녹차로 만들어졌다. 황금 성분이 찻잎 속에 들어 있다고 해서 금속 맛을 걱정할 필요는 없다. 황금녹차를 마실 때 아시아적인 정중함만이 입 안에 감돌 뿐이다. (자료: Anna Burghardt, "TÊTE-Â-TEE," *Die Presse*, Schaufenster, 2010.9.10, p.24, 번역: 모미향)

부르크하르트의 눈썰미와 섬세한 감각이 돋보이는 기사였다. 그녀가 말한 대한민국 외교관이 끈기 있다는 표현이 무슨 뜻인지 알 것 같았다. 기사를 보니 깜깜한 동굴에서 길을 잃고 헤매다 햇살이 쏟아지는 밝은 세상으로 나가는 출구를 본 것 같았다. 비밀번호를 몰라 열지 못해 안타깝게 바라만 보던 거대한 금고의 문이 '철커덕' 소리를 내며 열리는 것 같았다. 오스트리아 언론의 빗장이 풀리면서 보물을 찾는 지도에 담긴 암호가 풀렸다. 암호는 '비엔나 차차차'였다. 암호를 푸는 세 개의 키워드는 보성녹차·현대자동차·판소리였다.

암호를 풀어 알프스의 할슈타트에 숨어 있는 보물을 찾았다. '긍정의 힘'이다. 시공을 초월해 존재하는 힘이다. 절망으로 닫혀 있는 마음의 문을 여는 열쇠다. 보성녹차는 '긍정의 힘'의 도움을 받아 비엔나 성에 왔다. 비엔나 성문을 열었다. 비엔나의 심장인 슈테판 성당으로 향했다. ≪디 프레세≫는 레드 카펫을 깔아줬다. 부르크하르트는 축하의 팡파르를 불었다. 쌍두독수리는 환영의 인사로 날개를 활짝 펼치며 말했다.

"긍정의 힘이 비엔나 성문을 열었군요. 1683년에 오스만제국의 군대가 그렇게 열고 싶어 했던 비엔나 성문입니다. 동방에서 온 군대가 총으로 못 열고 대포로도 열지 못한 난공불락의 비엔나 성이었지요. 동방에서 온 보성녹차는 소통의 힘으로 비엔나 성문을 열었습니다. 한국 녹차는 알프스의 정상에 올라가려면 무수한 난관難關을 뚫어야 합니다. 이번에 비엔나 성문을 열면서 획득한 암호는 다음에 만나는 관문關門에 걸려 있는 암호를 푸는 단서가 되겠지요."

호두나무에서 까치가 울었다. 에바에게 축하의 뜻을 전했다.

"축하합니다. 이렇게 좋은 기사가 나올 줄을 몰랐네요. 신문기사로 보성녹차의 인지도가 올라가면서 하스앤하스의 브랜드 가치도 높아졌습니다. 역시 하스앤하스의 저력이 대단하군요.”

에바의 아침 7시의 전화 릴레이는 계속되었다. 보성녹차의 비엔나 진출 보도는 마치 올림픽 400미터 계주경기의 결승전을 보는 것 같았다. 트랙을 질주해 결승점을 끊으며 메달을 따내는 선수들을 지켜보는 가족이 된 것처럼 신문과 잡지를 넘길 때마다 손끝에 짜릿한 전류가 흘렀다.

보성녹차의 비엔나 진출 기사는 오스트리아의 최대 발행 부수를 자랑하는 ≪크로넨 자이퉁≫,[3] 정치적 영향력이 크다는 ≪데어 스탠다드 Der Standard≫,[4] 경제신문인 ≪비르트샤프트브라트 Wirtschafts-blatt≫[5]를 비롯해, 요리와 레스토랑 전문잡지인 ≪구스토 GUSTO≫[6] 와 여성잡지인 ≪비네린≫[7]에도 나왔다.

오스트리아의 민간 텔레비전 방송인 채널4 〈PULS TV〉도 5분에 걸쳐 한국의 보성녹차가 비엔나에 온 것을 심층보도의 형태로 방송했다.[8] 덴첼과의 ‘비엔나 차차차’ 공연은 스포츠 잡지인 ≪테니스 TennIs≫[9]에 실렸다. 비엔나에 흔한 상품인 녹차를 한국에서 수입하면서 오스트리아 주요 언론의 관심을 끌어내는 하스앤하스의 저력이 놀라울 따름이었다.

🌿 애꿎은 불똥에 잡힌 발목

2011년 3월 11일, 어마어마하게 큰 파도가 일본 동해안의 작은 도시인 후쿠시마의 후타바로 밀려왔다. 후타바에는 일본의 도쿄전력이 운영하는 원자력발전소가 있었다. 후쿠시마 앞 바다에서 발생한 진도 9의 해저지진으로 발생한 지진해일, 즉 쓰나미는 15미터의 높은 파도로 바닷가의 평화로운 마을을 덮쳤다.

쓰나미가 만든 파도는 후타바의 원자력발전소를 때렸다. 후타바의 원자로는 일본 정부의 눈물겨운 노력과 일본 국민의 애끓는 심정을 외면했다. 후쿠시마의 방사능 노출이 한국에는 직접적인 피해가 없다는 한국의 언론보도에 불행 중 다행이라고 안도했다. 하지만 그것은 한국만의 소박한 바람이었다. 후쿠시마의 불똥이 비엔나의 차 산업에 튀었다.

가장 큰 피해자는 당연히 일본 녹차였지만 애꿎은 불똥은 보성녹차의 발목도 잡았다. 동아시아 사정에 둔감하고 방사능 피해에 민감한 비엔나 시민 중에는 일본과 한국은 코를 맞대고 있고 후쿠시마 방사능은 실시간으로 한국으로 확산되는 것으로 착각하는 사람들이 많았다.

후쿠시마 쓰나미의 후폭풍이 비엔나로 밀려왔다. 첫 번째 타깃은 일본 레스토랑이었다. 일본 레스토랑들은 파리를 날린다는 소문이 들렸다. 후쿠시마 불똥이 비엔나에서 어렵게 자리를 잡아가는 보성녹차로 튀지 않을까 걱정됐다. 우려했던 사태가 프랑스의 파리에서 터졌다. 후쿠시마 방사능에 피폭된 일본 녹차가 프랑스 파리의 세관에서 적발됐다. 일본에서 수입한 시즈오카 녹차에서 유럽연합의 기준치를 초과하는 세슘^{Cesium}이 검출된 것이었다. 파리의 세관에서 압류된 일본 녹차는 전량 폐기 처분됐다.

🌿 그림에 숨겨진 비밀

2011년 6월 하순, 비엔나 16구에 있는 페터의 집을 방문했다. 페터는 현관문을 열면서 나에게 물었다.

"이번에도 혼자 오셨군요. 사모님이 또 엘리베이터에 갇히셨나요?"

"집사람이 잠시 한국에 갔습니다. 사장님 말씀을 들으니 집사람이 한국에서 엘리베이터에 갇힐까 걱정되는군요."

"그런데 공사님은 언제 귀국하시나요?"

"비엔나에 3년 임기로 왔는데 벌써 2년이 지났군요. 내년 봄에 한국으로 돌아갑니다."

페터의 표정에 그림자가 스치는 것을 보니 내년 봄에 나와 헤어지는 것을 아쉬워하는 것 같았다. 거실로 들어가니 벽에 걸린 그림들에는 합스부르크 왕조의 연륜이 물씬 묻어나는 비엔나의 거리 풍경과 알프스의 운치가 돋보이는 오스트리아의 농촌 풍경이 담겨 있었다. 거실은 서재와 연결되어 있어 서재에서 책을 읽는 사람은 거실에 있는 사람과 대화할 수 있게 공간이 배치되어 있었다. 서재의 책꽂이에는 손때가 묻어 낡고 빛바랜 책들이 촘촘하게 꽂혀 있어 이 집에 사는 사람들의 독서량을 가늠할 수 있었다.

에바가 거실에 나타났다. 그녀의 손에 물기가 있는 것을 보니 주방에서 음식을 준비하고 있던 것 같았다. 에바는 딸과 손녀를 화제로 삼았다.

"카트린은 소피아 Sophia 를 돌보고 있네요. 소피아는 밤낮이 바뀌어서 우리 가족은 모두 잠이 부족합니다. 제가 할머니가 됐다고 하니 실감이 나지 않네요.”

페터는 스마트폰에 나온 소피아의 사진을 엄지와 검지로 확대해 나에게 보여주었다.

“소피아의 사진입니다. 이 귀여운 녀석이 밤만 되면 공포의 아기가 되지요. 밤새 눈을 초롱초롱하게 뜨고 함께 놀자고 하네요. 카트린이 혼자서 감당하지 못해 우리가 밤잠을 설치며 소피아와 놀아줍니다. 소피아 때문에 요즘은 잠이 부족하지요.”

페터는 소피아 때문에 잠이 부족하다고 푸념했지만 얼굴에는 미소가 번져 있었다.

“손녀를 보신 것을 축하드립니다. 소피아가 예쁘군요.”

페터의 가족 4대가 비엔나 하늘 아래 살고 있었다. 거실과 서재를 연결한 이곳이 그들의 소통 공간이었다. 거실을 둘러보며 페터에게 물었다.

“거실과 서재의 공간 배치가 뛰어나군요. 이 집은 누가 설계했나요?”

페터는 빙그레 웃으며 말했다.

“장인이 설계했지요. 옆에 있는 집도 장인이 설계했습니다. 두 집을 동일한 주제로 설계해서 지었습니다. 이 집은 장인이 에바를 위해서 지어준 집입니다.”

유럽의 재력가들은 혼인을 하면서 신부가 결혼지참금으로 성城을 가져오는 경우도 있다고 하는데 에바도 혼수품으로 집을 장만해온 것이었다. 합스부르크 왕조가 혼인정책으로 영토를 넓혀온 것처럼,

페터와 에바도 혼인으로 경제적 영역을 넓혀온 흔적이 이 집에 남아 있었다. 페터는 공원이 내려다보이는 테라스를 가리키며 나에게 말했다.

"이 집을 설계한 비엔나 버전 레오나르도 다 빈치 Leonardo da Vinci 의 솜씨를 보여드리겠습니다. 장인의 정성과 손길이 담긴 창의적인 공간들이지요."

페터와 함께 테라스로 나갔다. 언덕에 자리 잡은 2층 집의 테라스라 전망이 좋아 근처에 있는 공원이 한눈에 들어왔다. 페터는 서쪽 하늘을 가리켰다.

"이 집은 전망이 좋습니다. 석양도 아름답고요. 이제 내부의 공간들을 보시지요."

페터를 따라 집 안으로 들어왔다. 그는 자기 침실을 보여주겠다면서 방문을 열었다. 침실의 중앙에는 쇤부른 궁전에서 합스부르크 왕조의 여제인 마리아 테레지아와 부군夫君인 프란츠 슈테판 노트링겐 공작 Franz I. Stephan von Lothringen 이 사용했던 황금침대를 연상시키는 화려한 장식의 고풍스러운 침대가 놓여 있었다. 하지만 화려한 침대의 장식에 가려 페터의 장인이 설계했다는 창의적인 공간은 눈에 들어오지 않았다. 뒤에서 인기척이 났다. 에바였다. 에바는 유럽 황실의 분위기가 물씬 풍기는 페터의 침대를 둘러보면서 겸연쩍은 미소를 지었다. 페터의 침실을 나왔다. 에바는 조심스럽게 옆방의 문을 열며 나에게 나지막한 소리로 말했다.

"제 침실에는 가족 외에는 들어온 사람이 없었습니다."

에바의 말에 걸음을 멈췄다. 페터는 왼손을 내 오른쪽 어깨에 대고 가볍게 밀고 에바의 침실로 향하며 의미 있는 미소를 지었다.

"에바의 침실에 볼 만한 것이 있지요."

페터에게 등을 떠밀려 에바의 침실로 들어갔다. 그 침실에는 6월의 석양이 만들어내는 몽롱한 햇살을 투과하는 우유 빛깔의 큼직한 유리 창문을 배경으로 대형 풍경화가 병풍처럼 펼쳐져 있었다. 풍경화에는 흰 눈에 덮인 원추 모양의 산이 당당하게 자리를 잡고 있었다.

후지 산이다!

풍경화에는 후지 산을 배경으로 시즈오카의 차밭이 아스라이 펼쳐졌다. 차밭 속에 기모노를 입은 젊은 여성이 다소곳이 고개를 숙이고 신비로운 미소를 짓고 있었다. 충격이었다. 에바를 일본 녹차의 수호천사인 미치코 마이늘의 대항마로 삼고 싶다고 달려온 내 앞에 펼쳐진 에바의 침실에는 일본을 상징하는 후지 산이 태산처럼 버티고 있었다. 기모노를 입은 여인이 냉소를 지으며 나에게 말했다.

"착각하지 마세요. 당신이 미치코 마이늘의 대항마로 여기고 있는 에바는 일본을 사랑합니다. 그녀는 후지 산을 보고 잠들며 시즈오카의 차밭과 아침 인사를 하지요. 그래도 가끔은 이 방에 있는 사람들이 한국 녹차 이야기를 하면서 당신을 거론하기에 도대체 어떤 사람인가 궁금했는데 결국은 우리가 만났군요. 이왕지사 여기에 오신 김에 후지 산의 장엄함과 벚꽃의 아름다움을 감상하시고 일본 녹차의 지존인 교쿠로도 한잔하고 가십시오."

기모노 여인의 냉소가 율리우스 마이늘 매장의 2층 천정에 있는 미치코 마이늘의 싸늘한 미소로 바뀌었다. 그녀는 앙칼진 목소리로 나에게 말했다.

"여기는 일본 녹차의 최후의 보루인데 결국은 당신이 여기까지 들어왔군요. 부르크하르트가 말한 한국인의 끈기라는 것이 무슨 말인지 알겠습니다. 당신은 정말 끈덕지군요."

미치코 마이늘의 푸념이 에바의 침실에 울려 퍼졌다. 페터는 얼음처럼 냉각되어 후지 산과 기모노 여인을 뚫어지게 바라보는 내 모습을 보고 겸연쩍은 미소를 지었다.

"에바는 동양 문화에 관심이 많은데 특히 일본을 좋아합니다. 그래서 침실을 일본풍으로 꾸몄지요. 이제 에바가 한국을 사랑하니 침실을 한국 풍으로 바꿀 수 있습니다. 그러면 후지 산은 에바의 침실에서 퇴출될 수도 있겠지요."

🍃 못 말리는 차를 향한 사랑과 자부심

비엔나에 어둠이 깃들었다. 불나방이 테라스에 켜진 등불을 보고 날개를 팔딱거리며 날아왔다. 페터의 정원에 나무들이 많으니 불나방도 많다. 페터는 바비큐 그릴에서 스테이크를 굽는데 에바가 샐러드를 식탁 위에 놓으며 나에게 말했다.

"일본 녹차가 방사능에 피폭된 것이 파리의 세관에 적발되어서 전량 폐기 처분됐다고 하더군요. 생각보다 후쿠시마의 방사능 노출이 심각한 것 같습니다. 일본 녹차를 주문하는 문제로 고민했는데 당분간 일본 녹차를 수입하지 않겠습니다."

에바의 표정이 단호했다. 에바는 일본을 사랑해서 후지 산을 침실로 초청한 여인이었다. 그런 사람이 경제적 이해관계가 상충하니 일본 녹차를 외면했다. 후지 산 자락에 있는 기모노 여인이 테라스를 향해 눈을 흘겼다. 에바는 기모노 여인의 시선을 외면하고 화제를 후쿠시마에서 보성으로 옮겨가자고 작정이나 한 듯 조심스럽게 운을 뗐다.

"며칠 전에 비엔나 티 소믈리에들의 모임이 있었습니다. 제 친구들이 금년에는 동북아시아의 차 수입을 줄이겠다고 하네요. 일본 녹차는 말할 것도 없고 심지어는 중국 차들도 안심할 수 없다고 합니다. 후쿠시마와 시즈오카는 제법 먼 거리인데 후쿠시마 방사능이 시즈오카까지 간 것을 보니 보성녹차도 걱정이 됩니다."

그 말에 자다가 웬 봉창을 두드리는 소리냐고 생각하면서 에바의 말을 받았다.

"보성녹차는 걱정하지 않아도 됩니다. 후쿠시마에서 보성은 멀리 떨어져 있지요. 후쿠시마 방사능이 한국에는 오지 않습니다."

페터는 스테이크를 나에게 건네며 반론을 펼쳤다.

"지도로 보면 후쿠시마에서 보성은 멀지 않습니다. 방사능은 기류로 확산됩니다. 그 정도 거리로 보성이 후쿠시마 방사능에 안전하다고 장담하기 어렵지요."

페터의 말을 받았다.

"그렇기 때문에 후쿠시마 방사능 걱정은 보성에서 할 것이 아니고 비엔나에서 하셔야 합니다."

에바는 그게 무슨 뜻이냐는 의미를 담아 고개를 갸웃거렸다.

"왜 비엔나에서 후쿠시마 방사능을 걱정해야 하나요?"

"방사능은 제트기류로 이동합니다. 제트기류는 서쪽에서 동쪽으로 흐르지요. 후쿠시마는 일본의 동쪽 끝에 있습니다. 후쿠시마를 통과하는 제트기류는 하와이를 거쳐 뉴욕과 런던을 지나 비엔나로 가겠지요. 후쿠시마의 제트기류는 지구를 한 바퀴 돌아야 보성에 도착합니다. 그러니 후쿠시마 방사능 걱정은 비엔나에서 먼저 하셔야합니다."

하스 부부는 비행기 여행을 많이 해서 제트기류의 방향이 비행시간에 미치는 결과를 익히 알고 있는 사람들이다. 에바는 고개를 끄덕이며 안심하는 모양새였다.

"공사님 말씀을 들으니 보성녹차는 안심해도 되겠군요. 그러나 우리 손님들은 그런 내용을 모릅니다."

페터도 에바를 두둔하며 나섰다.

"제트기류의 방향은 미처 생각하지 못했군요. 보성녹차가 안전하다는 것은 이해가 됩니다. 그런데 어떻게 우리 손님들에게 그것을 알릴 수 있을까요?"

어떻게 이 문제를 풀 것인지 고심하면서 비엔나의 밤하늘을 바라봤다. 별똥이 떨어졌다. 서울은 공기가 탁해서 별똥을 보기가 어려운데 비엔나는 공기가 맑아서 심심치 않게 별똥을 볼 수 있다. 별똥을 보니 뉴턴의 만유인력이 떠올랐다. 뉴턴은 사과가 떨어지는 것을 보고 만유인력을 떠올렸지만 그것을 입증한 것은 수학과 천체물리학을 동원한 논리였다. 서양 사람들은 눈에 보이고 손에 잡을 수 있는 논리적인 증거를 제시해야 믿는다. 논리로 접근하자면서 페터와 시선을 마주했다.

"보성녹차가 후쿠시마 방사능으로부터 안전하다는 한국 연구소의 인증서를 제시하겠습니다. 작년에 황금녹차에 금이 들어 있다는 대학연구소의 인증서를 제출한 것처럼, 이번에도 한국의 권위 있는 연구소의 인증서를 제출하겠습니다."

페터는 고개를 끄덕이며 내 말에 동의했다.

"공사님은 외교관이라는 직업이 잘 맞아 보입니다."

카트린이 소피아를 안고 나타났다. 소피아의 방울만 한 눈망울이 초롱초롱하게 빛났다. 소피아는 이제부터 본격적으로 비엔나의 밤을 새워 놀아보자고 작정하고 있었다. 카트린이 소피아를 에바에게 안겨주었다.

"늦어 죄송합니다. 소피아가 제 생활리듬을 바꿨습니다."

카트린에게 물었다.

"소피아의 이름이 예쁘군요. 그리스어로 '지혜'라는 뜻이지요? 이름은 누가 지었나요?"

페터는 카트린과 소피아를 번갈아 보며 흐뭇한 미소를 지었다.

"카트린이 지었지요. 카트린이 이스탄불의 아름다운 성당인 '하기아 소피아 Hagia Sophia' 가 '성스러운 지혜'라는 것을 알고, 아기의 이름을 소피아로 지은 겁니다."

"소피아가 총명해 보이네요. 이름처럼 아름답고 지혜로운 숙녀로 성장하기 바랍니다."

에바는 소피아와 눈을 맞추며 미소를 지었다.

"소피아는 티 소믈리에가 되기를 바랍니다. 그러면 지혜로운 '차의 마에스트로'가 될 수 있지요."

정말로 못 말리는 차를 향한 사랑이며 자부심이었다. 에바의 차를 사랑하는 열정이 카트린을 거쳐 소피아에게로 향하고 있었다.

🌿 강한 자가 살아남는 것이 아니라, 살아남은 자가 강하다

2011년 늦가을, 비엔나에 비가 내렸다. 빗줄기가 제법 굵다. 슈테판 성당의 지붕을 바라보았다. 쌍두독수리는 날개를 활짝 펼치고 있었다. 역시 신성로마제국의 상징답게 쏟아지는 빗줄기 속에서도 위풍당당했다. 독수리의 날개가 가을비에 젖었다. 날개를 펄떡이면 빗물이 후드득 떨어질 것 같았다. 한국 녹차는 쏟아지는 빗줄기 속에서도 위용을 갖추기를 바라며 슈테판 동쪽 광장으로 갔다.

치통의 그리스도가 보였다. 그는 늦가을 굿은비 오는 날에 슈테판 광장을 찾아온 나를 보고 곤혹스러워했다. 하스앤하스의 차 매장으로 들어갔다. 가을비 내리는 날의 오후라 매장은 비교적 한산했다. 작년에 중앙전시대에 넘쳤던 한국의 차들이 철수한 공간에 인도의 아삼과 다르질링의 홍차들이 자리를 잡고 있었다. 하스앤하스의 '인도 차 기획전'에 출연한 인도의 스타들이다. 하스앤하스가 작년에 '한국 녹차 기획전'으로 자사의 브랜드를 오스트리아 언론에 화려하게 노출시킨 여세를 몰아 기획한 이벤트에 출시된, 인도 차의 대표 주자들이다.

계산대에 있는 젊은 여성 판매원이 나를 반겼다. 굿은비 내리는 오후의 무료한 시간에 단골손님이 와서 반가웠는지 친절하게 묻지도 않은 보성녹차의 근황을 들려주었다.

"얼마 전에 한국에서 보성녹차는 방사능에 안전하다는 인증서가 왔습니다. 작년에 한국 녹차가 신문에 나오면서 보성녹차를 찾는 손님이 꾸준히 늘었는데 후쿠시마 사태로 상승세가 꺾였네요. 동북아시아의 녹차를 찾는 손님들은 일본 방사능 때문에 한국 녹차도 부담스러워 합니다. 이제 보성녹차는 방사능에 오염되지 않았다는 인증서가 왔으니 분위기가 조금씩 바뀌겠지요."

차 매장의 벽을 빼곡하게 채우고 있는 찻잎통을 보았다. 일본 코너 'JAPAN'의 찻잎통 칸 수가 줄어들어 만화영화 〈톰과 제리〉에 나오는 스위스 에멘탈 치즈Emmental Cheese 구멍 같은, 휑한 공간이 듬성듬성하게 보였다. 판매원도 내 시선을 따라 일본 녹차의 진열대를 보고 있었다. 판매원에게 물었다.

"일본 녹차의 작년 재고는 아직도 많이 남아 있나요?"

"작년 같으면 벌써 다 팔렸을 겁니다. 금년은 후쿠시마 사태로 일본 녹차는 팔리지 않네요."

한국 녹차의 찻잎통을 보았다. 'KOREA'가 걸린 진열대에 금년도 신상품이 진열되어 있지만 찻잎통 칸은 절반으로 줄었다. 작년에 홍보용으로 긴급 투입했던 한국의 기능 차들이 차지했던 자리는 중국의 대나무잎차에 점령당했다. 작은 찻잎통 칸에도 약육강식과 적자생존의 법칙이 생생하게 살아 있었다. 강한 자가 살아남는 것이 아니라 살아남은 자가 강했다.

당신과 키를 견주면서 내 키도 컸다

2012년 2월 중순 저녁, 노트북이 든 가방을 들고 하스앤하스 카페로 들어갔다. 페터는 아쉬운 표정으로 가볍게 탄식했다.

"다음 주에 한국으로 귀국하신다니 서운하군요. 벌써 임기가 다 됐다니 세월이 빠릅니다."

에바도 서운해했다.

"공사님과 함께 일하면서 저희에게 좋은 일들이 많았지요. 한국에서는 어떤 일을 하시나요?"

에바의 호기심은 칠년 가뭄에도 마르지 않는 샘물 같았다. 헤어져서 섭섭하다고 말하면서도 한국에서 내가 무엇을 할 것인지를 궁금해했다.

"국회 의정연수원의 교수로 강의를 하겠지요."

페터는 노트북 가방을 보며 나에게 물었다.

"저 가방에 오늘 보여줄 사진들이 있나요?"

"그렇습니다. 비엔나의 추억이 담긴 영상들이지요. 하스앤하스와 관련된 사진도 들어 있습니다."

노트북을 켰다. '비엔나 차차차'의 파일을 열었다. 에피소드를 따라가는 사진들이 파워포인트 슬라이드에 나타났다. 모니터에 이집트의 나일 강가에 있는 작은 도시인 에드푸Edfu에 있는 호루스Horus 신전이 나왔다. 에바는 갑자기 등장한 이집트의 고대 유적에 신비로워하는 눈치였다.

"아름답군요. 저기가 어디인가요?"

"이집트의 에드푸에 있는 호루스 신전입니다. 에드푸는 룩소르 근처에 있지요. 룩소르는 다녀오셨는지요?"

페터는 고개를 갸웃거리면서 모니터를 보았다.

"룩소르는 가본 적이 없습니다. 호루스 신전이 멋있군요."

페터의 말이 뜻밖으로 들렸다. 하스 부부는 전 세계의 차밭을 누빈 사람들이다. 그런 사람들이 비엔나에서 호수 같은 지중해만 건너면 소풍가듯이 다녀올 수 있는 룩소르를 가보지 못했다고 하니 믿기지 않았다.

"룩소르는 세계적으로 유명한 관광지인데 그곳을 안 가신 특별한 이유가 있나요?"

페터는 두 손바닥을 펼쳐 어깨 위로 들어 올리며 겸연쩍은 미소를 지었다.

"사하라 사막에는 우리가 찾는 좋은 차들이 없지요."

정말로 못 말리는 차 사랑이며 차를 향한 열정이었다. 하스 부부는 열대 차를 찾아 타히티 섬까지 날아갔던 사람들이다. 그런 사람들에게 비엔나에서 룩소르는 엎어지면 코 닿는 거리지만, 사하라 사막에는 그들이 찾는 좋은 차가 없단다. 명품 차를 찾아가는 사람에게 좋은 차가 없는 곳은 그야말로 오아시스 없는 사막 그 자체였다. 비록 그곳에 세계적인 볼거리가 있다고 해도 이들 부부에게는 가야 할 이유가 없는 곳이었다.

모니터의 화면이 바뀌었다. 슈테판 성당과 쌍두독수리가 나왔다. 화면이 율리우스 마이늘 매장의 2층 천정에 있는 미치코 마이늘로 바뀌었다. 에바는 미치코 마이늘을 보며 고개를 끄덕였다.

"미치코 마이늘은 일본에서 온 영화배우이며 성악가입니다. 비엔나에서 인기가 있었지요. 율리우스 마이늘 2세와 이혼하고 독일 영화배우와 재혼을 했지요."

에바는 미치코 마이늘의 족적을 자기 손바닥의 손금을 보듯이 꿰고 있었다. 에바의 침실에서 후지 산을 보았기 때문에 미치코 마이늘은 에바의 라이벌이 아니라는 것은 익히 알고 있었다. 그러면 에바는 무엇이 두려워서 한국 녹차가 비엔나에 들어오는 것을 비밀로 해달라고 했을까? 궁금해하면서 슬라이드의 진도를 나갔다.

모니터에 슈테판 성당의 북탑이 나왔다. 송이버섯의 모양으로 위풍당당하게 하늘로 솟은 북탑의 위용이 돋보이는 광장 한쪽에 "돔 박물관^{Dom-Museum}"이라는 간판이 보였다. 그 간판을 본 에바의 표정이 굳어졌다. 마치 기분 나쁜 장면을 되돌아보는 모습이었다. 급속하게 냉각되는 에바의 표정을 의식하면서 슬라이드의 화면을 전환했다. 노트북 화면에 테그슈벤드너의 매장이 나왔다. 컴퓨터 모니터에 젊은 여성이 한약방의 약초 보관함을 연상시키는 차 보관함을 배경으로 미소를 짓고 있었다.

갑자기 에바는 자리를 박차고 일어났다. 에바의 둥그런 무테안

경에서 풍기던 부드러운 이미지는 아프리카 초원에서 사냥감을 공격하는 표범의 날카로운 눈매로 변했다. 에바는 홀로페르네스의 목을 베는 유디트의 칼날 같은 냉랭한 음성으로 외쳤다.

"저 사진은 안 됩니다! 저 사진은 삭제하세요. 저 사진은 절대로 안 됩니다."

에바는 먹이를 노리는 독수리의 눈매로 모니터에 나온 테그슈벤드너의 매장을 쏘아 보았다. 서둘러 화면을 다음 슬라이드로 전환했다. 치통의 그리스도가 나왔다. 치통의 그리스도는 곤혹스러워하며 나에게 말했다.

"정말 딱하군요. 에바의 라이벌은 테그슈벤드너입니다. 이웃과 경쟁하는 사람들은 옆집의 일에 과민하게 반응하지요. 이해관계가 복잡하게 얽혀 있기 때문입니다. 당신이 현해탄을 마주한 일본의 미치코 마이늘을 경쟁자로 생각하고, 에바는 슈테판 광장을 마주하고 있는 테그슈벤드너를 라이벌로 생각하며, 슈미트는 국경을 마주한 독일의 벤츠를 대항마로 생각하는 것은 자연스럽고 당연하지요. 발전은 경쟁을 통해 이루어집니다. 경쟁이 역사를 이끌어왔지요. 그래도 에바를 배려하세요. 그것이 당신이 꿈을 따라 먼 길을 동행한 동반자를 존경하는 마음의 정표입니다.”

　며칠 뒤, 율리우스 마이늘의 2층 계단을 따라 올라갔다. 미치코 마이늘이 천정화 속에서 계단으로 올라오는 나를 내려다보고 있었다. 그녀의 싸늘한 미소는 여전했다. 2층 매장의 차 전시대에 진열되어 있는 찻잎통의 색상도 변함없었다. 하지만 차 매장에 판매원이 보이지 않는데도 문제가 없어 보이니, 여기도 후쿠시마 쓰나미의 후폭풍이 제대로 덮친 것 같았다. 계단을 오르내리는 손님들의 시선도 전과는 많이 달라졌다. 미치코 마이늘을 부러워하던 사람들의 시선들도 많이 풀어졌다.

　고개를 들어 천정을 보았다. 천정화 속에서 나를 노려보는 미치코 마이늘의 눈매는 여전히 매서웠다. 역시 일본 녹차의 유럽사령부를 지키는 수호천사다웠다. 그래도 나는 미치코 마이늘에게 들려줄 말이 있다.

　“이제 비엔나에는 한국 녹차가 있습니다. 당신과 한 약속을 지켰지요. 당신과 키를 견주면서 내 키도 컸습니다. 언젠가는 비엔나로

돌아와서 당신과 다시 키를 견주겠습니다. 그때는 과연 내 키가 얼
마나 컸을지 궁금하군요.”

🌿 주

| 제1악장 |

1) 슈테판 광장은 비엔나의 중심인 1구에 있다. 비엔나를 달걀로 비유할 때 슈테판 광장
은 노른자위에 해당되는 곳이다.

2) 슈테판 성당은 신약성경에 나오는 크리스트교 최초의 순교자인 성 슈테판Saint Ste-
phen을 기념하는 성당이다(신약성경, 사도행전 7장 60절). 하인리히 야소미어고트
Heinrich Jasomirgott 공작이 1137년에 건축을 시작해 1147년에 초기 성당의 모습을
갖췄고, 지속적인 증·개축으로 15세기에 현재의 모습으로 완공됐다. 야소미어고트
공작은 젊은 목수가 교회를 품에 안고 있는 꿈을 꾼 뒤, 이는 신이 성당을 건축하라
는 계시를 준 것으로 믿고 슈테판 성당 건축 사업을 시작했다. Reinhard H. Gruber,
St. Stephan's Cathedral in Vienna(Wien: Church Office of St. Stephan's Cathedral, 2001),
pp.4~5.

3) 합스부르크 왕조의 막시밀리안 1세Maximilian I 는 1515년에 슈테판 성당에서 손자
Ferdinand I 와 손녀Maria를 보헤미아의 왕인 블라디슬라프 2세Wladislaw II Jagellon 의
공주Anna 와 왕자Louis 와 혼인시켜 보헤미아를 합스부르크 영토로 편입하는 기반을
마련했다. Steven Beller, *A Concise History of Austria*(Cambridge: Cambridge University
Press, 2009), p.44.

4) 모차르트와 콘스탄체Constanze Mozart 는 슈테판 성당에서 혼인식을 치렀다(1782년).
모차르트의 장례식도 슈테판 성당에서 거행됐다(1791년).

5) 지하창고를 개조한 맥주홀로, 한번에 7,000명을 수용할 수 있는 공간과 취주악기로
독일 민속음악을 공연하는 장소로 유명하다.

6) 오스트리아·헝가리 제국의회에서는 독일어, 체코어, 슬로바키아어, 헝가리어, 슬로
베니아어, 이탈리아어, 폴란드어를 공식 언어로 사용했다.

7) 구스타프 클림트Gustav Klimt 는 황금색을 즐겨 사용한 화가로 유명하다. 〈키스〉와 〈유
디트 II〉로 세계적인 명성을 얻었다. 클림트는 보수적인 비엔나 미술계에 저항하는
비엔나 분리파를 설립해 제체시온에 '베토벤'을 주제로 대형 벽화를 남겼다.

8) UNWTO, *UNWTO Tourism Highlights 2013 Edition*(UNWTO, 2013), p.8.

9) 구약성경, 욥기 8장 7절의 말씀에서 따왔다.

10) Anna Burghardt, "Essen zum Tee: Eigene Welt." Die Presse, Schaufenster, 2009.9.10. 인

터넷 기사는 다음 사이트 참조: http://diepresse.com/home/leben/ausgehen/507433/
Essen-zum-Tee_Eigene-Welt.

11) 토르테는 비엔나 특산품인 초콜릿 케이크로, 살구잼을 넣어 만든 케이크를 두터운
초콜릿으로 코팅한 것이다.

12) 우전은 곡우 전(4월 20일 전후)에 여린 찻잎을 일일이 사람의 손으로 수확한 한국
의 최고급 차다.

13) 시공사 편집부,『오스트리아·부다페스트·프라하』(서울: 시공사, 2009), 127쪽.

14) Stephen Brook, *Eyewitness Travel Vienna*(London: Dorling Kindersley Limited, 2008),
p.70.

15) 율리우스 마이늘은 1862년에 비엔나에서 커피원두를 가공해 판매하는 사업을 시작
해 오스트리아의 커피식품사업을 이끌었다.

16) 교쿠로는 4월 초순에 차밭에 차양을 설치하고 20일간 햇볕을 차단해 재배한 차나무
의 여린 새순을 사람의 손으로 수확해 만든 일본의 최고급 차다.

17) 구약성경, 시편 121편 1절

18) 구약성경, 시편 121편 3절

19) 머서컨설팅그룹Mercer Consulting Group은 뉴욕에 본부를 두고 인적자원개발Human
Resource Development을 주력사업으로 하는 다국적기업이다.

20) 머서컨설팅그룹은 다국적 기업이나 국제기구에 근무하는 사람들이 해외에서 근무
할 때 지급받는 체재비를 산정하는 기준을 제시한다.

21) 슬래긴 패러카틸의 인터뷰 내용은 다음 사이트 참고: http://www.youtube.com/
watch?v=gV8SWDGZbn4.

22) 칼렌베르크 산은 비엔나 시내에 인접한 북서쪽에 있으며 해발 484미터다.

23) 프란츠 자허는 자허 토르테를 만들어 비엔나 최고의 초콜릿 케이크 제조업자라는
명성을 얻었다.

24) 크리스토프 데멜은 1857년에 호프부르크 궁전 앞에 있는 콜마르크트Kohlmarkt에 제
과점을 열어 빵과 과자를 황실에 납품하면서 성공한 기업인이다. 토르테 시장에 진
입해 비엔나에 토르테 시장의 경쟁체제를 열었다.

25) 페터 하스는 1980년 슈테판 광장에 차 전문점과 카페를 설립했다.

26) Steven Beller, *A Concise History of Austria*, p.71.

27) 콜시츠키는 슈테판 동쪽 광장과 연결되는 돔가세 8번지에서 살았다. 그곳에는 폴

란드의 제과협회에서 콜시츠키의 업적을 기리기 위해 헌정한 기념 명판이 있다.

28) Tae-Hung Chung, "The Viennese Coffeehouse Culture: Rethinking on the Acknowledgement as an Intangible National Cultural Heritage and Its Possibilities of Glocalization"(Doctoral Dissertation, Busan: The Graduate School of Korea Maritime University, 2013), pp. 22~23.

29) 멜랑즈는 비엔나의 대표적인 커피가 됐다. 한국에서 말하는 비엔나커피는 아인슈페너Einspanner와 유사하다. 아인슈페너는 커피에 생크림을 올린다.

30) Tae-Hung Chung, "The Viennese Coffeehouse Culture: Rethinking on the Acknowledgement as an Intangible National Cultural Heritage and Its Possibilities of Glocalization," p. 34.

|제2악장|

1) 레드오션은 누구나 쉽게 시장에 진출할 수 있는 영역으로, 경쟁에서 살아남기 위해 제품의 차별화나 저비용을 강조하는 경쟁시장이다. 반대의 개념이 블루오션이다. 김위찬·르네 마보안, 『블루오션 전략』(서울: 교보문고, 2005), 23쪽.

2) 신약성경, 마태복음 6장 34절.

3) 구약성경, 민수기 13장 25절~14장 8절.

4) 신약성경, 마태복음 7장 7절.

5) 구스타프 말러는 낭만파 작곡가로서 비엔나 국립오페라 오케스트라의 상임지휘자로 활동했다.

6) 구약성경, 사무엘상 7장 12절

7) 페터 구르틀러는 1990년 44세의 나이에 권총으로 자살했다. 이 소식은 미국의 ≪뉴욕타임스≫ 부고 난에도 게재됐다. 인터넷 자료는 다음 사이트 참고: http://www.nytimes.com/1990/10/26/obituaries/peter-gurtler-vienna-hotel-owner-44.html.

8) 구약성경, 잠언 27장 19절.

9) 신약성경, 히브리서 11장 1절.

10) 여운창, "보성녹차, 유럽 茶 명가 진출", ≪연합뉴스≫, 2010.4.16.

|제3악장|

1) Order of the Teutonic Knights of St. Mary's hospital in Jerusalem.

2) 모차르트는 1781년 3월 12일부터 5월 2일까지 독일기사단의 건물에서 2개월 정도 살았다. 독일기사단 건물 외벽에 모차르트가 살았던 것을 기념하는 명판이 있다.

3) 서양에서는 홍차를 흑차 Black Tea로 부른다.

4) 구약성경, 출애굽기 3장 1절.

5) 구약성경, 출애굽기 14장 16~21절.

6) 구약성경, 창세기 3장 6절.

7) 구약성경, 창세기 19장 26절.

|제4악장|

1) 막시밀리안 1세가 혼인정책으로 합스부르크의 영토를 확장한 것을 비유한 표현이다. Stephan Gruber, "The World of the Hasburgs. Tu felix Austria nube," http://www.habsburger.net/en/stories/tu-felix-austria-nube.

2) 한정하 명창팀의 공연은 「에델바이스」(가야금병창), 가야금산조, 가야금병창(「야월삼경」, 「반님」, 「님 그린 회포」, 「풍년가」), 판소리 〈춘양가〉 중 「사랑가」, 「태평무」, 「새타령」, 「봉하아리랑」의 순서로 진행됐다.

3) "Genuss & Trends," *Kronen Zeitung*, 2010.9.12, p.86. 기사 내용: 비엔나에 한국의 황금녹차가 들어왔으며, 슈테판 광장에 있는 하스앤하스에서 판매한다.

4) "Goldene Teestunde," *Der Standard RONDO*, 2010.9.17, p.29. 기사 내용: 보성 떡차를 만드는 방법과 음용 방법을 설명하며, 보성의 특산품인 황금녹차는 80그램에 840유로의 고가이지만, 보성녹차 중 황금이 포함되지 않은 것은 더욱 저렴한 가격에 구입할 수 있다.

5) "Wie koreanischer Tee den Weg nach Wien fand," *Wirtschaftsblatt*, 2010.9.9, p.24. 기사 내용: 에바 하스의 인터뷰 신문기사와 그것을 확인한 한국 대사관의 협조로 비엔나에 황금녹차가 들어온 사연과 황금녹차의 가격을 소개하며, 다례시연에 참석한 내빈들의 사진을 실었다.

6) "Flüssiges Gold," *GUSTO*, 10(2010), p.8. 기사 내용: 한국의 황금녹차는 아라비아의 석유재벌이나, 유럽 은행가들의 차세대음료가 될 수 있을 것이다.

7) Mareike Müller, "TÊTE-À-TEE," *WIENERIN*, 10(2010), pp.270~272. 기사 내용: 한국은 전자제품과 자동차로 유명하지만 보성에서 나는 녹차는 밤 맛으로 유명하다. 보성녹차는 러시아의 우주선에서 마시는 음료지만 보성녹차를 마시려고 우주선을 타거나 한국행 비행기를 탈 필요는 없다. 비엔나의 하스앤하스에 보성녹차가 있기 때문이다. 에바 하스는 한국 대사관의 도움을 받아 보성녹차를 수입하면서 보성녹차 홍보대사가 됐다. 황금녹차는 80그램에 840유로의 고가이기 때문에 손님은 황금녹차를 거실의 진열장에 보관할 것이다.

8) PULS TV(오스트리아 민간 텔레비전 방송), 2010년 12월 1일, 아침 7시 20분에서 25분까지 5분간 방송하고 당일 4회에 걸쳐 재방송했다. 방송 내용: 보성의 황금녹차는 크리스마스와 새해를 위한 고급선물이 될 것이다. 보성녹차는 밤 맛과 장미향이 나며 맛이 뛰어나고, 류머티즘과 당뇨 등 건강에 좋은 차다.

9) "Koreanisches Musikfest," *TennIs*, 10(2010), p.109. 기사 내용: 덴첼의 현대자동차 전시장에서 한국의 보성에서 온 국악인들의 공연이 있었다. 보성녹차가 슈테판 광장에 있는 하스앤하스에 진출한 것을 기념한 것이다. 가야금병창과 판소리 공연에 알프레드 슈타들러 덴첼 회장, 심윤조 주오스트리아 대한민국대사, 정종해 보성군수가 참석했다.

지은이 **백환기**

현재 국회의정연수원 겸임교수이다. 한국방송통신대학교 법학사, 미국 오리건 주립대학교 국제학석사(국제협상 전공)를 거쳐 한양대학교 국제학대학원 국제학박사과정(미국학 전공)을 수료했다. 국회의정연수원 교수, 주오스트리아한국대사관 공사, 주오스트리아한국대사관 재외선거관리위원장, 국회행정안전위원회 전문위원, 국회정치개혁특별위원회 전문위원, 주미한국대사관 입법관(국장급), 국회사무처 의전과장, 국회정무위원회 입법조사관, 국회사무처 국제기구과 1계장 등을 역임했다.

국회의정연수원 교수로서는 '협상과 소통', '분임토의' 등을, 이화여자대학교 전문직업개발원에서는 '국제회의 기획안 작성'을 강의했다. 보성군청·한국농수산식품유통공사(aT) 등에서 '우리 농산물의 해외 틈새시장 개척', '협상과 소통' 등을 주제로 강연했다.

35년 동안 공직에 있으며 홍조근정훈장, 근정포장, 국회의장표창, 국회사무총장표창 등을 수상했다.

트위터 https://twitter.com/HankPaik
페이스북 https://www.facebook.com/hankpaik

비엔나 차차차
보성녹차, 유럽에 입성하다

ⓒ 백환기, 2013

지은이 | 백환기
펴낸이 | 김종수
펴낸곳 | 도서출판 한울

편집책임 | 양선희
편집 | 김준영
표지·본문 디자인 | 나선유

초판 1쇄 인쇄 | 2013년 9월 27일
초판 1쇄 발행 | 2013년 10월 15일

주소 | 413-756 경기도 파주시 파주출판도시 광인사길 153(문발동 507-14) 한울시소빌딩 3층
전화 | 031-955-0655
팩스 | 031-955-0656
홈페이지 | www.hanulbooks.co.kr
등록번호 | 제406-2003-000051호

Printed in Korea.
ISBN 978-89-460-4771-6 03320

*책값은 겉표지에 표시되어 있습니다.